AF545830

Enjott Schneider · Zeit - Rhythmus - Zahl

Zeit - Rhythmus - Zahl

Ein Grundlagenbuch zu Musik und Kultur

Mit 15 Zahlenbildern von Peter Neubäcker
und 22 Grafiken

Reprint der Erstausgabe "Kunst des Teilens. Zeit - Rhythmus - Zahl"
des Verlages R. Piper GmbH & Co. KG, München 1991

Herstellung: Books on Demand GmbH
ISBN 3-8330-0597-1

Vorwort 2003

Das Sichtbare währet auf Zeit /
Das Unsichtbare auf Ewigkeit
(2. Korintherbrief in der Bibel)

Wir leben in einer Gesellschaft, die mit beängstigender Unbeirrbarkeit dem Materialismus, Kapitalismus, dem Äußerlichen, Oberflächlichen und dem Fetisch des Quantitativen (vom Leistungsmessen des Kults ‚Sport' bis zum Erbsenzählen des Kults ‚Börse' oder dem Messwahn der Apparate-Medizin) verfällt. Wir leben in einer von allgegenwärtigen Bildschirmen und Monitoren zersetzen ‚Video'-Gesellschaft, die nur noch das Sichtbare als Oberfläche wahrzunehmen in der Lage ist. Folgerichtig fällt momentan „Kunst" dem Rotstift der quoteorientierten Sparpolitiker zum Opfer, denn „Kunst" war seit je *der wertvollste Versuch, die unsichtbare Welt sichtbar zu machen, sie mit der sichtbaren zu einer fühlbaren Einheit zu verschmelzen* (Hans Richter).

Die Wiederauflage meines Buches *Die Kunst des Teilens* von 1991 unter einem neuen, griffigeren Titel ist mir deshalb ein großes Anliegen: Es gilt, dem Quantitativen das Qualitative, der Veräußerlichung einen Blick auf innere Zusammenhänge und inner Werte entgegenzustellen. *Zeit – Rhythmus – Zahl* versucht, die geheimnisvolle Welt hinter den Dingen – jenes Unsichtbare – transparent zu machen. Daß sich hierbei „Musik" zum welterklärenden Phänomen eignet, zeigt nicht nur die Stimmigkeit der alten philosophischen Schulen seit Pythagoras, sondern ist auch ein flammendes Plädoyer für die in unserer Party- und Fun-Gesellschaft zunehmend ins Abseits geratene „Kunst" als Lebens-Sinn einer Zivilisation.

Der Mensch hat sich das Recht genommen,
eine Welt zu schaffen, die sich der sichtbaren
Welt überlagert, und das Recht diese unsichtbare
Welt allen sichtbar zu machen.
(Jean Cocteau)

Inhalt

Vorwort: Die eigene Natur entdecken

Das nächtliche Einschlafen ist ein großartiges Sinnbild für den menschlichen Reifeprozeß und ein erfülltes Sterben. Beim Einschlafen gilt es, die gezackte Rhythmik des »Ich« mit seinen individuellen Ausprägungen zu vergessen und wieder Teil der ruhigeren und übergeordneten Rhythmik des Unbewußten zu werden. Keine Mutter kann ihr Kind mit einem individuell-eigenwilligen Rhythmus in den Schlaf singen. Die Rhythmik von Schlafliedern ist unkompliziert: Jeder »ich«-hafte Schnörkel würde das Hinübergleiten in den großen transpersonalen Rhythmus stören.

Das Sterben ist der große Bruder des nächtlichen Einschlafens. In analoger Weise gilt es deshalb beim Sterben, die eigenen und bis ins kleinste Detail ausgetüftelten Rhythmen und Ordnungen des »Ich« zu vergessen und wieder in den in einfacheren Zahlenwerten schwingenden Rhythmus der Ganzheit zurückzufinden. Kurz gesagt: Es stirbt sich leichter, wenn die kompliziertere Rhythmik des »Ich« (auf der Grundlage des linearen Zeitgefühls) zurückgelassen wird und man statt dessen die »große Ordnung« (mit den Gleichförmigkeiten der zyklischen Auffassung von Zeit) akzeptiert. Die »große Ordnung« bedeutet: Gliederung des Seins durch »Zeit – Rhythmus – Zahl«, die den Menschen zu großen Teilen auch mit den Gliederungssystemen des mineralischen, pflanzlichen und tierischen Seins verbindet. Die »große Ordnung« zu akzeptieren heißt, hinter dem »Ich« die eigene Naturhaftigkeit wiederzufinden.

Die Entdeckung der eigenen Naturhaftigkeit wird in der Psychoanalyse C. G. Jungs »Individuation« genannt. Sie ist Teil einer gegenläufigen Pendelbewegung und stellt deshalb eine nur schwer einzusehende Paradoxie dar: Hat der Mensch in der ersten Lebenshälfte sein »Ich« ausgebildet und sich dabei von Natur und kollektiven Ordnungen distanziert, so muß er in der zweiten Lebenshälfte wieder in das Kollektive, in den übergeordneten Rhythmus der Ganzheit – in die »Natur« – zurückfinden. Als Problem des »Teilens« formuliert: In der ersten Lebenshälfte macht sich der Mensch »individuell« (sprich: unteilbar). In der zweiten Lebenshälfte hat er sich dann wieder »dividuell« (sprich: teilbar) zu machen. Das sind Prozesse, die sich in einem charakteristischen Umgang mit Zeit, Rhythmus und Zahlen beschreiben lassen.

Dem »Landmenschen« (wer diese hypothetische Figur auch immer sei) gelingt die Individuation als Erkennen der eigenen Naturhaftigkeit meist leichter als dem »Stadtmenschen«. Zum einen, weil er in der Phase der »Ich«-Ausbildung sich nicht so radikal in eine individualistische »Künstliche Welt« flüchtet; zum anderen, weil ihm in der Phase der Individuation die natürliche Rhythmik der Pflanzen und Gestirne oder die natürliche Zeit- und Zahlenordnung seiner Umgebung beziehungsweise seiner traditionell überlieferten Lebensrituale deutlich vor Augen ist. Der Großstädter lebt von den Zeiten und Rhythmen des Werdens und Vergehens sowie von den Zahlenordnungen der mineralischen, pflanzlichen oder tierischen Seinsweisen weitgehend abgelöst: Seine Zeit ist die mechanisierte der Fahrpläne, Terminkalender und Uhren; seine Rhythmen sind zerklüftet und von Unregelmäßigkeiten durchsetzt; seine Zahlen sind die Norm- und DIN-Zahlen der technologischen Berechnung und Standardisierung.

Der Stadtmensch oder (allgemeiner gefaßt) der abendländische Mensch, der den Weg des abstrakten Denkens und der technologischen Zivilisation gegangen ist, hat jedoch noch eine Möglichkeit, »Natur« zu finden. Im unmittelbaren Lebens- und Berufsfeld läßt sich mit geringstem Beobachtungsaufwand als Hintergrund von zeitlich-rhythmischen Phänomenen und vielen Kulturdokumenten die »Zahl« als »Archetyp« erkennen. Archetypen: das sind Urbilder oder Anordner, die Psyche wie Physis gleichermaßen strukturieren und dem kollektiven Unbewußten angehören; sie existieren vor dem individuellen Sein eines Menschen und verbinden ihn mit gleichartigen Bewußtseinsmustern anderer Menschen, anderer Lebewesen, und sogar mit Pflanzen und der mineralisch-anorganischen Welt. Das »Erkennen« solcher Archetypen geschieht nicht rational über ein angelesenes Wissen, sondern meist intuitiv als eine persönliche Erfahrung. Es ist die plötzliche Einsicht in die Wesenhaftigkeit eines Phänomens, die – obwohl schon immer offen daliegend – sich nirgends sonst so packend zu begreifen gab wie im Akt der Rückführung einer Wahrnehmung auf ein tief im Inneren liegendes Urbild.

Zeit, Rhythmus und vor allem die dahinterstehende Ordnung der Zahlen sind Archetypen. Damit sind sie »Naturprodukte«. Sie sind nicht von der menschlichen Intelligenz und Willkür festgelegte Größen, sondern existieren unabhängig vom Menschen. Zahlen beispielsweise werden in typischen Zusammenhängen und mit einer festen Qualität (einer gleichartigen zahlensymbolischen Bedeutung) quer über den Erdball – in Mythen, Märchen, täglich in Träumen oder spontanen Phantasien – erzeugt. Sie verbinden den Menschen mit Tieren, Pflanzen, Kristallen, Atomen und Gestirnen. Sie verbinden ihn zum Beispiel mit der Schneeflocke oder mit der Bienenwabe, die, wo immer auf der Erdkugel man sie findet, sechsfach strukturiert sind. Zahlen können zwar gedacht und rationalisiert werden. Sie konkretisieren sich aber auch ohne menschliche Denkleistung: Sie sind das »innere Wesen« eines Phänomens. Identische Zahlenmuster treten bei identischen inneren Zusammenhängen mit derselben Selbstverständlichkeit auf, wie die Natur im Frühling die Bäume Blätter treiben oder im Herbst Früchte tragen läßt.

Noch in seinem Spätwerk hat C. G. Jung die »Zahl« als den wohl grundlegendsten Archetypen von Geist und Materie erkannt. Seine Mitarbeiterin Marie-Louise von Franz verfolgte ihn in ihrem Buch *»Zahl und Zeit. Psychologische Überlegungen zu einer Annäherung von Tiefenpsychologie und Physik«*[1], wobei sie aber – was sie durchaus als Mangel empfand – die bedeutsamen

Anregungen aus dem Bereich der Musik unberücksichtigt ließ. Genau hier setzt das vorliegende Buch an: Es wurde zum einen von einem Musikwissenschaftler geschrieben, der altes musiktheoretisches Gedankengut (bis auf Pythagoras und andere antike Quellen zurückgehend) mit modernstem naturwissenschaftlichem Wissen in Verbindung zu bringen versucht. Es wurde zum anderen von einem Musikpraktiker verfaßt, der intuitiv mit Zeit, Rhythmus und Zahl umzugehen versteht – der zum Beispiel als Filmkomponist die Alltagswelt mit dem Sekundenzeiger ausgemessen hat und dabei über manches stutzig geworden ist; der zum Beispiel in 16- und 24stündigen Non-Stop-Versionen die *»Vexations«* von Erik Satie (1866–1925) als Marathon-Klavierspieler realisiert hat, um »Zeit« in exzessiver Form zu erleben.

Das Buch ist mehr geträumt als gedacht worden. Es entstand auf Umwegen, aus Intuitionen und ziemlich unkontrollierten Einfällen. Erst in einem zweiten Schritt wurden die intuitiv gefundenen Bruchstücke systematisiert, mit anderen Forschungsergebnissen verglichen und mit dem Prädikat »nachweisbar« der Aufzeichnung für würdig befunden. Im Wissen um die Einheit von Bewußtem und Unbewußtem beziehungsweise von Geist und Materie steht das Psychische als »nur subjektiv Erlebtes« gleichrangig neben dem vom gängigen Erkenntnisprinzip als »objektiv« Ausgezeichneten. Das mag manchen wissenschaftlich orientierten Leser irritieren. Da hier Intuition die Methode bildete, sollte man dem Buch, während man es liest, die Chance geben, nicht sofort durch den Filter eines bloß rationalen Verstehens verengt zu werden. Zugegeben – für den stets rationale »Beweise« verlangenden Leser ist es schwer, den hier methodisch verfolgten Verdacht zu akzeptieren: daß nämlich die in Verruf gekommene Metaphysik mehr »weiß« als die Physik; daß ältere Aussagen (etwa in Mythen, Märchen oder religiösen Texten) den Kern existentieller Fragen eher treffen als jüngere kausal argumentierende Erklärungen; daß die Alchemie über die Tiefenstruktur der Welt mehr wußte als die moderne Chemie; daß ein Kind unverstelltere Einsichten in den Gang der Welt und den Sinn des Lebens hat als ein Erwachsener; daß das nichtbegriffliche Erkennen präziser ist als unsere begriffliche Wortsprache. Zu danken gilt es noch: Klaus Stadler als Lektor des Piper-Verlags, der das Entstehen des Buches begeisternd begleitete; Heidi Bohnet für das inspirierende Redigieren des Textes; Ingeborg Schneider für die langjährigen Gespräche; Renate Düerkop und Martin Sobbe, die sich als »erste Leser« des Manuskripts anregend zur Verfügung stellten.

Unabhängig von den unmittelbar zum Text gehörenden Abbildungen und Grafiken enthält das Buch auch fünfzehn »Zahlenbilder« meines Freundes Peter Neubäcker, der sich seit Jahren als Leiter des »Arbeitskreises Harmonik« am Freien Musikzentrum München mit der in Musik niedergelegten Zahlenwelt als »Strukturplan« der Welt auseinandergesetzt und dabei viele interessante Visualisierungen des Zahlhaften gefunden hat. Seine Zahlenbilder sind Bilder, die der Computer nach oftmals verblüffend einfachen Vorgaben errechnet hat – meist komplex und geheimnisvoll ausschauend, bisweilen auch an Formen der organischen Welt erinnernd. Die Zahlenbilder sollen nicht rational analysiert und auf ihr Zahlenprogramm hin untersucht werden, sondern wollen auf einer ersten (und der wichtigsten) Stufe als ästhetische Gebilde und lustvolles Spiel betrachtet sein. Wenn man in einem zweiten Schritt jedoch – was durch die Bildunterschriften leicht in Gang gesetzt werden kann – die visuell reizvollen Formen auf eine Zahlenoperation oder ein festgelegtes geometrisches Programm rückführt, dann beginnt man etwas von der urtümlichen Schöpfungs- und Gestaltkraft der »Zahl« zu ahnen. Für den mathematisch, naturwissenschaftlich oder harmonikal interessierten Leser hat Peter Neubäcker in einem Anhang detaillierte Anmerkungen zu Genese, Programm und dem jeweiligen Zahlenhintergrund der Bilder gegeben. Diese Anmerkungen verlangen zwar etwas Denkarbeit, sie lohnt sich aber: Zum wortlos Schönen der visuellen Reize kommt hier noch eine rationale Deutung hinzu, die viele Einzelheiten erkennen läßt und das Staunen über die gestalterische Kraft der Zahlen nur noch größer macht.

Trotz der Zahlenbilder gilt aber: Ein Buch über Zeit, Rhythmus und Zahl handelt vom Unsichtbaren. Das scheint zunächst eine Ein-»Sicht« auszuschließen. Wer dennoch sehend in die Welt des »Innen« dringt, der schärft sein Sensorium für das Wesentliche der Welt in ungeahnter Weise.

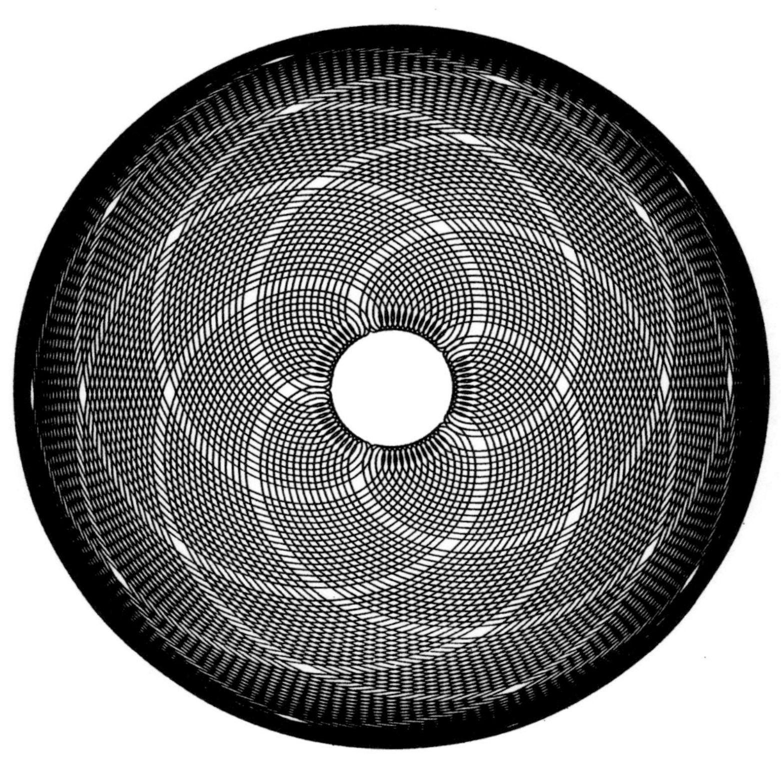

Zahlenbild 1: Bahn der Venus in 115 Jahren (vgl. S. 267)

Teil I: Alles hat seine Zeit

Wer eine Mücke zu fangen versucht, der wundert sich immer wieder, wie blitzschnell dieses Lebewesen auch auf unsere rasanteste Handbewegung reagiert. Falsch gewundert! Hier ist kein Reaktionsvermögen sensationell ausgeprägt – die Mücke lebt bloß in anderen Zeitdimensionen. Die chemische Uhr ihres Organismus löst Rhythmen und Bewegungen mit einem (verglichen mit der menschlichen Zeiterfahrung) feineren Raster auf: Die Mücke sieht die böse Fängerhand in gedehnter Zeit auf sich zukommen und kann deshalb in aller Ruhe einen gemütlichen Abflug einleiten. Die Mücke hat ihre eigene Zeit.

Wo man auch hinblickt, man wird die tiefe Wahrheit des Bibelwortes »Alles hat seine Zeit...« (Prediger Salomo, Kapitel 3) überall erleben können. Atom, Molekül und jedes Element schwingt in seinem Rhythmus und hat seine Zeit. Die »Eintagsfliege« ist kein bedauernswertes Geschöpf mit einer kurzen Lebensspanne: Sie lebt in einem Tag jene Fülle, die dem Menschen während siebzig Jahren beschieden sein kann. Selbst Gott hat man in solchem Sinne seine eigene Zeit zuerkannt: *Tausend Jahre sind vor ihm wie der Tag, der gestern vergangen ist* (Psalm 90,4).

Das »Alles hat seine Zeit...« zu erleben bedeutet, sich an der Vielfältigkeit unserer Welt zu berauschen, undogmatisch zu sein und eine Vielzahl verschiedenster Erfahrungssysteme gelten zu lassen. Die eigene Zeit eines Wesens zu erspüren bedeutet auch, für Rhythmen sensibel zu werden: Der Mensch besitzt nirgendwo einen »Zeitsinn« als Wahrnehmungsorgan, sondern vermag Zeit nur zu erfassen, indem er akustische, optische, biologische, chemische oder sensorische Rhythmen mit seinen dominanten Körperrhythmen (zum Beispiel Puls und Atem) in Beziehung setzt. Wie armselig im Vergleich zur Vielfalt der uns umgebenden Zeiten ist doch die mechanisierte Zeit der Uhren, deren starres Raster der Sekunden und Minuten die lebendige Wirklichkeit zunehmend zerstückelt und einen Irrglauben an »objektive Zeit« nährt. Wie komisch und absurd ist das abendliche Ritual, wenn Millionen Nachrichtenzuschauer am Bildschirm sitzen, um dem Gott der mechanisierten Zeit mit seinem magisch vorrückenden Sekundenzeiger zu huldigen.

Die Zeit ist kein empirischer Begriff, der von irgendeiner Erfahrung abgezogen worden ..., schrieb – in seinen Konsequenzen noch wenig bedacht – Immanuel Kant (1724–1804) in seiner *»Kritik der reinen Vernunft«*[2]: Zeit kann nur im Menschen, in einem Lebewesen, in einem pulsierenden Sein, in einem Erfahrungssystem sich ereignen. Die Zeiterfahrung zu veräußern und an den Sekundenzeiger der Maschine »Uhr« zu delegieren ist deshalb nichts anderes als das Eingeständnis des eigenen Wertverlustes, der Unfähigkeit, sich selbst als Bezugssystem zu nehmen. Zeit ist flexibel, veränderbar und dynamisch. Selbst der einzelne Mensch stellt kein starres Zeiterfahrungssystem dar: Je nach Stimmung, Bewußtseinslage oder momentaner chemischer Zusammensetzung der physiologischen Struktur variiert sein Zeiterleben: Das Verstreichen der Zeit kann schneller oder langsamer empfunden werden. Zeitdauer-Schätzungen variieren. Bewegungsabläufe werden in irrealem Tempo erlebt, bisweilen radikal wie etwa im Traum oder (was aus den Reanimationsprotokollen klinisch Toter deutlich wird) bei Bewußtseinsvorgängen außerhalb des Körpers.

Das »Alles hat seine Zeit ...« ist die Maxime einer Welt, die ständig in Bewegung und Veränderung sein darf, frei flutend, absichtslos sich selbst regelnd, offen für alles, was sich ereignen wird. Gegenstück dazu – und damit »zeitfeindlich« – ist ein Weltbild, das statisch ist. Ein Weltbild, das an ewige Ordnung durch feste Naturgesetze glaubt, in dem die Flamme nicht »flammen« oder der Strudel nicht »strudeln« darf und statt dessen auf einen festen Begriff gebracht wird, in dem man Dinge nicht in ihrer

Veränderbarkeit begreift, sondern auf Papier, Tonband oder Video fixiert, aufschreibt, notiert, protokolliert... Das statische Weltbild des Abendländers scheint diese Merkmale einer »Zeitfeindlichkeit« ziemlich genau aufzuweisen: Grund genug, hier einmal unsere Prämissen des Umgangs mit der »Zeit« zu überdenken.

Das statische Weltbild im westlichen Denken

Zeit, Rhythmus und Zahl verstehen wir nicht mehr als Qualitäten, sondern als quantitative Größen, die fixiert und normiert sind wie beispielsweise die »Sekunde«, welche seit der 12. Allgemeinen Konferenz für Maße und Gewichte von 1964 nicht mehr nach astronomischen Rhythmen, sondern (der Präzision wegen) nach intra-atomaren Rhythmen definiert ist. Der westliche Mensch hat seine Umwelt komplett standardisiert: Sein Weltbild ist – ohne daß ihm die Konsequenzen hiervon bewußt werden – ein statisches Weltbild.

Die Erdoberfläche ist ausgemessen und kartographiert. Die Naturerscheinungen sind in zeitlos gültigen Naturgesetzen erklärt und können aufgrund ihrer Erfassung in mathematischen Formeln berechnet oder im Experiment nachvollzogen werden. Ereignisse und Entwicklungen der Gesellschaft werden mit Fotos, Filmen oder Videoaufzeichnungen festgehalten und damit zur Momentaufnahme verkürzt. Das nuancenreiche Sprechen (und damit auch: Denken) wurde seit Gutenbergs Erfindung des Buchdrucks auf die definierte Begrifflichkeit der Schriftsprache reduziert. Selbst die Musik, die in allen vorabendländischen und außereuropäischen Kulturen Inbegriff des Nicht-Notierbaren (weil unmittelbar aus dem seelischen »Jetzt« entspringend und als Schall verklingend) ist, wurde in Europa seit 1400 zunehmend in Schriftform gebracht, in Partituren verräumlicht oder als statische Momentaufnahme auf Tonträger gebannt. Der Handel mit toter Musik auf MC, LP oder CD ist längst zu einem Multimilliardengeschäft geworden, im Vergleich zu dem die »Live«-Musik – die lebendige und ständig in veränderlichen Versionen aufgeführte Musik – zu einer vernachlässigbaren Größe geworden ist.

Im statischen Weltbild des abendländischen Menschen (auch: des westlichen, des neuzeitlich-europäischen, des industrialisierten Menschen) sind nahezu alle Lebensbereiche und Lebensgüter festgelegt und normiert – vom Schreibpapier, den Wattstärken der Kunstbeleuchtung, den Neigungswinkeln der Hausdächer bis zum Verhalten im Straßenverkehr oder beim Freizeitvergnügen. War bis vor kurzem noch die Maschine das Herzstück der industriellen Kultur, die als perfektes Reproduktionsgerät immergleiche (und damit: unlebendige) Produkte herstellt beziehungsweise Prozesse steuert, so ist inzwischen der Computer das beherrschende Normierungsgerät geworden, dessen »Programmierung« notwendig eine statisch gewordene Welt voraussetzt.

Normieren, Einpanzern und Einbetonieren: Das sind die aufschlußreichen Metaphern des europäisch-neuzeitlichen Denkens, das etwa im Zeitraum 1300 bis 1500 begann. Nur in Mitteleuropa (sonst nirgendwo auf dem Erdball) begann man in jener Zeit die Umwelt zu klassifizieren und auszumessen, die Natur zu beherrschen, die Berge und Meere zu erforschen. Indem man die Welt zur statischen Welt reduzierte, wurde sie berechenbar. Dies verschaffte äußeren Reichtum und vor allem – Macht: Das kleine Europa kolonialisierte die übrigen Erdteile und machte sie sich technologisch, wirtschaftlich und kulturell abhängig.

Inbegriff des neuen Weltbildes ist die mechanisch-mathematische Konzeption der Naturwissenschaften durch Isaac Newton (1643–1727). Alle Seinsmöglichkeiten sind starr und stabil im Koordinatenkreuz von absoluter Zeit (gleichförmig und daher meßbar verfließend) und absolutem Raum (unveränderlich existent) definiert. Aus dem mechanistischen Prinzip resultiert ein Elementarismus oder Atomismus: Jede Erscheinung ist in Teile (Elemente) zerlegbar, die gemäß einem kausalen Erklärungsmodell eine Funktion erfüllen und feste Körper sind. Newton: *Ich halte es für wahrscheinlich, daß Gott am Anfang die Materie als feste, harte, massive, undurchdringliche, bewegliche Partikel schuf, in der Größe und Gestalt und mit solchen Eigenschaften und in solchem Verhältnis zum Raum, wie sie dem Zweck am dienlichsten waren, für den er sie erschaffen hatte; und daß diese einfachen Partikel als Festkörper unvergleichlich härter sind als irgendwelche porösen Körper, die aus ersteren aufgebaut sind; sogar so hart, daß sie nie verschleißen oder zerbrechen* (aus »*Optics or a treatise of the reflections, refractions, inflections and colours of light*«). Dieses Weltbild ist uns noch immer sehr geläufig: Wir haben es mit unserer Schulbildung eingeatmet. Wir bestätigen es Tag für Tag durch unseren pragmatischen Umgang mit den technischen Einrichtungen.

Gegenstück zum statischen Weltbild ist die Auffassung der Welt als Fluides, als sich ständig Wandelndes, als Bewegtes. »Veränderung« und »Wandlung« ist das Gesetz des Lebens. Es gibt nichts Festes auf der Welt. Alles bewegt sich. Im Makrokosmos: Der Stuhl, auf dem ich still zu sitzen glaube, bewegt sich infolge der Erdrotation mit hoher Geschwindigkeit. Die Erde dreht sich um die Sonne. Das Sonnensystem dreht sich um ... Ja – wir rasen jetzt gerade mit Hunderten von Kilometern pro Sekunde durch das Weltall! – Oder im Mikrokosmos: Mein Fingerknochen, den ich so fest drücken und mit dem ich so hart auf den Tisch klopfen kann, ist gar nicht fest und hart. Im Elektronenmikroskop erkenne ich mühelos, daß mein Knochen nur aus Molekülen besteht, aus Zwischenräumen, aus Atomen, aus oszillierender Energie. Die Dimensionen des Winzigen sind dabei unvorstellbar: Würde der Atomkern auf Stecknadelgröße aufgeblasen, so wäre der pulsierende Energiemantel eine wabbernde Kugel in Höhe des Empire State Building!

Bewegung ist Veränderung. Veränderung ist Leben. Im Wissen der magisch empfindenden Völker, der »primitiven« Kulturen oder auch noch der frühen griechischen Philosophen war deshalb die Natur in all ihren Erscheinungen belebt – und kein totes Objekt, das nach Belieben beherrscht und bearbeitet werden darf. Für Thales, Anaximandros oder Anaximenes, die drei großen Philosophen von Milet, waren jeder Körper und jedes Gebilde beseelt und vom Göttlichen unmittelbar verlebendigt. Ihr »Hylozoismus« (das heißt: »das Denken, daß Materie lebt«) wie auch Heraklits Wissen um die Welt als Fließendes, in dem alles statische Sein nur eine vereinfachende Sinnestäuschung ist, wurden jedoch schon bald als antiquierter Aberglaube belächelt. Erst die Entdeckungen der neuesten Atomphysik, in der ein Glaube an irgendwelche »feste« Teilchen Stück für Stück aufgegeben werden mußte, haben die profunde Weltsicht der frühen griechischen Naturphilosophen bestätigt. Gleiches gilt für viele der östlichen Religionen beziehungsweise Philosophien, deren Erkennen sich nicht (wie beim neuzeitlichen Europäer) auf das rationale Wissen beschränkt, sondern in der Ganzheit der magischen und mythischen Einsicht verblieben ist: Im chinesischen Denken ist »Ch'i« oder »Li« eine ätherhafte, flutende und vom Menschen nur als unbegreifliches Chaos wahrnehmbare Strukturierung, die Gestalten einem immerwährenden Werden und Vergehen unterwirft; Sinnbild ist das wirbelige Muster des Jadesteins als stationäre Momentaufnahme des ewigen Dynamismus. Im buddhistischen Denken ist jeder Glaube an ein Festes (auch an ein festes und unveränderliches »Ich«) eine Illusion: Maya. Werden und Vergehen – so lehrt Buddhas erste Edle Wahrheit – ist das Wesen der Natur. Werdenlassen und Vergehenlassen – so sagt die zweite Edle Wahrheit über das falsche »Klammern« oder »Greifen« – ist der Sinn des Lebens: Die in der Zeit fließenden Formen der Welt in individuelle Teile zu gliedern, ist Ignoranz und schafft nur Leiden.

Eine Wolke zum Beispiel, die in ruhiger Schönheit am Himmel entlangzieht, ist keine statische Formation. Sie besteht aus intern nach einem komplexen Straßensystem sich bewegenden Luftmassen, wobei an definierten Straßen die Luft nach oben und an anderen Straßen im Gegenzug wieder nach unten wirbelt. Moderne geodynamische Messungen zeigen, daß auch die Erde sich ständig ändert, daß sie atmet und lebt. Das Institut für Geophysik der Technischen Universität Clausthal etwa hat festgestellt, daß der Mondrhythmus von Ebbe und Flut selbst in den Bergspitzen des Oberharz sich auswirkt und diese alle zwölf Stunden und 25 Minuten um 40 cm sich dehnen und wieder schrumpfen läßt.[3] Wer vermag nun – entsprechend einem statischen Weltbild – zu sagen, wie hoch eine Bergspitze exakt ist?

Das statisch-mechanische Weltbild, das unsere Zivilisation so stark bestimmt, muß aufgegeben werden, wenn »Zeit« – und damit auch Rhythmus und Zahl – begriffen werden will: Das ist der einfache Grundsatz dieses Buches. »Zeit« zu begreifen heißt, für Veränderungen, Zwischenwerte und Prozesse sensibel zu werden. Gerd Binnig: *Zeit ist die Veränderung unseres Universums, oder Zeit ist die Veränderung der räumlichen Strukturen.*[4]

Das »Statische« und die Dominanz des Sehens

»Raum« ist der Gegenspieler von »Zeit«. Beide können jedoch nicht getrennt werden. Das weiß die Relativitätstheorie mit ihrem Kontinuum der »Raumzeit«. Das wußte zuvor schon die Astronomie: Die riesigen Entfernungen zu Sonnensystemen und Sternen machten deutlich, daß der Weltraum nie als stationäres Momentbild gesehen werden kann, sondern daß unser Bild vom Raum immer durch die verschiedenen Laufzeiten des Lichts (das von unserer Sonne bis zur Erde zum Beispiel acht Minuten benötigt) bestimmt ist. Zeit und Raum bedingen sich.

Wer »Raum« absolut setzt und als statische Größe auffaßt, der gliedert Zeit aus. Genau dies geschieht jedoch im statisch-mechanischen Weltbild des Abendlandes. Raum, Verräumlichen und raumorientiertes Denken sind hier dominante Aspekte. Die Extraversion als ein Nach-außen-Gehen oder In-den-Raum-Gehen ist hier kulturelles Charakteristikum. »Zeit« wird bei dieser Raumorientiertheit stets mit dem Flair des Verlustes umgeben sein: »Zeit ist knapp«, »Zeitdruck«, »Reißwolf der Geschwindigkeit«, »gehetzte Gesellschaft«, »Terminplanung«, »Zeitnot« – sind die Schlagwörter dieser Verlusthaftigkeit.

Die Dominanz des Raumes im statischen Weltbild bedingt die Dominanz des Sehens. Wir leben in einer Videokultur (von lat. »video« = »ich sehe«): Das Sprechen und Hören – also die orale Tradition – sind längst vom Aufschreiben (Verräumlichen) und Lesen abgelöst worden. Statt Sprichwort oder Rechtsspruch gilt längst nur noch das, was schwarz auf weiß zu sehen ist. Das Fernsehen hat den Hörfunk altmodisch werden lassen. TV- und

Video-Monitore sind allgegenwärtig. Der Bildschirm des Computers bestimmt inzwischen nicht nur den Arbeitsplatz, sondern auch das Freizeitverhalten.

Im statischen Weltbild, in dem die Zeit außer acht gelassen wird und die stationäre Momentaufnahme dominiert, ist das Auge zum zentralen Sinnesorgan geworden. Das Ohr spielt demgegenüber kaum noch eine Rolle. Unsere Kultur ist eine optische geworden, Auditives ging verloren. Um die kulturelle Relevanz von Zeit, Rhythmus und Zahl richtig einzuschätzen, ist es daher sinnvoll, sich die unterschiedlichen Leistungen von Auge und von Ohr zu vergegenwärtigen (vgl. Tabelle S. 24).

Wie gesagt: Das »Zeit«-hafte Ohr ist in unserer »Raum«-betonten Videokultur das unterschätzte Sinnesorgan, obwohl es für das menschliche Sein von zentraler Bedeutung ist. Im pränatalen Stadium tritt der Hörnerv (nach dem Gleichgewichtsnerv) bereits in der 24. Woche in die Markscheidenreife und wird als zweiter Nerv funktionstüchtig. Er ermöglicht dem Embryo, über das Informationssystem des mütterlichen Pulses die Umwelt wahrzunehmen. Diese rhythmische Wahrnehmung der Welt ist von höchster Präzision: Der Puls stellt mit seinen beiden Komponenten »Diastole« und »Systole« ein binäres System dar und besitzt damit dieselbe Informationsvielfalt wie ein (ebenfalls binär arbeitender) Computer. Hören, ja: Rhythmen-Hören, ist also eine Urerfahrung des Menschen.

Die Sprache, die uns immer wieder »Urwissen« aus dem Unbewußten oder aus den frühesten Phasen der Menschheitsentwicklung vergegenwärtigen kann, läßt etwas von der zentralen Bedeutung des Ohres anklingen. Worte wie »aufhören«, »gehören«, »hörig«, »gehorchen«, dokumentieren das Phänomen, daß das Hören durch sein Organ, das Ohr, den Menschen vom pränatalen Stadium bis zum Tod begleitet. Der Mensch hört schon vor seiner Geburt. Er hört auch über seinen Tod hinaus. Von reanimierten Toten weiß man, daß über den klinischen Tod hinaus das Ohr noch funktioniert hatte. Ganz einfach gesagt: Erst wenn der Mensch nichts mehr hört, dann hat sein Leben aufge-»hört«.[5]

Die Dominanz des Raumes beziehungsweise des Sehens ist ein

In Kontrastpaaren dargestellt:

Das Auge	Das Ohr
Gibt spezielle auf eine bestimmte Brennweite ausgerichtete Informationen; gezielt einsetzbar, gestaltkräftig, beweglich.	Gibt allgemeine und rundherum atmosphärische Informationen; ungerichtet, diffus, wenig gestaltkräftig, unbeweglich.
Aktives Sinnesorgan, verschließbar; ein Blick kann stechend oder strafend sein.	Passives Sinnesorgan, nicht verschließbar.
Entwicklungsgeschichtlich jüngeres Organ, vornehmlich für die Arbeitswelt; hochorganisiert und im Frequenzbereich von 375 Billionen bis 750 Billionen Hertz arbeitend.	Entwicklungsgeschichtlich älteres Organ, vornehmlich für zwischenmenschliche Kommunikation, ganzheitliche Eindrücke und Gefühle; im Frequenzbereich von 16 bis 20000 Hertz arbeitend.
Vornehmlich mit dem Großhirn verschaltet und dem Denken/rationalen Erkennen zugeordnet.	Vornehmlich mit dem Thalamus und limbischen System (also mit Affektzentrum und Vegetativum) verschaltet und dem Fühlen/emotionalen Erkennen zugeordnet.
Das Auge ist dem bewußten und rationalen Menschen zugeordnet und arbeitet nur im Wachzustand.	Das Ohr ist dem bewußten und dem unbewußten Menschen zugeordnet. Es arbeitet auch im Zustand des Schlafens und der Bewußtlosigkeit.
Das Auge setzt Distanz voraus und überbrückt riesige Raumdimensionen. Es steht für Individualität und Egoismus (vergleiche die sprachliche Parallelität von »ego« und »Auge«).	Das Ohr setzt Nähe voraus und funktioniert nur in einem vergleichsweise kleineren Radius. Es steht für Kollektivbewußtsein und Gruppenverantwortung. Hören kollektiviert, weil es nur gleichzeitig erfolgen kann.
Auge und Sehen sind dem Raum zugeordnet.	Ohr und Hören sind der Zeit zugeordnet.

Charakteristikum der europäischen Neuzeit, die ihre Anfänge in den mit »Renaissance« etikettierten Jahren etwa 1300 bis 1500 hat. Die Ergreifung des Raumes erfolgte – wie Jean Gebser in seinem Hauptwerk *»Ursprung und Gegenwart«*[6] plastisch geschildert hat – einerseits in recht offensichtlicher Weise, indem aus einer bislang unbekannten Entdeckerneugier heraus Berge bestiegen, Meere befahren, Kontinente erforscht und kartographiert, ja selbst die Himmelskörper mit den neuentwickelten Fernrohren abgetastet wurden. Andererseits erfolgte die Verräumlichung der Welt auch weniger spektakulär: Die euklidische Geometrie verdrängte mit ihrer statischen Bildhaftigkeit die Arithmetik als klassische Zahlenlehre und wurde zur dominanten Darstellungsform des Seienden, aus der die Zeit als ungeometrische – und damit nebensächliche – Größe ausgeklammert war. Literatur und Dichtung – vormals die Kunst des Erzählens – wurden zur Kunst des Aufschreibens. Selbst die Musik – vormals die unstofflichste aller Künste – begann man in Schriftform zu bringen und in Partituren zu übertragen. (Im altitalienischen Ausdruck »spartito« für »Partitur« spürt man noch die Verwandtschaft mit dem lateinischen »spatium« = »der Raum«). Der Tanz wurde zur choreographischen Ergreifung des Raumes. Architektur ebenso wie Garten- und Städtebau wurden zu Kunstformen. Die Uhrzeit – ursprünglich ein Hörphänomen – wurde verräumlicht: Bei den ersten Uhren erfolgte die Zeitangabe noch durch einen Glockenschlag (was die englische Bezeichnung »clock« = »Glocke« für Uhr treffend belegt); erst im 15. Jahrhundert begann man Zifferblätter zu bauen, um »Zeit« nun sichtbar zu machen.

Das neue Raum-Bewußtsein im statischen Weltbild der europäischen Neuzeit wurde besonders in der Entdeckung der perspektivischen Malerei deutlich. War für die frühere Malerei die Symbolwelt des »inneren Menschen« der eigentliche Gegenstand, so interessierten nun der »äußere Mensch« und seine Umwelt. »Raum« wurde zur eigenständigen Größe. Parallel zur Konkretion des Raumes verlief dabei seine nutzbringende Funktionalisierung: Gerade bei Leonardo da Vinci, der um 1550 als einer der ersten alle perspektivischen Mittel virtuos beherrschte, wird die Nähe der neugefundenen perspektivischen Darstellung zur technischen Zeichnung, zum Konstruktionsplan und zum funktionalen Denken besonders deutlich.

»Auge« und »Ego« (oder im Englischen das synonym gesprochene »eye« und »I«) haben dieselbe Wortwurzel. Das Auge ist ichhaft. In der perspektivischen Malerei wird dieses »Ich« zum Fluchtpunkt: Perspektivisch zu sehen heißt, sein »Ich« räumlich zu fixieren und zum Bezugspunkt zu machen. Die perspektivische Einstellung zur Welt erzeugt einen definierten »Ich«-Punkt. Oder umgekehrt: Das statische Weltbild (dessen unmittelbarer Ausdruck die perspektivische Konstruktion ist) war die Folge eines neuerwachten »Ich«-Bewußtseins.

Das »Ich« und das statische Weltbild

Sensibilität für Zeit, Rhythmus und Zahl erfordert Sensibilität für andere Bezugssysteme, für ein Gegenüber, für kollektive Prozesse, denn die Qualitäten von Zeit, Rhythmus und Zahl erschließen sich nur in Relation zum »Anderen«. Ein stark ausgeprägtes »Ich«, das sich mit harter Begrenzung vom »Anderen« als einem Nicht-Ich absetzt, hat keine Sensibilität für rhythmisches Ineinandergehen und für zeitliche Strukturen. Solche stark ausgeprägten und gepanzerten »Ichs« werden jedoch im statischen Weltbild mit Zwangsläufigkeit ausgebildet.

Seit der Renaissance, etwa ab 1400, kann die »Ich«-Panzerung mit zunehmender Deutlichkeit verfolgt werden. Es ist wiederum der Zeitraum, in dem sich das statische Weltbild konsolidiert hat, der Glaube an das Feste und Unveränderliche, der selbstzerstörerische Traum von der *Sehnsucht des abendländischen Menschen, die Einzigartigkeit seiner Individualität über die (linear – nicht zyklisch gedachte) Zeit hinweg zu retten, vom Makel der Vergänglichkeit zu reinigen und sich in ingeniösen Werken von größtmöglicher Unzerstörbarkeit zu verewigen.*[7] Markstein des neuen Bewußtseins ist René Descartes' *»Cogito ergo sum«*

(»Ich denke, also bin ich«), in dem unverkennbar ein zweifaches »Ich« ausgesprochen und das eigene Denken als höchste Instanz und Ausgangspunkt aller Erkenntnis etabliert worden ist.

Im *»cogito ergo sum«* ist auch jene als kartesianisches Denken bezeichnete Trennung von Geist und Körper angelegt, die bis zum heutigen Tage unseren Umgang mit der Natur (und damit auch mit Zeit, Rhythmus und Zahl) prägt: Das »Ich« versteht sich als denkendes Subjekt und Bereich des Geistes (»res cogitans«), dem alles Nicht-Ich als bloßes Objekt gegenübertritt – als Ungeistiges, als Materie, als ein dem Ich äußerlicher Körper (»res extensa«). Der Widerspruch zwischen Subjekt und Objekt ist seither das Kernstück der statisch-mechanistischen Weltbetrachtung. Das »Ich« will den Körper lenken. Das beseelte Geistige will die unbeseelte und zum bloßen »Objekt« verkommene Natur beherrschen. In der Vorstellung von Newtons mechanischer Weltauffassung wird die aus toter Materie bestehende Natur zur großen Maschine, die nach unveränderlichen physikalischen Gesetzen funktioniert und benutzt, in Einzelteile zerlegt, repariert... oder zerstört werden kann. Das Zerlegen und Ausmessen ist in dem Akt des Beherrschens ein wichtiger Arbeitsvorgang. *»Alles messen, was meßbar ist, und alles meßbar machen, was es noch nicht ist.«* Dieser Wahlspruch von Galileo Galilei (1564–1642) läßt ahnen, wie notwendig sich damals das statische Weltbild als Ideologie der europäischen Neuzeit etablieren mußte: Meßbarkeit setzt Bewegungslosigkeit, Unveränderlichkeit und Statik voraus. Das Fließende, in der Zeit Aufgehobene und in seiner Veränderlichkeit Unfaßbare wurde dem abendländischen Menschen suspekt.

Wie der Mythos vom Narziß (der sein Spiegelbild im Wasser entdeckte) gezeigt hat, gibt es ein »Ich« schon seit dem mythischen Bewußtsein der griechischen Antike. Die Abgrenzung des »Ich« vom Nicht-Ich ist hier allerdings noch wenig entwickelt und geschieht nur im Sinne einer einfachen Polarität. Die volle Ausbildung des »Ich« konnte erst im statischen Weltbild erfolgen, nachdem die Entdeckung und Besitzergreifung des Raumes eingesetzt hatte: Nun vermochte das »Ich« sich räumlich vom

Nicht-Ich zu distanzieren und – wie im perspektivischen Denken – seine Position im Bezug zu allem anderen genau zu lokalisieren. Daß der Raum um das »Ich« (sowohl der konkret-geographische Raum wie auch der geistige Wissensraum) sich lawinenartig vergrößerte, hatte fatale Konsequenzen: Je größer der Raum wurde, dem das perspektivisch fixierte »Ich« entgegenzutreten hatte, desto mehr mußte sich dieses »Ich« schützen, stabilisieren, verhärten und schließlich panzern. In Beispielen erläutert: Ein »Ich«, das sich im weiten Raum einer mit Auto und Flugzeug erschlossenen Welt bewegt, braucht ein ausgereifteres Ich-Bewußtsein als sein »Ich«-Vorgänger vor 400 Jahren, der kaum einmal im Leben die Umgebung seines Heimatdorfes überschritt. Oder: Ein »Ich«, das durch die modernen Kommunikationsmittel wie Fernsehen oder Zeitung plötzlich mit der gesamten Welt räumlich verbunden ist und für Geschehnisse sowie Katastrophen an entlegensten Orten der Erde zur Verantwortung gezogen wird – dieses »Ich« kann sich nur vor Frustration schützen, indem es egoistischer wird, sich panzert und dem Nicht-Ich gegenüber sich abschottet. Oder: Ein »Ich«, das heute einer Bruckner- oder Mahler-Symphonie entgegentritt (die ja alle im Schallplattenschrank vorhanden sind), braucht eine weit stärker individualisierte Selbst-Ortung als ein »Ich« um 1500, das nur einem simplen Strophenlied entgegenzutreten hatte. Der Raum um uns ist riesig geworden: Wir wissen, daß der uns am nächsten liegende Stern Proxima Centauri 23 Billionen Kilometer, also vier Lichtjahre, entfernt ist. Wir wissen, daß die entfernteste uns bekannte Galaxis etwa 8 Milliarden Lichtjahre fern ist. Und ... wir reagieren zumeist mit Ich-Verhärtung; wir igeln uns ein, wir legen uns Charakterpanzer zu, mit denen es sich anscheinend leicht durchs Leben gehen läßt: einsame »Ichs«, die grußlos – so wie auf den Rolltreppen der Kaufhäuser und Großstädte – aneinander vorbeigleiten.

Das »Ich« – wie es sich historisch als mitteleuropäisches Charakteristikum ausbildete und wie es sich in der Entwicklungsgeschichte jedes unserer Kinder immer wieder ausprägt – ist gleichermaßen Gewinn wie Verlust. So wie ein »Licht« (die sprachliche Nähe zu »Ich« ist zu beachten) zwar scharfe Konturen und genaue Detailsicht schafft, aber den weitaus größeren Teil der Umgebung, das Dunkel (metaphorisch: das Unbewußte), verschwinden läßt, so schafft das »Ich« zwar klare Abgrenzung vom Nicht-Ich und ein Selbstwissen – aber um den Preis eines Verlustes: Das »Ich« trennt sich vom Ganzen ab, vom Gruppenbewußtsein, von den kollektiven Instinkten, vom Aufgehobensein im anderen. »Ich« macht einsam.

Gegenstück zum »Ich«-Bewußtsein ist das emphatische oder partizipierende Bewußtsein – die Entsprechung von Außen und Innen, das Gefühl der Identität mit der Natur, das Bewußtsein des Verbundenseins mit dem Tier, mit der Pflanze, mit dem Stein . . . und mit Zeit, Rhythmus oder Zahl. Im partizipierenden Bewußtsein – also bei Völkern mit magischer bzw. mythischer Struktur oder im Europa vor 1400 (als die Uhren noch nicht das Zeitgefühl bestimmten) – gab es »Zeit« weitgehend nur als innere Zeit, als subjektive Zeit. »Zeit« als etwas unabhängig vom erlebenden Menschen Existierendes war kaum wichtig. Die Dauer eines Moments oder eines Geschehens wurde noch nicht veräußerlicht (»objektiv«) im mechanischen Zeitmaß der Maschine »Uhr« empfunden, sondern resultierte aus der inneren Qualität des Moments oder des Geschehens. Zeit und »Ich« konnten noch identisch sein, weil das »Ich« noch in das Ganze der Natur integriert war. Im modernen »Ich«-Bewußtsein (synonym auch: im kartesianischen Denken; im diskursiven Denken) ist der Umgang mit Zeit, Rhythmus und Zahl stets von Verlusthaftigkeit begleitet, weil diese Phänomene das partizipierende Bewußtsein als ein die Ganzheit garantierendes Bewußtsein voraussetzen.

»Partizipierendes Bewußtsein« und »kartesianisches Denken« sind zwei kontrastierende Formen des Zugangs zur Welt, deren Unterscheidung – hier wiederum skizzenhaft in Kontrastpaaren – lohnend ist:

Das partizipierende oder emphatische Bewußtsein: das »Wir«-Prinzip	Das kartesianische oder diskursive Denken: das »Ich«-Prinzip
Umwelt und Natur sind belebt und beseelt. Mitfühlen und Identität mit der Welt.	Umwelt und Natur sind als Nicht-Ich tote Materie, die zergliederbar und verdinglicht ist.
Integration von Hören und Fühlen, von Magischem und Mythischem und dem Unbewußten.	Dominanz von Sehen, Ratio und Schrift. Reduktion der Wahrnehmung auf das Bewußte.
Alle Dinge haben ein »Innen« als ein nicht-materielles Prinzip wie zum Beispiel die Proportionen 1 : 1, 1 : 2, 2 : 3, 3 : 4, die den Menschen mit Kristallen, Pflanzen, musikalischen Intervallen oder den Quantensprüngen des Atombaus verbinden.	Alle Dinge sind auf ein materielles Prinzip als ein »Außen« reduzierbar. Das Bewußtsein einer toten Materie und Natur mündet folgerichtig in das »Gott ist tot« des aufgeklärten Menschen.
Das Subjekt ist immer mit dem Objekt verbunden. Beide stehen in Wechselwirkung und gehören einem Kontinuum allen Seins an.	Das Subjekt ist der Gegenpart des Objekts. Das Objekt ist dem »Ich« kategorial fremd.
Die Aneignung der Welt geschieht mit Denken *und* Fühlen, wobei bei der »Intuition« ein Ganzheitserlebnis auch von einem Teilaspekt bewirkt werden kann. Die Welt wird mit allen Sinnen (z. B. auch mit Tasten und Riechen) erfaßt. Sinnlichkeit als Erkenntnismittel.	Die Aneignung der Welt geschieht denkerisch. Fühlen als Erkenntnisweg ist im wissenschaftlich-mechanischen Weltbild ausgeklammert. Der Sinneswahrnehmung ist oft ein Axiom vorgeschaltet, so daß die Welt nicht mehr wirklich, sondern abstrakt wahrgenommen wird.
Das Erkennen der Welt besteht im Erkennen der eigenen Zugehörigkeit zum Ganzen. Erkenntnis ist sinnliches Ganzheitserlebnis.	Das Erkennen ist eine atomistische oder mechanistische Methode: Erkennen ist Zergliedern, Zerteilen, Unterscheiden und Abgrenzen.

Partizipierendes Weltverstehen fragt mit »Was« und »Warum« nach dem Sein als Stellenwert in der Ganzheit. Qualitatives Denken.	Weltverstehen im kartesianischen Denken fragt nicht mehr nach »Was« und »Warum«, sondern nach dem »Wie«. Quantitatives Denken.
Unterordnung unter die Natur. Leben in ökologischer Balance.	Beherrschung der Natur durch Technik und Wissenschaft. Veränderung und Zerstörung natürlicher Systeme.

Newton oder Einstein?

Die statische Auffassung der Welt, die uns mit ihren Säulen der kartesianischen Subjekt-Objekt-Trennung sowie der Mechanik Newtons so geläufig ist, hat auf der einen Seite imposante Ergebnisse gezeitigt. Mit der statisch und berechenbar gemachten Wirklichkeit ließen sich Großstädte, Flugzeuge oder Fabriken bauen, konnte der Erdball mit einem Kommunikationsnetz überzogen werden, wurde die Natur domestiziert und nutzbar gemacht. Daß damit auf der anderen Seite auch fragwürdige Ergebnisse gezeitigt wurden – ökologische Schäden und Störungen der natürlichen Regeneration –, ist erst seit dem alternativen Wendedenken (seit etwa 1970) einer breiteren Öffentlichkeit bewußt geworden und hat das statische Weltbild suspekt werden lassen.

Gegenstück dazu ist das fluide Weltbild – das Bild einer Wirklichkeit ohne feste Konturen und starre Körper, einer Wirklichkeit aus Fließendem, Vergänglichem, aus rhythmisch Bewegtem. Mochte das fluide Weltbild Heraklits oder anderer altgriechischer Philosophen vom positivistisch orientierten Mitteleuropäer noch als antiquierter Mythos abgelehnt, mag es vom westlichen Menschen als Essenz von Taoismus oder Buddhismus zum östlichen Räucherwerk degradiert werden, so hat es in den neuen Naturwissenschaften eine solide Verankerung erfahren: Albert Einsteins Relativitätstheorie von 1905 beziehungsweise 1916, Hermann

Minkowskis »Raum-Zeit«-Begriff seiner berühmten Vorlesung von 1908 oder die Quantentheorie mit Heisenbergs Unschärferelation (wonach der Glaube an Atome als feste Bausteine des Stofflichen aufgegeben werden mußte) sind die wissenschaftlichen Fundamente der fluiden Auffassung von Wirklichkeit geworden.

Newton oder Einstein? Das scheint die Grundfrage zu sein, die unser 20. Jahrhundert insgeheim in zwei Lager spaltet – in ein konservatives (dem systematisierungsfreudigen 19. Jahrhundert zugewandtes) Lager mit festen Ordnungsmustern, einem ausgeprägten Ich- und Nationalitätsbewußtsein, mit starren Gesetzen und Verhaltensregeln, mit einer Kunst der festgefügten unveränderlichen Kunstwerke – und in ein progressives oder neuerdings postmodernes Lager mit dynamischen Ordnungsmustern, einem Wir-Bewußtsein, einer weltumspannenden brüderlichen Internationalität, mit flexiblen Gesetzen und dynamischen Verhaltensregeln, mit einer Kunst der fluiden, offenen und prozeßhaften Kunstwerke. Es ist erstaunlich, wie wenig die Relativitätstheorie und das Zeit-Raum-Kontinuum – eben die fluide Auffassung von Wirklichkeit – kulturell angeeignet sind. Ist die Entdeckung der Relativitätstheorie in der zivilisatorischen Basis ohne emotionale Folgen geblieben? Zeit und Raum sind im bildungsbürgerlichen Verständnis immer noch unveränderliche und starre Größen, die (gemäß dem Newtonschen Weltbild) getrennt gemessen und berechnet werden können. Die relativistischen Denkweisen der modernen Physik sind immer noch abstrakt und un-konkret, obwohl das intuitive Wissen archaischer Kulturen oder östlicher Philosophien ganz konkrete Modelle des Auffassens anbietet. Materie und Raum sind gemäß dem mechanischen Weltbild noch immer die zwei Grundbegriffe, auf die in Herrn Jedermanns Naturphilosophie alles Seiende zurückgeführt wird . . . Noch ist seine Alltagsvorstellung von einem Stück Knochen oder Eisen weit davon entfernt, in diesen harten Materialien nur ein verdichtetes Energiefeld, nur einen stabil schwingenden Teil eines all-umspannenden Schwingungskomplexes zu sehen. Jeremy Rifkin: *Wir entdecken auf dieser elementarsten Stufe der materiellen Wirklichkeit nicht harte, materielle Dinge, sondern oszillierende*

Felder und Wellen von Rhythmen. Unterhalb der materiellen Welt, die wir lange als Muttergestein der Wirklichkeit hingenommen haben, liegt eine andere Welt, die die Physik des zwanzigsten Jahrhunderts entdeckt hat: eine nichtmaterielle Welt reiner Zeitlichkeit, eine Welt vibrierender Kräfte, eine Welt pulsierender Energien, die rhythmisch in einem ausgeklügelten choreographischen Tanz interagieren, der das ganze Universum auszubreiten, ihm Ordnung und Sinn zu geben scheint.[8]

Albert Einstein (1879–1955) gehört zu jenen Pionieren, die – gleichsam das neue Jahrhundert einläutend – nach 1900 zeigten, daß die Systembesessenheit und der Hang zu den erstarrten Architekturen des 19. Jahrhunderts hinfällig wurden. Er lieferte den naturwissenschaftlichen Grundstock zu den Umwälzungen in der Psychologie, in der Freud und Jung (ebenfalls nach 1900) das mechanistische Bild der Seele aufgaben und nachwiesen, daß der Mensch ein dynamisches Bündel von Trieben, Archetypen und Verdrängungen ist; zu den Umwälzungen in der bildenden Kunst, wo Kandinsky, Picasso und andere Maler die einengende Perspektive des »Ich« wieder aufgaben und eine der Relativitätstheorie durchaus vergleichbare Mehrdimensionalität etablierten, die – weil sie das Bewußtsein des im mechanischen Weltbild aufgewachsenen Betrachters überforderte – dann als »abstrakte« Malerei etikettiert wurde. Gleiches geschah in der Musik beispielsweise bei Schönberg, Berg und Webern nach 1900, wo statt des einen ich-bezogenen Grundtons viele Grundtonperspektiven eingeführt wurden, was – da dieser Dynamismus wiederum von einem starr klassifizierenden Bewußtsein nicht mehr nachvollzogen werden konnte – dann negativ als »Atonalität« bezeichnet wurde.

Newton oder Einstein? Wer heute über Zeit, Rhythmus oder Zahl nachdenkt, der wird sich an Einstein halten müssen. In seiner »speziellen Relativitätstheorie« von 1905, mit der er den Beschreibungsrahmen für bewegte Körper, Magnetismus und Elektrizität lieferte, vereinigte er die bislang getrennten Kategorien Raum und Zeit in einer vierdimensionalen »Raum-Zeit«. Zeit und Raum sind ebenso relativ geworden wie die »Masse«, die zum Äquivalent der Energie wurde und von ihrer Geschwindigkeit abhängt. *»$E = m \cdot c^2$«* (*c* ist die Lichtgeschwindigkeit) heißt die berühmte Formel der relativistischen Physik, in der die statische Masse (Vorstellung: diskontinuierliche Teilchen) und die fluide Energie (Vorstellung: kontinuierliches Feld) zu austauschbaren Größen geworden sind. »Masse« hat hier ihre materielle Substanz im Sinne des statisch-mechanischen Weltbildes verloren. Masse-Teilchen sind keine unteilbaren Atome, sondern Energiepakete, die – je nach Qualität der Elemente – in bestimmten Zeit- oder Zahlenwerten oszillieren. Was im Atomismus des Demokrit noch kleinste Teile waren, das sind jetzt vierdimensionale Gebilde in der Raum-Zeit. »Raum« und »Zeit« sind nicht mehr unterschieden, sondern nur noch mögliche Aspekte derselben Sache: Räumlich gesehen erscheint ein atomares oder subatomares Energiepaket als Teilchen oder Masse, zeitlich gesehen als rhythmisch pulsierende Energie.

Die klassischen Begriffe von Raum und Zeit und damit die Eckpfeiler des Newtonschen Weltbildes hatte Albert Einstein recht drastisch zum Einsturz gebracht. Stephen W. Hawking: *Die Relativitätstheorie macht der Vorstellung den Garaus, es gebe eine absolute Zeit! Es sieht so aus, als hätte jeder Beobachter sein eigenes Zeitmaß, seine eigene Uhr, und als würden auch dieselben Uhren, von verschiedenen Beobachtern benutzt, in ihren Angaben nicht unbedingt übereinstimmen.*[9]

Daß Zeit keine statische beziehungsweise selbständige Größe ist, wies Albert Einstein vor allem 1916 in seiner »allgemeinen Relativitätstheorie« nach – der ersten »Physik des Weltalls« als eines zwar unbegrenzten, dennoch geschlossenen Raumes. In der »allgemeinen Relativitätstheorie« wurden Zeit und Raum zum Äquivalent der Schwerkraft: Die Gravitationsfelder um die Materie krümmen – was für den menschlichen Verstand nicht mehr anschaulich ist – die vierdimensionale Raum-Zeit. Die Stärke der Krümmung hängt dabei von der Schwere der Massekörper ab. Somit gilt das biblische *»Alles hat seine Zeit...«* auch für das Universum: »Zeit« wird vom Grad des Vorhandenseins von Materie beeinflußt und läuft deshalb in jedem Winkel des Alls in unterschiedlicher Weise ab. Zeit ist relational, also eine Beziehungsform – sie ist nicht als starr und gleichförmig verlaufend wie in Newtons mechanischem Bild der Wirklichkeit, sondern nur in bezug auf ein anderes definiert. Wer Zeit verstehen will, muß den Blick auf das andere richten, muß ein Gespür für das andere entwickeln. »Rhythmus« und »Zahl« sind hierbei jene Erscheinungen, mit denen der Zeit als »Beziehungsform« am ehesten beizukommen ist.

Wer Zeit als Beziehungsform erleben will, der kann dies – wie bei jeder Wahrnehmung von Wirklichkeit – nur aus der Perspektive seines Ichs und damit aus dem Radius seiner Körperlichkeit (als der eigenen Lebendigkeit) tun. Herz- und Atemrhythmus, Wachen und Schlafen, die Rhythmik jedes Organs und vor allem die Summe aller organischen Rhythmen (als der individuellen biologischen Uhr) sind hierbei das Koordinatensystem des Zeit-Erlebens. In vielen archaischen Kulturen war beispielsweise der am Puls fühlbare Herzschlag der Zugang zur rhythmischen Innenseite des Menschen: Medizinmänner und Ärzte (so in Afrika, im alten China oder noch heute bei den ayuvedischen Ärzten Indiens) vermochten aus den rhythmischen Besonderheiten des Pulses Rückschlüsse auf den Zustand einzelner Organe zu ziehen – ein Wissen, das im westlichen Kulturkreis, wo das Gehirn die Vorherrschaft des Herzens verdrängt hat, verlorengegangen ist. Unser Körper hat »Zeit« an die Uhr – an eine Maschine – delegiert.

Zahlenbild 2: Die Bahnen von Merkur, Venus und Mars (vgl. S. 269 f.)

Von der Naturzeit zur mechanischen Zeit

> *Das Bestreben, Daten zu gewinnen, muß eng verknüpft sein mit jener besonderen Angst des Menschen, die sich abhebt vom tierischen Instinkt. Sie muß ihn schon früh bewogen haben, sich Dämme und Inseln zu schaffen im unermeßlichen Meer der Zeit, und führte Schritt für Schritt zu unserer Welt der Uhren, in der jede Sekunde gesichert ist.* Ernst Jünger

Mit »Zeit« ist in unserem Kulturkreis die gemessene Zeit gemeint, die Zeit der Uhren – Maschinen-Zeit. Die Uhr ist zum Gottesersatz geworden. Wie schon gesagt: Es mutet wie eine absurde sakrale Handlung an, wenn allabendlich vor den Fernsehnachrichten eine Millionen-Gemeinde auf den Bildschirm starrt, um den Sekundenzeiger der Präzisionsmaschine vorrücken zu sehen und somit dem neuen Gott zu huldigen. Solche Assoziationen sind berechtigt. Zeitmessung war seit altersher Sache der Priester. Im lateinischen »tempus« oder im französischen »temps« ist dieser Zusammenhang noch sprachlich manifest. Tempel (und andere Heiligtümer – ob Pyramiden oder Menhire) waren stets auch Anlagen zur Zeitmessung.

Die mechanisierte Zeit der Uhren ist uns so zur Gewohnheit geworden, daß wir die entwicklungsgeschichtliche Bedingtheit dieses Zeitbegriffs permanent verdrängen. Dabei kann schon eine flüchtige Betrachtung des Übergangs von Naturzeit zur mechanischen Zeit einen bedeutenden Wandel anzeigen: Naturzeit war eine »zyklische« Zeitauffassung, in der natürliche Perioden beziehungsweise Rhythmen ein Zeitkontinuum teilten, das tendenziell unendlich war – nämlich »von Ewigkeit zu Ewigkeit« reicht. Die mechanische Zeitauffassung hat diese Ewigkeit säkularisiert und statt dessen die Sekunde zu ihrem Maßstab gemacht. Die Zeit verlor so ihren ganzheitlichen Charakter und wurde zerstückelt – in linearer Folge reiht sich in solch atomistischem Denken Teilchen an Teilchen. In einer Gegenüberstellung verdeutlicht:

Naturzeit (älterer Zeitbegriff)	mechanisierte Zeit (neuerer Zeitbegriff)
Zeit als Unterteilen (als rhythmisches Gliedern größerer oder unendlicher Perioden).	Zeit als Aneinanderreihung winziger Einzelteile (Sekunden).
Zyklische Zeit.	Lineare Zeit.
Lebendig variierte Rhythmusstrukturen (z. B. jahreszeitlich bedingte Längenänderung von »Stunde«).	Mechanisch hergestellte Zeitpartikel von immergleicher Dauer (unabhängig von den Schwankungen der natürlichen Rhythmen oder Zyklen).
Individuelle, je nach geographischem Ort variierende Zeit.	Normierte Zeit.

Die mechanisierte Zeit der Uhren geht von der Sekunde als kleinstem Wert aus, der seit 1972 als »Atomsekunde« unabhängig von einer astronomischen Beobachtung – also unabhängig von einem der menschlichen Erfahrung zugänglichen Rhythmus – definiert ist: Die Sekunde wurde als Zeitraum festgelegt, in dem ein Cäsium-Atom neun Milliarden (genau: 9 192 631 770) Schwingungen ausführt. Auf der Basis dieses Präzisionswertes genügen in der mechanischen Zeitauffassung dann wenige zusammengesetzte Zeitwerte (wie Minuten, Stunden, Tage, Jahre), um ein perfektes System der Zeitmessung auszubilden. Wie ärmlich erscheint jedoch dieses System gegenüber der Vielfalt der Zyklen und Rhythmen, mit denen die ältere naturzeitliche Auffassung Zeitdauern anzugeben wußte. Wo kennt die neuere Zeitauffassung beispielsweise einen Zeitwert, welcher der babylonischen »Sarosperiode« von 18 Jahren (genau: 6585,3 Tage als Wiederholungszyklus der Sonnen- und Mondfinsternisse), dem im menschlichen Leben nachweisbaren Zyklus von 7 Jahren oder dem im pflanzlichen Wachstum nachweisbaren Sonnenflecken-Zyklus von 11 Jahren ein qualitatives Äquivalent entgegensetzt? – Grund genug, sich einmal das Wesen der »Naturzeit« zu vergegenwärtigen.

Naturzeit als Bewußtseinsstruktur

Wo bitte gibt es »Naturzeit«? Die Antwort muß mindestens zweifach ausfallen: Wir finden sie sowohl in ursprünglichen Kulturen vergangener Epochen beziehungsweise in heutigen noch ursprünglich verbliebenen Zivilisationen; wir finden sie aber auch im Zeitempfinden von Kindern, die bekanntlich nach dem Prinzip der Entsprechung von Phylogenese (Stammesentwicklung) und Ontogenese (Entwicklung des Einzelwesens) die Phasen der Menschheitsentwicklung individuell wiederholen. Gemeinsam ist beiden Arten von »Naturzeit« ihre Zuordnung zu einer bestimmten Bewußtseinsstruktur. Diese läßt sich plastisch an der Folge *»archaisch – magisch – mythisch – mental«* als einem Modell der Bewußtseinsentwicklung verdeutlichen, das der Schweizer Kulturpsychologe Jean Gebser in seinem Hauptwerk *»Ursprung und Gegenwart«*[10] 1947/1948 herausgearbeitet hat.

»Archaisch« bezeichnet die Urzugehörigkeit zu einer umfassenden Ganzheit, die beispielsweise das Kind im Mutterleib oder den Urmenschen in seinem noch animalischen Verhaftetsein charakterisiert. Es herrscht völlige Identität von Innen und Außen. Es fehlt jegliches Raum- und Zeitgefühl. In der »magischen« Phase wird der aus der Ganzheit tretende Mensch zur Unität, zum Einzelnen, der aber noch ohne »Ich« in die Natur eingeflochten ist. Er ist ebenfalls noch raum- und zeitlos, reagiert jedoch in magischen Ritualen auf die ihm durch die Natur entgegentretende Räumlichkeit und Zeitlichkeit.

»Mythisch« bezeichnet jene Phase, in der ein Schritt aus der Naturverflochtenheit getan wird, sich ein »Wir« als Gruppen-Ich ausbildet. Auf dieser Basis wird sich der Mensch seiner Zeitlichkeit im selben Maße bewußt, wie er sich durch Unterscheiden des Innen und Außen seiner Seele bewußt wird. In den Mythen der Seele wird erstmals die Welt geklärt und geordnet.

»Mental« schließlich bezeichnet ein Bewußtsein, das als Gegenstück zur voll ausgeprägten Ich-Haftigkeit ein ebenso ausgeprägtes raum-zeitliches Bezugssystem entwickelt hat: Über die Beschränkung der eigenen Körperlichkeit hinausgehend wird mittels Denken und Abstraktion das Messen beziehungsweise Organisieren von Raum und Zeit bedeutungsvoll. Gerichtetes Denken, die Bewußtwerdung des Ich sowie die Raum- und Zeitmessung bilden eine Einheit.

Im tabellarischen Überblick:

Struktur:	Raum/Zeit	Wesen	Weltaspekt	Bewußtsein
archaisch	vorräumlich/ vorzeithaft	Identität (Ganzheit)	Unbewußter Geist	Tiefschlaf (Latenz)
magisch	raumlos/ zeitlos	Unität (Einheit)	Natur	Schlaf (Emotion)
mythisch	raumlos/ naturzeithaft	Polarität (Ambivalenz)	Seele	Traum (Imagination)
mental	raumhaft/ abstrakt zeithaft	Dualität (Gegensatz)	Raum-Welt	Wachheit (Abstraktion)

Also nochmals: Wo bitte gibt es »Naturzeit«? Der archaische Mensch ist mit der Naturzeit noch so identisch, daß nur ein außenstehender Beobachter seine Identität mit ihr zu erkennen vermag. Der magische Mensch orientiert sich reflexiv handelnd an der Naturzeit (etwa an Sonne, Mond und Jahreszeiten), ohne sich des zeitlichen Aspekts seines Handelns bewußt zu sein. Der mythische Mensch begreift das Zeitliche, indem er im »Innen« seiner erwachten Seele Zeit (in der Er-innerung oder im Traum) bewahren oder imaginieren kann, die mit der Zeit im körperlichen Außen nicht mehr identisch ist. Der mythische Mensch erkennt Zeit in den Zyklen der Natur, die er mit Mythen (Bildern) sich zu erklären versucht.

Von besonderem Interesse ist der Übergang von der mythischen zur mentalen Struktur: Gab es in den mythischen Kulturen – etwa bei den Babyloniern, Ägyptern, Maya oder den frühen Griechen – schon Kalender, die sich an konkreten Zyklen der Natur orientierten, so bildete die mentale Struktur die abstrakte

Berechnung und die darauf beruhende Zeitrechnung mittels Gerätschaften (Sanduhren, Wasseruhren usw.) aus. Im Begriff der »ratio« war das Rechnen und Berechnen grundsätzlich enthalten. Der Übergang zur mentalen Struktur vollzog sich in der griechischen Antike etwa um 500 v. Chr. und wurde, wie schon erwähnt, in jener mitteleuropäischen Bewegung von etwa 1300 bis 1500, die sich (als Umsetzung antiken Gedankengutes) »Renaissance« nannte, auf breiter Basis nachvollzogen.

Vom Wesen der Naturzeit

Der mentalen Struktur mit ihrer Zeit der Uhren (als einer vom körperlich-subjektiven Empfinden losgelösten Zeit) entspricht das diskursive Denken – die logische, abstrakte, widerspruchsfreie und wissenschaftliche Erörterung eines Sachverhalts. Gegenstück zum diskursiven Denken – und der archaischen, magischen sowie mythischen Struktur entsprechend – ist das teilnehmende Beobachten, das partizipierende Bewußtsein. Wird Zeit als »Naturzeit« wahrgenommen, so spielt das teilnehmende Beobachten stets eine Rolle: »Die Zeit bin ich.« »Die Zeit ist Teil meines Lebensvollzugs.« »Die Zeit ist Indikator meiner momentanen Lebensqualität.« Die Naturzeit hat infolge ihrer Zugehörigkeit zur partizipierenden Weltauffassung, in der noch keine scharfe Trennung von Ich und Nicht-Ich vollzogen ist, eine Verwandtschaft zum »subjektiven Zeitempfinden«. Im subjektiven Zeitempfinden stellen der eigene Lebensvollzug, die individuelle biologische Uhr und die äußeren Zeitrhythmen eine schwer zu entflechtende Einheit dar.

Naturzeit besitzt (ähnlich wie das subjektive Zeitempfinden, völlig anders als die Zeit der Uhren mit ihren maschinell erzeugten immergleichen Einzelteilen) drei wichtige Qualitäten: Sie ist *zyklisch, elastisch* und *lebendig.*

Das zyklische Moment der Naturzeit ist niemals abstrakt wie die zyklischen Bewegungen eines Uhrenmechanismus, sondern zeigt stets eine qualitative Veränderung an: So sind die Jahreszeiten mit wichtigen Phasen des Pflanzenwachstums oder der Witterung verbunden; so ist der Tag-Nacht-Rhythmus mit einem Rhythmus von Wärme–Kälte oder Aktivität–Passivität gekoppelt; ist der Mondumlauf mit einer sichtbaren Veränderung der Mondgestalt gekoppelt; ist die Pulsfrequenz unmittelbarer Ausdruck des köperlichen Befindens.

Das elastische Moment der Naturzeit wird vom diskursiv denkenden Menschen der mentalen Struktur immer als »Ungenauigkeit« gewertet: Eine Sonnenuhr zeigt beispielsweise im Winter eine weit kürzere Tagesstunde an als im Sommer. Ebenso paßt der Mond mit seiner durchschnittlichen Lunationslänge von 29 Tagen, 12 Stunden, 44 Minuten und 2,8 Sekunden nie in das Raster des Sonnenjahres, so daß mit Monaten, die abwechselnd zu 29 und 30 Tagen gezählt werden, ein aus 12 Monaten bestehendes Mondjahr eine permanente Verschiebung des Jahresbeginns bewirkt.

Die lebenspendende Qualität der Naturzeit beruht auf dem Zusammenspiel von zyklischem und elastischem Moment: Leben gedeiht nur dort, wo flexible Rhythmen ständige Veränderung provozieren. Prototypisch ist der täglich sich in seinen Proportionen ändernde Tag-Nacht-Rhythmus (als Rhythmus von Aktivität und Regeneration) oder der Rhythmus der Jahreszeiten, der mit seinen unterschiedlichen Tageslängen den Großzyklus von Wachsen–Blühen–Fruchttragen–Welken provoziert. Starre Rhythmen sind tote Rhythmen. Sie kommen in der Natur nicht vor. Starre Rhythmen werden jedoch charakteristisch von der vom Menschen geschaffenen »Maschine« erzeugt.

Naturzeit muß nicht von solch exotischer Singularität sein wie beispielsweise der Jahreskalender der Andamanesen, der auf der Folge vorherrschender Gerüche von Blumen und Bäumen beruht, oder wie die Zeitangabe in Madagaskar, wo 30 Minuten als »so lange wie Reiskochen« umschrieben werden.[11] Um der Normierung unseres von der Uhr geprägten Zeitbewußtseins entgegenzuwirken, scheint es weit angebrachter zu sein, in den herkömmlichen Zeitgrößen wie *Pulsschlag, Sekunde, Stunde, Tag, Monat* oder *Jahr* sich der Naturzeithaftigkeit zu erinnern.

1) Der Puls- oder Herzschlag ist die bedeutendste biologische Uhr des Menschen, die ihm als innerer Maßstab für die »Normalzeit« (das Gefühl des »Schnell« oder »Langsam«) dient. Die Vergegenwärtigung des Pulsschlages gehörte einst zur Selbst-Ortung des Menschen, die über das Zeitgefühl wie über die emotionale und körperliche Befindlichkeit gleichermaßen eine Aussage macht. Die Definition der Sekunde als uraltes Zeitmaß für Schritt, Geste oder Reaktion entspricht ungefähr dem Pulsschlag eines ruhenden Menschen.

2) Erst mit der Erfindung der Räderuhr im 14. Jahrhundert begann sich die »Stunde« als eine aus der »mittleren Sonnenzeit« (mit gleichlangen Äquatorialstunden) berechnete starre Dauer im Zeitbewußtsein durchzusetzen. Die Sonnenuhren, die man weiterhin nach antiker Tradition benutzte, zeigten trotzdem noch lange die »wahre Sonnenzeit« der Temporalstunden mit ihren jahreszeitlichen Schwankungen der Dauer an. *Erst im 19. Jahrhundert konnte man sich von der Elastizität des natürlichen Lichttages trennen. Ab 1816 gingen die Pariser Uhren nach der mittleren Sonnenzeit. In Japan begann man damit erst 1873. Bis dahin dauerten dort zur Zeit des längsten Tages die Tagesstunden zweieindrittel mal länger als die Nachtstunden.*[12] Unsere Angewohnheit, den Tag nicht nur in zweimal zwölf, sondern in 24 gleiche Stundenlängen zu teilen, geht vermutlich auf den Nürnberger Uhrenmacher Peter Henlein zurück, dessen »Zeytdose« von 1517 die Durchzählung von 24 Tagesstunden aufweist.

3) Mond und Monat sind in jedem Kalendersystem der Neuzeit ein widerspenstiges naturzeitliches Prinzip. Der auffällige Wechsel von Vollmond zu Neumond (von der Helle zur Lichtlosigkeit; vom Wachsen zum Vergehen) ist in den mythischen Kulturen stets als wichtiges Lebensprinzip, als ein Ur-Atem, aufgefaßt worden. Der synodische Monat (das ist der Bezug der Lichtphase des Mondes zum Sonnenzyklus) schwankt und beträgt im Durchschnitt 29,530 mittlere Sonnentage. Der siderische Monat (die Umlaufzeit des Mondes in bezug zu einem Fixstern) beträgt 27,321 Sonnentage. Aus anderen Bezugnahmen resultieren in der Astronomie der »tropische Monat« (27,321 Sonnentage),

der »drakonitische Monat« (27,212 Sonnentage) und der »anomalistische Monat« (27,554 Sonnentage). Da jedes Kalendarium nur mit der ganzen Tageslänge (als dem übergeordneten Zeitmessungsprinzip) rechnen kann, zwingen die von der Tageslänge abweichenden Mondphasen zu Kompromissen wie zum Beispiel zur Einführung von Schalttagen oder dem Wechsel verschiedener Monatslängen. Mythisch gebliebene Kulturen, die den Übergang zur mentalen Struktur noch nicht radikal vollzogen haben, hatten meistens einen Mondkalender: Der mohammedanische Kalender – von Mohammed als persönliches Vermächtnis hinterlassen – ist beispielsweise ein reiner Mondkalender, in dem die Monats- und Jahreszählung (durch ständiges Verlegen des Neujahrsbeginns) mit dem effektiven Mondumlauf in Übereinstimmung bleibt.

Der Mond erschien aufgrund der Willkür, mit der er sich jeder Berechnung widersetzt, als ein widerspenstiges Prinzip. Der Mondeinfluß kann auf wissenschaftlicher Basis im Wachstum sowie im Verhalten von Pflanzen, Tier und Mensch nachgewiesen werden: *Der menschliche Organismus ist aus den gleichen Elementen und in einem ähnlichen Verhältnis zusammengesetzt wie die Oberfläche der Erde. Er besteht zu zwanzig Prozent aus festen Stoffen und zu achtzig Prozent aus Wasser. Daher kann unser Organismus auf Gravitationskräfte genauso reagieren wie die Erde. Das Wasser in unserem Körper verteilt sich auf drei große Bereiche: im Blut, zwischen den Körpergeweben und in den Zellen. Zwischen diesen Bereichen findet ein Austausch statt. Durch die Schwerkraft des Mondes kann dieser Austausch beeinflußt und der Flüssigkeitshaushalt gestört werden. Es kann zu einer biologischen Flut im menschlichen Organismus kommen, das heißt zu einer Vermehrung von Wasser in dem einen oder anderen Flüssigkeitsbereich. Dieser Prozeß bewirkt, daß sich die Persönlichkeit verändert, wobei es zu hoher psychischer Anspannung und zu Gefühlsausbrüchen ... kommt.*[13] Der Menstruationszyklus bei der Frau mit seinem 28tägigen Rhythmus ist ein bekanntes Beispiel für den Einfluß des Mondes, wobei auch hier eine irrationale Abweichung von der tatsächlichen Lunationsperiode vorliegt, die bis heute nicht erklärt werden kann. Botanik und Biologie kennen eine Menge von Rhythmen, die unmittelbar mit der Lunationsperiode zusammenhängen: Bestimmte Wurmarten paaren sich nur bei Vollmond, Schildkröten legen ihre Eier nur bei bestimmten Phasen des Mondes.

4) Im Unterschied zum Mond, dessen Hauptrhythmen durch Hunderte von sogenannten »Ungleichheiten« modifiziert werden, ist die Sonne mit ihrem Tagesrhythmus weitaus regelmäßiger und konstanter. Deshalb – sowie wegen ihrer Energiefülle und Strahlkraft – wurde sie mit zunehmender Entwicklung des mentalen Bewußtseins zum dominanten Zeitgeber. In allen Kulturen gab es in großer Fülle Sonnensymbole wie Rad, Scheibe, Kreis, Kugel, Ball, Spirale oder verschiedene Kreuzformen. Viele sportliche Tätigkeiten haben ihren Ursprung in den Feierlichkeiten bei Sonnenkulten, wie zum Beispiel die Ballspiele, das Scheibenschießen oder Wettrennen.

Der Tag stellt durch die Zwölfheit seiner Stundenzahl eine Ganzheit dar, die ihn mit anderen Zwölfheiten – also Entitäten – wie dem Jahr, dem Tierkreis oder auch dem Tonsystem mit seinen zwölf Tönen verbindet. Daß die Nacht als Gegenpol des Tages ebenfalls zwölf Stunden umfaßt, verstärkt den ganzheitlichen Charakter der Tageseinheit mit ihrem einmaligen Sonnendurchlauf.

5) Durch die Folge der Jahreszeiten mit ihrem einprägsamen Rhythmus von Werden und Vergehen hat das Jahr – ganz anders als der lediglich an der Mondgestalt ablesbare Monat – eine besondere Prägnanz. *Vom äußersten Aufgangsort im Nordosten zur Zeit der Sommersonnenwende bis zu dem Zeitpunkt, da die Sonne wieder genau an dem gleichen Orte aufgeht, vergehen ganze 365 Tage. So zeitigt sich der wichtigste Sonnen-Erden-Rhythmus: das Jahr. In diesen Rhythmus ist auch der Mensch mit der normalen Geschwindigkeit seines Ganges einbezogen: Bei unausgesetztem Weitergehen würde er in 365 Tagen die Erde auf einem Großkreis umschritten haben. Dabei ergibt sich eine dauernde Marschgeschwindigkeit von 4,57 km/Stunde. Deshalb sagten schon die altbabylonischen Weisheitslehrer: »Der gesunde Mensch hat die Geschwindigkeit der Sonne.«*[14]

Das Gleichmaß der Jahreszeitenfolge täuscht jedoch über die kleinen Irregularitäten, die das Jahr aufweist. Da gibt es zum einen die Differenz von tropischem Jahr (die Spanne von Sonnenwende zu Sonnenwende) und siderischem Jahr (der Jahresumlauf bezogen auf eine Fixsternkonstellation) die mit ihren 20 Minuten und 25 Sekunden verdeutlicht, daß ein Jahr mit der Tageszählung nie ganzzahlig aufgehen kann. Da gibt es zum anderen die Analogie zum Kreis mit seinen 360 Winkelgraden, was eine Auffassung des Jahres als aus 360 + 5 Tagen bestehend nahelegte. Als »Epagomenen« (»Tage auf dem Jahr«) wurden im altägyptischen Kalender jene fünf Tage benannt. Die Musik bildet in ihrem Tonsystem den Kreis des Jahres in wunderbarer Weise nach[15]: Bekanntlich geht der Quintenzirkel der Tonarten (von C, G, D, A, E, H, Fis usw. in Quinten aufsteigend) nur im temperierten Tonsystem (etwa der Klavierstimmung) schlüssig auf. In reiner Stimmung sind die Ausgangstonart C-Dur und die nach 12 Quinten erreichte Tonart His-Dur aber nicht identisch. Sie weichen um eine für das menschliche Empfinden kaum mehr wahrnehmbare Tonhöhendifferenz ab, das »pythagoräische Komma«. Das pythagoräische Komma, jene enharmonische Differenz von C-Dur und His-Dur oder auch von Ges-Dur und Fis-Dur, läßt den Quintenzirkel sich nicht exakt schließen und besitzt den Intervallwert 74 : 73. Der Quotient von 74 : 73 beträgt 1,0136, was dem Quotienten aus der Jahresdifferenz 365 : 360 als 1,0138 fast genau entspricht. Das pythagoräische Komma ist in der Musik den überschüssigen fünf Tagen des Jahreskreises analog.

Die Zwölfheit des Tages (der schon von den Sumerern als »Kleinjahr« bezeichnet wurde), der Tierkreiszeichen oder auch der musikalischen Töne findet eine Konkretion in den Monaten, der Zwölfheit des Jahres, das deshalb immer als heilige Ganzheit empfunden wurde. In der indischen Mythologie schuf der Schöpfer das Jahr als Abbild seines Selbst. In der römischen Mythologie war Janus der Jahresgott, dessen bärtiger Doppelkopf in die Gegenrichtungen Vergangenheit–Zukunft zu blicken vermochte.

Das Jahr mit seiner kreisförmigen Vollkommenheit ist oft auch als Symbol des »Selbst«, der menschlichen Psyche empfunden worden.

Geschichte der Zeitmessung

Der spezifische Umgang mit »Zeit« stellt das Herzstück jeder Kultur dar. Die Geschichte der Zeitmessung ist daher eine objektive Widerspiegelung kulturellen Bewußtseins: Sie dokumentiert die Ausbildung der mentalen Bewußtseinsstruktur.

Während der archaische Mensch noch völlig im Rhythmusgefüge der Natur – wie ein Kind im Mutterleib – aufgehoben ist und keinen Zeitvorgang wahrnehmen kann, weist der magische Mensch bereits ein rudimentäres Zeitverständnis auf: »Zeit« tritt ihm körperlich entgegen. Er begreift sie in einem rituell-konkreten Zählen ohne Zahl. Beispielsweise vergegenständlicht sich ein Kind noch heute die adventliche Wartezeit durch ein sukzessives Öffnen der 24 Türen des Adventskalenders, wie schon früher ein Medizinmann sich den Jahreslauf mit Muscheln vergegenständlichte, die er bei jedem Neu- oder Vollmond in ein Gefäß legte. Zeitmessung ist hier nicht abstrakt. Im magischen Bewußtsein ist die Zeitmessung noch identisch mit dem Lebensvollzug und mit der sinnlichen Erfahrung. »Schlaf« steht für die Nacht, zwölf »Monde« stehen für das Jahr, »Schnee« und »Ernte« markieren das Halbjahr. Magische Kulturen betonen vor allem das zyklische Moment der Zeit. Lineare Zeit, Fortschritt oder Geschichtlichkeit sind demgegenüber ganz unausgeprägt. Im alten Ägypten beispielsweise scheinen die Kulturdokumente (Vasen, Kunstwerke u. a.) über 3000 Jahre unverändert geblieben zu sein. Ägyptologen schwanken bei Datierungen trotz moderner Meßmethoden bisweilen noch um 2000 Jahre.[16]

In der mythischen Struktur wurde durch das Auseinanderfallen von physischem »Außen« (Realität, konkretes Leben) und psychischem »Innen« (Ein-Bildungen, Mythen, Märchen, Erinnerungen) die Zeit bewußter. Diesem zunehmenden Sich-Bewußtwerden von Zeit entsprach die zunehmende Orientierung an »Tag« und »Sonne« statt an »Nacht« und »Mond«. Aus der ungerichtet-dunklen Nachtzeit wurde die gerichtete Tagzeit. Die Sonnenuhren, noch in Babylonien und Ägypten ausgebildet und dann in der griechischen Antike als »Gnomon« (Schattenzeiger) perfektioniert, waren die ersten Meßgeräte solcher Tagzeit. Auch Bergspitzen oder markante Felsspalten wurden für solche Zwecke benutzt, was zum Beispiel in Bergnamen wie »Elferkogel« oder »Zwölferkofel« überliefert ist.

Andere Zeitmeßgeräte im Frühstadium der »Tagzeit« waren die Wasseruhr (ein- oder ausfließendes Wasser in Gefäßen mit kleinsten Öffnungen), die Kerzenuhr (abbrennende Kerze mit Strichen als Stundenmarkierung) oder die Öluhr (Zeitmessung anhand des Quantums von verbranntem Öl). Diese Uhren lösten »Zeit« zunehmend aus dem Erlebniszusammenhang des Menschen und richteten die Aufmerksamkeit auf den »Moment« – auf die kurze Zeitdauer. Je mehr dadurch die Ewigkeit an Bedeutung verlor, um so unerbittlicher kündigte sich die Neuzeit mit ihrer mentalen Bewußtseinsstruktur an. Zeitmessung und das Ewig-Göttliche scheinen in antagonistischem Gegensatz zu stehen, der als Dualismus von »Zeit–Zeitlosigkeit« noch zu erörtern ist.

Die mentale Struktur ist die Epoche des Denkens, des Messens und der Besitzergreifung der äußeren Welt durch Technik und Wissenschaft. Dieser Bewußtseinsabschnitt, der ontogenetisch (individualgeschichtlich) bei Heranwachsenden ungefähr ab dem 10. Lebensjahr sich zu äußern beginnt, ist historisch in der griechischen Antike etwa um 500 v. Chr. vollzogen worden. Maß und Zahl wurden seither zum wichtigsten Werkzeug des Weltverstehens. Nach 1250 wurde mit der »Renaissance« dieses Weltverstehen im mitteleuropäischen Raum nachgeholt und auf eine existentiellere Basis – weg von der bloß philosophisch-theoretischen Bedeutsamkeit – gestellt. Mit dem Protestantismus seit etwa 1500, dem Rationalismus nach 1600, der Aufklärung nach 1700, der Industrialisierung im bürgerlichen Zeitalter nach 1789 bis hin zum modernen Computerzeitalter wurde die mentale

Struktur zunehmend ausgeprägter und den Menschen der heutigen technologischen Gesellschaft zur zweiten Natur.

Die Bedeutung der Zeitmessung hatte linear mit dieser Entwicklung zugenommen. Hatte schon die griechisch-römische Antike eine Fülle präziser Meßmethoden entwickelt (Wasseruhr, Kerzenuhr, Öluhr, Sonnenuhr, Schlaguhr – sogar eine Taschensonnenuhr und eine Taschenwasseruhr), so wurden diese nunmehr verfeinert. Meilenstein war hierbei die Entwicklung der mechanischen Räderuhr oder »Waaguhr«, bei der mittels Gewichten als Antriebssystem und eines »Waagbalkens« sowie einer »Waaghemmung« (der »Unruhe«) die Möglichkeit geschaffen wurde, über lange Zeit hinweg unabhängig von natürlichen Rhythmen »Zeit« zu messen. Die ersten Räderuhren datieren aus den Jahren nach 1300. Ein genaues Erfindungsdatum läßt sich nicht angeben. Die Uhren zeigten zuerst nur die Stunden an – zunächst mit akustischem Signal, dann mittels der Zeiteinteilung auf dem Zifferblatt. Erst 1691 wurde ein Minutenzeiger erfunden, um vor allem Wissenschaftlern, Seefahrern, Ärzten oder Astronomen genauere Messungen zu ermöglichen. Im alltäglichen Lebensvollzug des Menschen des Mittelalters oder der Renaissance wäre es eine absurde Vorstellung gewesen, sich den Tageslauf von der Stunden- und Minuteneinteilung, von Fahrplänen, Stundenplänen oder festgelegten Terminen bestimmen zu lassen. Im bäuerlichen Leben gab es bis weit in die Neuzeit hinein ohnehin nur die grobe Einteilung in Sonnenaufgang, Mittag, Sonnenuntergang.

Wichtigster Künder der neuen Zeitauffassung und des mechanischen Denkens war zweifellos Isaac Newton: *Die absolute, wahre und mathematische Zeit verfließt an sich und vermöge ihrer Natur gleichförmig, und ohne Beziehung auf irgendeinen äußeren Gegenstand.* Mit diesem vielzitierten Satz machte Newton die Zeit zur objektiven Größe, zur »unabhängigen Variablen« der klassischen Physik. Hatte Galilei bei seinen Forschungen zur Fallgeschwindigkeit anfänglich noch den eigenen Herz- beziehungsweise Pulsschlag benutzt, so wurde jegliches Zeitempfinden bald darauf gänzlich an eine Maschine delegiert – an die Uhr.

Mehr als Buchdruckerei oder Dampfmaschine war die Uhr die zentrale Erfindung der Neuzeit.

Daß »Zeit« zum menschenunabhängigen Phänomen objektiviert wurde, ist die notwendige Konsequenz des neu aufkeimenden »Ich«-Gefühls. Für das mentale Bewußtsein definierte sich »Bewußtsein« (im Unterschied vor allem zu anderen Formen wie »Vorbewußtes« oder »Unterbewußtes«) als Fähigkeit des Ichs (des erkennenden Subjekts), sich vom Nicht-Ich (dem Objekt) zu unterscheiden. Je stärker sich das »Ich« ausbildete bis hin zur Ich-Verhärtung der gegenwärtigen narzißtischen Gesellschaft –, um so mehr lagerte es ursprüngliche Innerlichkeiten (wie zum Beispiel das Zeitgefühl) als Objektives, Meßbares oder Beschreibbares aus.

Zeitmessung setzte bald auch das Verräumlichen von Zeit voraus. 1344 vermutlich entwarf Jacopo Dondi in Chioggia das zwölfgeteilte Zifferblatt der Uhr.[17] »Zeit« wurde in ihrem Charakteristikum, dem Dauern, dem Sukzessiven, dem Unanschaulichen, entsinnlicht und durch Verräumlichen meßbar sowie lesbar gemacht. Die in Zifferblatt und Zeigerstellung verräumlichte Zeit hatte eine neue Qualität: Sie war starr und bestand aus unabänderlich festen Segmenten. Die Uhr begann die Zeit ohne das elastische Moment und ohne den qualitativen (von Jahreszeit, Tageszeit oder Witterung bedingten) Aspekt anzuzeigen. Zeit wurde genormt. Nicht nur hinsichtlich der Dauer von Stunden und Minuten, sondern auch hinsichtlich der geographischen Sonnenzeit: Seitdem 1675 die Sternwarte Greenwich gegründet worden war, deren Meridian als Nullmeridian anerkannt wurde, um »Zeitzonen« festzulegen, löste sich die Zeit der Uhren ganz real von der Zeit der Sonne. Eigentlich erfordert jede Entfernung von 300 Metern eine Zeitkorrektur von einer Sekunde, damit eine Uhr bezüglich des Sonnenstandes die richtige Zeit angibt. Innerhalb einer heute so genannten Zeitzone, wie zum Beispiel der »Mitteleuropäischen Zeit«, kann es dadurch zu einer Verschiebung von bis zu 60 Minuten kommen, die infolge der Normierung verdrängt und vergessen wird. Solche Zeitzonen wurden aus Gründen der wirtschaftlichen sowie der verkehrstechnischen

Koordination zwar notwendig, sie stellen jedoch eine Rücknahme von geographischer Individualität und Konkretheit dar.

Zunehmende »Abstraktion« als Verlust von Erlebniszusammenhang und Lebendigkeit ist der Oberbegriff, durch den die Geschichte der Zeitmessung charakterisiert wird. Die Zeitmessung der Neuzeit hat den Bezug zu den Rhythmen der Gestirne, der Erdrotation, der biophysischen Periodizitäten nahezu völlig aufgegeben. Die Abstraktion von »Zeit« scheint synonym mit dem Verlust der Teilhabe an lebendigen Rhythmen zu sein.

Völlig abstrakt und von jedem erlebnishaften Nachvollzug abgeschnitten sind die neuesten Methoden der Zeitmessung bei der Quarz- oder Atomuhr. Während die mechanische Uhr noch von der Erdgravitation beeinflußt wird und die Erdumdrehung selber sich bei Präzisionsanforderungen über 10^{-7} Sekunden als zu ungenau erwiesen hat, zeigt die Atomuhr an jeglichem Ort des Weltalls unbeeinflußbar einen regelmäßigen Zeitfluß an: Die Zeiteinheit wird hierbei durch die Energiedifferenz von zwei benachbarten quantenmechanischen Energiepotentialen (also von inneratomaren Frequenzen) festgelegt. Die etymologische Herkunft von »Zeit« als »Tijd« oder »Zerteilen« ist nunmehr in letzter Konsequenz wahr geworden: Die heute bei Atomuhren erreichte Genauigkeit von 10^{-13} Sekunden (das sind: 0,00 000 000 000 001 Sekunden) dokumentiert eine Zerstückelung des Zeitempfindens, die dem einstigen »von Ewigkeit zu Ewigkeit« diametral gegenübersteht.

* * *

Zur Geschichte der Zeitmessung gehört auch die Geschichte des gesellschaftlichen Umgangs mit der Zeit.

So wie in der Individualgeschichte das Erwachsenwerden als Erlernen des Umgehens mit der Zeit bezeichnet werden kann (ein Kind lernt sukzessive, Lust- und Trieberfüllung einem immer feingliedrigeren Zeitraster zu unterwerfen), so wird auch die mitteleuropäische Sozialgeschichte von einer sukzessiven Zunahme der Zeitrasterung bestimmt. »Zeit« ist zu einer sozialen Institution geworden, der man sich zu unterwerfen hat. »Zeit«

reguliert sowohl das individuelle wie das gesellschaftliche Verhalten und hat in der Menschengemeinschaft koordinierende Funktion.

Die kulturellen Leistungen der frühen Mönchsorden beruhten zu einem nicht geringen Teil auf einem neuartigen Umgang mit der Zeit. »Müßiggang ist der Feind der Seele«, verkündete beispielsweise der heilige Benedikt als Parole seines Ordens, der mit *»ora et labora«* dann einen festen Rhythmus von Arbeit und Meditation institutionalisierte. In den protestantischen Schulen wurde – wie etwa bei August Hermann Franke (1663–1727) oder Nikolaus Ludwig Graf von Zinzendorf (1700–1760) – der penible und buchhalterische Umgang mit der kostbaren Arbeitszeit zum Charakteristikum. Die Zeitmessung diente vor allem dazu, Arbeit, Handel und Verkehr zu synchronisieren. Mit zunehmender Industrialisierung löste die »temps du marchand« die »temps de l'église« ab. Bereits 1700 wurde im industriell fortschrittlichen England das Kommen und Gehen von Tagelöhnern minutengenau auf Kontrollkarten festgehalten. 1748 formulierte Benjamin Franklin sein *»Bedenke, daß auch Zeit Geld ist«*. Vorgeprägt findet sich diese Haltung schon im Sprichwort der alten Sumerer: *»Das Land besitzt, wer schnell ist!«*

Besonderen Einfluß auf den Ausbau eines rigiden Zeitmessungssystems hatten die Eisenbahn und andere Verkehrsmittel des beginnenden industriellen Zeitalters. Dazu der Geschwindigkeitsforscher Paul Virilio: *Unter dem Vorwand von Pünktlichkeit und Sicherheit (Vermeidung von Zusammenstößen auf einspurigen Strecken) beginnt hier eine rigorose Verwaltung der Zeit. Man kommt zu einer gesellschaftlichen Regulierung, die zuerst die Reisenden, dann die Arbeiter und die ganze Gesellschaft umkrempelt. Die Raserei und die Risiken rechtfertigen eine gründliche Dressur, die sich im wesentlichen unbemerkt abspielt oder noch als Zeichen von Fortschritt und manchmal, so paradox das klingt, von Freiheit begrüßt wird! Das monströse Emblem des Kultes der Pünktlichkeit wird an den Fronten der Bahnhöfe ... errichtet.*[18]

Mit zunehmender Präsenz der alltäglichen Zeitmessung wurde auch das genaue Datieren üblich. Der römische Kaiser Augustus

(63 v. Chr.–14 n. Chr.), *der alle Welt schätzen ließ*, war ein extrem früher Fall von Zeitpenibilität: Er pflegte seine Briefe mit Datum und Stundenzeit zu versehen. Seit Ausbreitung des Historismus im 19. Jahrhundert ist das historische Datum oder das Entstehungsjahr nahezu identisch mit dem Sinngehalt geworden: Wir bewerten ein Bild, Buch oder Musikstück anders, wenn es statt mit »1897« mit »1932« datiert ist. Beispielsweise spielten erst seit Beginn der Neuzeit die »Jahrhundertwenden« eine erwähnenswerte Rolle. Das Jahr 1000 hatte bei den Zeitgenossen nur wenig Eindruck gemacht – völlig anders als die furiose Beachtung, die derzeit das Jahr 2000 findet.

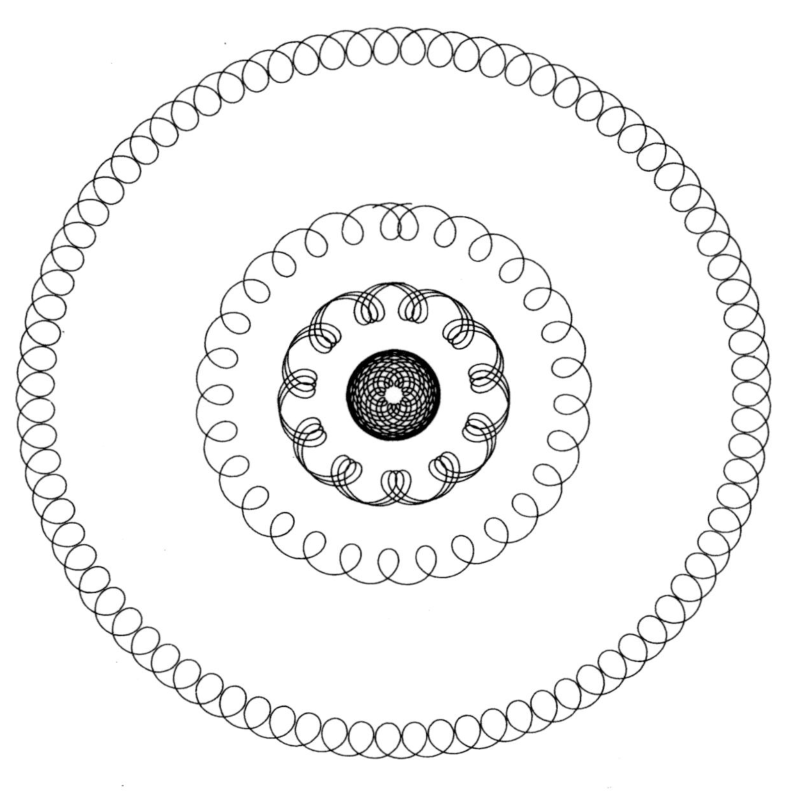

Zahlenbild 3: Die Bahnen von Mars, Jupiter, Saturn und Uranus (vgl. S. 270)

Musik als Spiegel des Umgangs mit »Zeit«

Wie kein anderer kultureller Ausdruck spiegelt Musik das Bewußtsein von Individuum wie Gesellschaft, denn sie ist – über das archaische Ohr rezipiert – die Kunstform, die am wenigsten über das Großhirn, sondern über Thalamus (Affektzentrum, Stammhirn) und vegetatives Nervensystem mit der menschlichen Wahrnehmung verschaltet ist. Da Musik »Zeitkunst« ist, spiegelt sie in besonderer Weise das Bewußtsein von Rhythmus und Zeit. Völker und Zivilisationen manifestieren in Liedern, Tänzen und ihren Musikinstrumenten das Innerste ihrer Kollektivpsyche oder ihrer Bewußtseinsstruktur. Volksgruppen, Randgruppen bis hin zur kleinsten gesellschaftlichen Gruppe definieren sich durch ihr spezifisches Zeitbewußtsein, durch ihre spezielle »Rhythmik« als gruppenspezifische Art des »Miteinander-Schwingens«. Solche Gruppen isolieren sich durch Musik von den sie umgebenden Menschen, was gerade bei Jugendlichen mit ihren hundertfach differenzierten (und in gegenseitiger Konkurrenz befindlichen) Arten des Musikgeschmacks ins Auge – und Ohr – fällt. Auch der Einzelmensch dokumentiert in seinem individuellen Musikgeschmack aufs deutlichste sein persönliches Zeitgefühl, seine interne Rhythmik, seine Art des Mitschwingens mit der Welt, seine Bewußtseinsstruktur. Ein Blick in das Schallplatten- oder CD-Regal verrät weit mehr über die innersten Strukturen eines Mitmenschen als manches lange Gespräch: Wenn im Plattenschrank »Beethoven – Wagner – Marschmusik – James Last – Heino« zu finden ist, so läßt dieses Psychobarometer auf eine andere innere Konstitution schließen, als sie etwa von »Beethoven – Wagner – Chormusik – Alan Parson – Vollenweider« dokumentiert wird. Musik spiegelt das Zeit-, Rhythmus- und damit schlechthin Lebensgefühl. Beim Gang durch die europäische Musikgeschichte wird deshalb die Geschichte des Umgangs mit »Zeit« deutlich.

Der gregorianische Choral um 1000 beispielsweise (um die wohl früheste Form überlieferter und teilweise schon mehrstimmiger Musik des mitteleuropäischen Raumes zu nehmen) war eine frei schwingende Musik: Sie wurde von Atem, Textsinn und dem Raum der Aufführung getragen und noch nicht durch Taktschlag, rhythmische Notationsvorschriften und die »quadratische« Proportionierung in »Vierteln« reglementiert. Die Notation, die seit dem 8./9. Jahrhundert nachweisbar ist, erfolgte in sogenannten »Neumen« (von griech. »neuma« = »Wink«, »Gebärde«), die als graphische Nachempfindung der musikbegleitenden Handbewegung nur die Tonhöhe (die melodische Floskel), jedoch keine Zeitgestalt angaben.

In der Musik der Gotik, jenem im 12. Jahrhundert von Frankreich ausgehenden Kunststil, war ein Dynamismus zu finden, der zu größeren mehrstimmigen Formen führte. Exemplarisch sei hier auf die »Organa« der Schule von Notre-Dame in Paris verwiesen – auf großflächig schwingende Klanggebäude der Meister Leoninus (um 1180) und Perotinus (um 1200). Die Mehrstimmigkeit erforderte hier zwar notationstechnisch Angaben über die Zeitrelationen der einzelnen Stimmen. Diese wurden jedoch nicht abstrakt in festen Größen angegeben, sondern (auf der Basis der metrischen Modi der Antike) durch Gruppenbildung: Durch bestimmte Zeichen wurden Noten in Zweier-, Dreier- oder mehrtönige Figuren zusammengefaßt. In der Folgezeit erforderte die zunehmend komplexer werdende musikalische Gestalt jedoch eine genauere Notation des zeitlichen Aspekts von Musik. Dies geschah in der »Mensuralnotation« (Messungsnotation) des Franco von Köln, der seinen Traktat *»Ars cantus mensurabilis«* um 1280 schrieb: Die schwarze Note wurde »brevis« genannt und gab als »tempus« (lat. »Zeit«) die grundlegende Zählzeit an. Die Brevis konnte in drei kleinere Notenwerte unterteilt werden; drei Breves konnten wiederum aber auch in einer Longa als übergeordnetem Notenwert zusammengefaßt werden.

Bemerkenswert ist der ternäre Grundcharakter (das Phänomen der Drittelung) der älteren Musik. Das heutige Denken in geraden Notenwerten (Halbe, Viertel, Achtel oder Sechzehntel) war dieser Musik noch fremd.

Die Umstellung auf gerade Notenwerte – und damit die Ausrichtung des mitteleuropäischen Denkens auf Begradigung (ob Flußbegradigung, Städtebegradigung oder Landschaftsbegradigung) – erfolgte nach 1320 in der »Ars Nova«, die in unserem Geschichtsbewußtsein nur peripher existiert, obwohl ihre gesamtkulturellen Konsequenzen von größter Bedeutung sind. Die Bezeichnung »Ars Nova« geht auf den gleichnamigen Traktat (1322) von Philippe de Vitry zurück. Neben die ternäre Teilung (die durch das Attribut »perfekt« höher gewertet wurde) trat die Möglichkeit der binären Teilung (als »imperfekt« – unvollkommen – bezeichnet). Die Mensuralnotation der Ars Nova (die noch keinen Taktstrich, sondern nur einen Mensurstrich kannte) stellt die erste ausgebildete Verräumlichung musikalischer Zeit auf der Grundlage des Messens von Tondauern dar und blieb bis etwa 1600 in Verwendung. So wie die allgemeine Zeit seit 1344 auf dem Zifferblatt als verräumlichte Zeit existiert, so existiert seit 1320 die musikalische Zeit als verräumlichte, also sichtbar gemachte Zeit in der Mensuralnotation.

Die Dauer eines Notenwertes war allerdings noch nicht genau fixiert. Es gab zwar den »integer valor« (den »unveränderten Notenwert«), der jedoch je nach Situation und psychischer Verfassung der Musizierenden variabel war: In den meisten Fällen diente der Pulsschlag zur Festlegung des »integer valor«, zum Beispiel bei Gaffori (1496) oder Lanfranco (1533). Im *»Fundamentbuch«* (vor 1538) von Hans Buchner, einer Orgelschule, wurde der Notenwert durch menschliche Schritte festgelegt. Die Tempobezeichnung »Andante« (italienisch: »Gehend«) resultiert aus solchen Versuchen. Bei Vanneo (1533) versuchte man, da nun die Taschenuhren sich verbreiteten, den »integer valor« mit der Uhrzeit zu bestimmen. Michael Praetorius (1619) legte mittels der Uhrzeit für eine Viertelstunde 320 Semibreven fest. Alle diese Festlegungen entsprachen mit ihren Werten zwischen

60 und 80 Zählzeiten pro Minute dem menschlichen Herzschlag: Die musikalische Zeit blieb noch als »Zeit des Körpers«, als veränderliche Naturzeit erhalten. Noch 1752 schrieb Johann Joachim Quantz in seinem *»Versuch einer Anweisung, die Flöte traversière zu spielen«* über die innere Uhr des Menschen: *Man nehme den Pulsschlag, wie er nach der Mittagsmahlzeit bis Abends, und zwar wie er bey einem lustigen und aufgeräumten, doch dabey etwas hitzigen und flüchtigen Menschen, oder, wenn es so zu reden erlaubt ist, bey einem Menschen von cholerisch-sanguinischen Temperamente geht, zum Grunde: so wird man den rechten getroffen haben ... Ein niedergeschlagener, oder trauriger, ein kaltsinniger und träger Mensch, könnte allenfalls bey einem jeden Stück das Zeitmaß etwas lebhafter fassen, als sein Puls geht. Ist dieses nicht hinreichend, so will ich noch was genaueres bestimmen. Man setze denjenigen Puls, welcher in einer Minute ohngefähr achtzigmal schlägt.*

Nicht nur notations- und aufführungstechnisch hatte man seit dem ausgehenden Mittelalter die musikalische Zeit in den Griff bekommen, vielmehr hat sich die Musik selber in diesen Jahrhunderten wesenhaft verändert: War sie in den Anfängen noch frei schwingend, elastisch, von Atem und Herzschlag getragen, so wurde sie zunehmend regelmäßiger, mechanischer und normierter. Der Impuls dazu ging von der Tanzmusik aus, die zunächst zum »Akzentstufentakt« führte, welcher neben dem Qualitätspaar »Länge – Kürze« nun auch das Qualitätspaar »schwer – leicht« zur Grundlage der neuen Akzentrhythmik werden ließ. Der nächste Entwicklungsschritt – etwa um 1600 – war die Ausbildung der sogenannten »Korrespondenzmelodik«, einer Melodik, die aus symmetrischen Gliedern und Taktgruppen bestand.[19] Solch symmetrische Melodik, wie man sie aus der Folge »viertaktiger Vordersatz – viertaktiger Nachsatz« oder aus dem Schema »Frage – Antwort« kennt, erzeugte beim Hören eine Erwartungshaltung als »lineare Zeit«: Hat man den Vordersatz gehört, so erwartet man infolge der symmetrischen Anlage einen ähnlich rhythmisierten Nachsatz. Das Hören ist ganz auf das Korrespondierende, auf das Kommende gerichtet. Das Hören verliert zunehmend sein Lauschen auf das musikalische »Jetzt« und wird statt dessen zum Erwartungshören – zur logischen Tätigkeit.

Die symmetrische Anlage der Musik und die Korrespondenzmelodik haben zur Ausbildung des modernen Taktes als eines regelmäßig strukturierten Akzentgitters (ähnlich einem karierten Blatt Papier) geführt. Der erste Theoretiker des Taktes – also der von realer Musik unabhängigen metrischen Rasterung der Zeit – war bezeichnenderweise René Descartes in seinem *»Compendium musicae«* von 1618. In dessen drittem Abschnitt nannte er für den Ablauf einer Komposition die Zahlenfolge 1:2:4:8:16:32, die 150 Jahre später in der Metrik und Periodik der Wiener Klassik zur vollen Ausprägung kam. Dieser begradigte Takt existierte als Abstraktion schon vor der eigentlichen Musik. Quasi beim »Einzählen« des Musikers (eins, zwei, drei, vier...) wurde die Zeit »gerastert« und mit einem Akzentgitter versehen, dem sich dann die real erklingende Musik bedingungslos anzupassen hatte; das Messen, Zählen und Abstrahieren geht seit René Descartes dem eigentlichen Klingen voraus.

Die reglementierende Funktion des neuzeitlichen Taktes läßt sich an Architektur oder Gartenbau bestens verdeutlichen: Pendant zum klar gegliederten und regelmäßigen Takt sowie zur symmetrisierten Musik sind beispielsweise die »französischen Gärten« der Prunkschlösser und Feudalsitze seit 1600. Pendant sind auch die klassizistischen Bauten (ob Versailles oder Schönbrunn), deren symmetrische Anlage und gegliederten Fensterfronten sozusagen als steingewordene Taktordnungen anzusehen sind. Die Ballettmeister jener Jahre waren es dann, die mit den komplexen Choreographien der höfischen Tänze den Leuten das klar gegliederte und symmetrisierte Zeit- und Lebensgefühl einbleuten: In der neuen Art des Sich-Bewegens und des auf der Grundlage von 1:2:4:8... mathematisierten Tanzens sind Rationalismus und Aufklärung der Neuzeit weit effizienter in den Gehirnen verankert worden, als es durch Traktate und Bücher möglich gewesen wäre. Die Städte, die Musik, der Tanz, die Gärten bieten die besten Belege dafür, daß auch das Denken, das

Zeitgefühl – und schließlich der ganze Mensch quadratisch geworden sind.

Die Abstraktion der musikalischen Zeit (kartesianisch gesprochen: die Subjekt-Objekt-Trennung) hatte gegen 1700, also mit der vollen Ausprägung der mentalen Struktur, enorm zugenommen. Indem es anfänglich nur den einen Zählwert des »integer valor« gab, verkörperte Musik noch das partizipierende Bewußtsein »Ich bin die Musik« oder »Mein Herzschlag ist mit der musikalischen Zeit identisch«. Seit dem Affekt-Schematismus der barocken Musik ist diese Identität von Herzschlag und musikalischer Zeit verlorengegangen. Der Musiker begann unabhängig von eigener Körperrhythmik zeitliche Affekte zu simulieren – schauspielerisch als Rolle zu fingieren. »Largo«, »Andante«, »Allegro« oder »Presto« wurden zu denselben typisierten Affekthülsen wie die Typen des barocken Theaters (»Bösewicht«, »Hanswurst«, »Liebhaber«, »Geizhals«). Die »Zeit« der typisierten Affekte ist nicht mehr identisch mit der wirklichen »Zeit« des musizierenden Ichs: Der Musiker wird zum professionellen Künstler, der unabhängig von seiner psychischen Körperrhythmik einen langsamen Satz ebenso anzustimmen vermag wie ein furioses Gejage durch den Notentext. Die Abstraktion hat begonnen.

Die Einübung in den mechanisierten Umgang mit der musikalischen Zeit erfolgte durch das Spielen nach »Pendeln«, kleinen, an einem Seidenfaden befestigten Kugeln, die hin- und herschwangen. Vierzig Jahre nach dem Bau der ersten Pendeluhren (1657) wurde von Frankreich ausgehend das Pendel in der Musikerziehung nutzbar gemacht. Der »Chronomètre« von Etienne Loulié war 1696 das erste für Musiker entwickelte Gerät. 1701 baute der Mathematiker Joseph Sauveur ein Pendel mit einer exakten Skaleneinteilung. Für Musiker, Sänger und Tänzer wurden in der Folgezeit viele weitere Pendelkonstruktionen entwikkelt. »Zeit« ist damit zum Objekt geworden, dessen sich das interpretierende oder erlebende Subjekt frei bedienen kann. »Zeit« wurde mittels eines physikalischen Apparats mechanisiert.

Endgültig dem mechanisierten Zeitdenken unterworfen war

die Musik, als Johann Nepomuk Mälzel (1772–1838) im Jahre 1814 sein »Metronom« der Öffentlichkeit vorstellte. Dieses seither von Musikern benutzte Zeitmeß-Gerät war auf eine genaue Zahl von Schlägen pro Minute einstellbar. Bei der Einstellung 60 auf der Meßskala gab es beispielsweise genau den Taktschlag im Tempo von Sekunden (also 60 Schlägen pro Minute) an. In neuester Zeit ist das mechanische Metronom vom elektronischen Taktgeber und vom Klick des Musikcomputers ersetzt worden, die bis auf Hundertstelsekunden präzise sind. Da inzwischen fast alle Produktionen von populärer Musik in den Tonstudios im Mehrspurverfahren hergestellt werden, bei dem zur Synchronisation immer ein Computer-Klick benötigt wird, bestimmt die Uhrzeit mit ihren unerbittlich regelmäßigen Zeitsegmenten nahezu die gesamte Alltagsmusik, die den Menschen heutzutage in Supermarkt, Autoradio, Hotelhalle, Flugzeug oder öffentlicher Toilette begleitet. Musik ist hier in letzter Konsequenz begradigt worden.

Die Satzstruktur der Musik zeigt diese Begradigung seit etwa 1800 dadurch an, daß man zum einen die geraden Taktarten (vor allem den Vier-Viertel-Takt) bevorzugt, daß zum anderen die achttaktige Periode zur Norm der Themen und Melodien wird. Zwischen der achttaktigen Periode (die sich aus zwei Halbsätzen von je 2 + 2 Takten zusammensetzt) und dem Akzentgitter des Vierviertaktaktes besteht wiederum ein enger Zusammenhang. Diese taktierende Rhythmik wurde erst in den Jahren um 1900 zu einer schwebenden Rhythmik aufgelöst (analog zum Wandel hin zur schwebenden Tonalität). Musik wurde vor allem unter den Einflüssen mythisch-magisch verbliebener Musikkulturen wieder gegenständlich, direkt und dem unmittelbaren Klang oder Laut verhaftet. Das Klingen im puren »Jetzt«, das der Musik des Fernen Ostens, des Balkans, der iberischen Halbinsel oder des afrikanischen Raumes (und bald auch des afro-amerikanischen Jazz) eigen ist, stand in einem wohltuenden Widerspruch zu der mitteleuropäischen Musik, die durch eine abstrakte Zeit-Systematik und den Zwang zur uhrenhaften Regelmäßigkeit ihrer Freiheit und Vitalität beraubt war. Neue Konzepte musikalischen

Zeit-Gestaltens entstanden: die Statik und Flächigkeit des Impressionismus (Debussy, Ravel, Skrjabin), der durch Orientierung an fernöstlicher Musik das europäische Akzentgitter und die Schwerpunkte des Taktes zu übergehen wußte; die Krebsform als Rückläufigkeit von Zeit, die in der Reihenkomposition (Schönberg, Berg, Webern) wesentlich eingeführt wurde; die Collage als Übereinanderschichtung autonomer Zeitebenen (Ives, Varèse); die Polyrhythmik und Polymetrik (Strawinski, Milhaud) als mehr-perspektivische Zeitstrukturierung; die periodische oder minimalistische Musik (Satie, Glass, Reich, La Monte Young) als endlose Bewegung ohne Zäsur und spürbare Zeitgliederung.

Gemeinsam ist diesen neuen Zeitkonzepten der Musik die Ausprägung eines neuen »Ich«-Bewußtseins. Ähnlich wie in der abstrakten Malerei, wo man den festen »Ich«-Standpunkt der perspektivischen Konstruktion aufgab und statt dessen eine Vielheit möglicher »Ich«-Standpunkte zuließ, ähnlich auch wie in der freitonalen Musik, wo man anstelle des funktionsharmonischen Bezugs von nur einem tonalen Zentrum (der Tonika) eine Vielheit möglicher Tonika-Standpunkte zuließ, löste sich in der Zeit- und Rhythmusgestaltung nach 1900 das »Ich« von dem Zwang, im Zeitkontinuum nur einen einzigen Standpunkt einnehmen zu dürfen: In der Collage von Zeitgeschichten wurde das zeiterlebende »Ich« (dessen Auseinanderfallen in distinkte Persönlichkeitsanteile von der Tiefenpsychologie seit etwa 1900 ohnehin schon diagnostiziert war) in ein nahezu schizophrenes Zeiterleben geführt; beim Hören einer »Krebsform« (der Rückläufigkeit musikalischer Zeit) wurde vom »Ich« ein zumindest doppelt vorhandener Standpunkt im Kontinuum von Vergangenheit zu Zukunft gefordert. Dieser Pluralismus von »Ich«-Standpunkten stellt eine Form der »Ich«-Überwindung dar, die ein praktikabler Weg wäre, um aus der Einbahnstraße der im mitteleuropäischen Bewußtsein angelegten Tendenz zur narzißtischen Gesellschaft (mit ihrer »Ich«-Panzerung und »Ich«-Verhärtung) herauszufinden: Wer viele Zeit-»Ichs« hat und damit bewußt in verschiedenen rhythmischen Mustern zu schwingen bereit ist, dessen soziale

Aktivitäten sind auf Verstehen, Kooperation und Solidarität ausgerichtet. Künstler waren seit jeher Seismographen gesellschaftlicher Entwicklungen. Was Musiker, Maler oder Schriftsteller nach 1900 im Bewußtseinsgehalt ihrer Werke anboten, war das neue »fluide« Weltbild, das mit der »Ich«-Überwindung durch variable »Ich«-Perspektivität den geeigneten Ansatz bot, das »statische« Weltbild mit seiner starren »Ich«-Härte zu unterminieren. Das ökologische Umdenken, das Wende-Denken, das auf Internationalität, Netzwerk-Solidarität und ein (das »Ich« integrierendes) neues »Wir«-Bewußtsein gerichtete Handeln der achtziger und neunziger Jahre ist von jenen Künstlern um 1900 entscheidend vorweggenommen worden.

Vom Beginn des 20. Jahrhunderts: etwa 1914 (um ein wichtiges politisches Datum für den Zusammenbruch des statischen Weltbildes der mitteleuropäischen Neuzeit zu nennen) an klafft das Zeitbewußtsein, wie es sich in den musikalischen Werken manifestiert, nach Art einer riesigen Schere auseinander. Da gibt es zum einen Ansätze, die immer mehr zu einem von Takt, Metrum und Ich-Fixierung gelösten Zeitbewußtsein (zurück-)finden; da gibt es zum anderen Ansätze, in denen im 4/4-Takt (böse gesagt: mit Liedern und Computersongs im Marschrhythmus!) und mit einer funktionalen Harmonik aus starrer Ich-Fixierung die Welt angesungen wird, als hätte es nie die selbst-destruktiven Elemente des neuzeitlich europäischen Denkens gegeben.

Lineare Zeit als Verlust von Lebensqualität

Der Schritt vom zyklischen Zeitverstehen, das auf rhythmischer Wiederholung und auf Naturzeit basierte, hin zum linearen Zeitverstehen der Neuzeit ist in der Musikgeschichte auffallend klar dokumentiert.

Auf allen Ebenen der musikalischen Komposition seit etwa 1200 – ob Rhythmik, Stimmführung, Harmonik oder Werkgestalt – sind das Vordringen des linearen Zeitbewußtseins, ein Dynamismus auf Künftiges zu, die Orientierung auf das Ende hin

(Finalorientierung) und ein Fortschrittsdenken festzustellen. Mit der Symmetrisierung des Tonsatzes durch die »Korrespondenzmelodik« gegen 1600 erzeugte die Musik erstmals eine Erwartungshaltung auf die kommende musikalische Fortführung: Hatte der Hörer zum Beispiel ein viertaktiges Gebilde mit zwei charakteristischen Motiven gehört, so erwartete er nun (über das bloß empfangende Hören hinaus – mit aktiver logischer Betätigung des Geistes) ein symmetrisch dazu passendes viertaktiges Gebilde mit gleichen oder variierten Motiven. Durch diese musikimmanente Erwartungsstruktur befreite sich um 1600 die mitteleuropäische Musik von der Vorherrschaft des Wortes: Bislang konnte nur mittels der Logik von Sprache ein kausal-lineares Fortschreiten der Musik erzeugt werden. Nun begann die Vokalmusik (das bis 1600 dominante motettische Prinzip) in den Hintergrund zu treten. Die Instrumentalmusik konnte beginnen, große Werkstrukturen auszubilden – Sonaten, Concerti oder Suiten. Als sinnliches Gegenstück zu Aufklärung und Rationalismus um 1750 ist die Musik jener Jahre gänzlich symmetrisch geworden, indem durch die Alleinherrschaft der musikalischen »Periode« der Formaufbau sich streng an 4, 8, 16 oder 32taktige Gruppen hielt. In der Wiener Klassik, in der die »Periode« zum stilprägenden Element wurde, entstand mit den Sinfonien und Sonaten eine Musik, die auf der Ebene aller Formteile (von der achttaktigen Gruppe bis zur mehrfach-periodischen Satzeinheit) ein komplexes System des Erwartens und Korrespondierens darstellt.

Das Nach-vorne-Eilen oder Von-der-Stelle-Müssen, das den linearen Zeitbegriff des Mitteleuropäers zunehmend auszeichnete, findet in der Musik sein Äquivalent im Leitton: »Leitton« ist ein Halbtonschritt mit starker melodischer Spannung, der zu einem anderen Ton hinführt. Seine Qualität ist nicht das In-sich-Ruhen oder das Anerkennen des Eigenwertes. Seine Qualität ist das Weitergehen, das zeitliche Wegstreben, das Sich-im-Kommenden-Erfüllen. Keine andere Musikkultur der Erde – außer der Kunstmusik der europäischen Neuzeit – hat »Leittöne« ausgebildet. Die Anfänge der Leittonbildung findet man mit Beginn der Renaissance: Die sieben Stufen der antiken Skalen und Kirchentonarten wurden um den zusätzlichen künstlichen Leitton zur Finalis – dem Schlußton – erweitert. Dann traten mit zunehmender Chromatisierung des Tonsatzes immer mehr Leittöne auf. Die Besonderheit der Harmonik von Johann Sebastian Bach (1685–1750) läßt sich mit seinem neuartigen Gebrauch von Zwischendominanten beschreiben: In den Zwischendominanten wird die hinwegstrebende Leitton-Energie in einen eigenständigen Akkordkomplex transformiert, der zusammen mit einer immer mehr chromatisch-linearen Stimmführung die Bachsche Musik dynamisiert und kraftvoll auf den Schlußakkord ausrichtet. Selbst an einem simplen Choralsatz ist das neuartige lineare Zeitdenken anschaulich ablesbar: Während bei Heinrich Schütz (1585–1672), Samuel Scheidt (1587–1654) oder Johann Pachelbel (1653–1706) die einzelnen Gesangsstimmen des Chorals noch unentschlossen sich hin- und herbewegen und die Schlußkadenz kaum Anziehungskraft zu haben scheint, bewegen sich die Choralstimmen bei Johann Sebastian Bach in zwingender Direktheit ohne zyklisch-ornamentales Wiederholen auf die Schlußkadenz zu.

Nicht nur die Struktur des Tonsatzes mit seinen Leittönen, sondern auch die ganze Werkkonzeption wird zunehmend finalorientierter. Am Beispiel der Orgeltoccata oder des Orgelpräludiums exemplifiziert: Bei Girolamo Frescobaldi (1583–1643) bestand die Toccata noch aus vielen gleichartigen Teilen und hatte Reihungscharakter (zyklische Anlage); der Organist konnte – wie Frescobaldi in einer Vorrede ausdrücklich erwähnt – solch eine Toccata nach jedem Teil beliebig abbrechen, wenn liturgische Gründe dies verlangten. Bei Dietrich Buxtehude (1636–1707), von dessen Orgelstil Bach maßgeblich beeinflußt wurde, hatte die Toccata mit ihren drei oder fünf Formteilen zwar schon eine prägnantere Gestalt, sie blieb jedoch noch eine Reihungsform ohne zwingende Entwicklung (zum Beispiel durch harmonische Modulation) von Formteil zu Formteil. Erst Johann Sebastian Bach schuf mit seinen großen motivischen und harmonischen Bögen eine Toccatenkonzeption, die einheitlich und aus einem Guß erschien. Der lineare Zeitfluß, der bei Bach alle musikalischen Elemente provozierte, machte es einem Organisten unmöglich, mitten in einer Toccata (wie noch bis 1700) mit dem Spiel aufzuhören: Die Musik Bachs war gänzlich auf den Schluß hin angelegt.

Solche Finalorientierung des musikalischen Werkes wurde immer offensichtlicher. Bei Ludwig van Beethoven (1770–1827) wurde das Erreichen des Schlußakkordes zum Sinngehalt seiner Musik: das »Durch Nacht zum Licht« vieler Beethovenscher Werke ist kompositionstechnisch ein »Erkämpfen« des Schlußakkordes. In seiner individuellen Ausprägung der Sonatensatzform ließ Beethoven zum Beispiel die Wiederholungszeichen, die zyklische Relikte waren, weg, um direkt (in linearer Zeit) dem Schluß entgegenzueilen; die Finalsätze sind von der Instrumentation her gewichtiger als die Kopfsätze (Hinzufügen von drei Posaunen im Schlußsatz der 5. Sinfonie c-moll oder Hinzufügen von Solostimmen und Chor am Ende der 9. Sinfonie d-moll).

Das Leittondenken und die Finalorientierung hatte nach 1850 – erstmals im »sehnenden Zähren« von Richard Wagners *»Tristan und Isolde«* – zur Durchchromatisierung des gesamten Tonsatzes geführt. Die Musik bestand jetzt nur noch aus Leittönen, jeder Klang konnte aus einem Klang hervorgehen, wenn dies mit chromatischen Schritten (eben mit den Leittönen) geschah. Die Chromatisierung des Tonsatzes führte zur Auflösung der Tonalität mit ihren ruhenden Akkorden. Sie gipfelte in der freitonalen Musik von Schönberg, Berg, Webern, Reger, Skrjabin und vielen anderen. Musik, die nur noch aus Leittönen besteht, kennt keine Ruhe (und damit keinen Aufenthalt in einer erkennbaren Tonart) mehr. Sie ist expansiv, extravertiert, nach vorne eilend und aggressiv. Solche Leitton-Musik ist nicht von einem einzelnen Komponisten als bloße musikalische Technik erfunden worden. Solche Leitton-Musik ist vielmehr konkreter Ausdruck für die Dominanz des linearen Zeitbegriffs und des großbürgerlichen Bewußtseins des ausgehenden 19. Jahrhunderts. Imperialismus, Kolonialismus, Monopolbildung im Kapitalwesen, Missionierung rund um den Erdball, Expansion der mitteleuropäischen Sprache sowie Kultur in alle Erdteile – das sind die Wesenszüge, die in der expandierenden und immer vorwärtsstrebenden Leittonmusik seit Wagner zum Ausdruck kommen.

Claude Debussy (1862–1918) wurde vom glühenden Wagner-Verehrer zum großen Anti-Wagnerianer (ähnlich wie Friedrich Nietzsche) und zum Antipoden des deutschen kolonialistisch-imperialistischen Musikstils: Sein »Impressionismus« mit der statischen Ruhe von Klangflächen und impressiven Stimmungen verzichtete als erster auf die charakteristischen Leittöne. Musik kam hier zur Ruhe. Musik beschwor nicht mehr andauernd eine niemals zu erreichende Zukunft, sondern artikulierte in ihrer direkten »Lauthaftigkeit« ein musikalisches »Jetzt«. Die kulturelle Leistung von Debussy (und vielen anderen Künstlern um 1900) lag darin, der sinnlos davoneilenden Zeit eines radikal linearen Zeitbewußtseins eine musikalische (und damit bewußtseinsmäßige) Alternative entgegengestellt zu haben.

Diese musikgeschichtlichen Ausführungen mögen auf den ersten Blick als Spezialthema erscheinen, das nur einen Komponisten und Musikwissenschaftler interessiert. Das stimmt aber nicht! Gerade die großbürgerliche Musik des 19. Jahrhunderts mit ihrer Verabsolutierung von Leittönigkeit und linearer Zeitstruktur ist diejenige Musik, die heutzutage am meisten aufgeführt, auf CD oder LP gespielt und gehört wird. Beethoven, Schumann, Brahms, Wagner, Bruckner, Berlioz ... das sind Namen, die landauf landab das Konzertrepertoire bestimmen. Das ist die Musik, die das Bewußtsein eines Großteils unserer Zeitgenossen verkörpert: die gerichtete mentale Bewußtseinsstruktur, der Glaube an eine festumrissene »Ich«-Position in einer statischen Weltordnung, der Fortschrittsgedanke mit seinen Implikationen des Kausalen und des Logisch-Kontinuierlichen. Die großbürgerliche Musik entspricht uns in unserem Innersten, denn wir sind selber als »Leittöne« erzogen worden!

Wie ein »Leitton«, der als ruhendes oder selbständiges Element keinen Eigenwert hat und dessen Funktion sich im zeitlichen Weiterführen erschöpft, so wird (wenn diese Pauschalisierung erlaubt ist) der abendländische Mensch erzogen: »Lern jetzt mal schön, dann wirst du's später gut haben!«, heißt es – später dann: »Jetzt noch das Abitur, dann kannst du machen, was du willst!« – und dann: »Ein Studium ist zwar entbehrungsreich, aber dann hast du einen Abschluß in der Tasche« . . . So geht es immer weiter: Die Assistentenzeit noch, . . . wenn erst die Kinder groß sind, . . . wenn wir erst das eigene Haus haben. »Leittönigkeit« heißt für uns, Leben immer nur in der Zukunft zuzulassen. »Leittönigkeit« schließt Lebendigkeit, Leben in der Gegenwart – und damit Lebensqualität – aus. Dabei ist der Sonnenaufgang doch heute schon so schön! Der Bratapfel wird nie besser schmecken, als er heute schmeckt! Einem Menschen etwas Gutes zu tun und ihm zu zeigen, daß man ihn liebt – das wird auch in fünf Jahren kein tieferes Gefühl hinterlassen! Das Leben findet nur im »Jetzt« statt. Wir sollten uns gegen die »Leittöne« wehren, die plausibel machen wollen, daß die Lebensqualität nur im »Nachher« oder »Später« liegt.

Nicht mehr »Leitton« zu sein, sondern seine Qualität im »Jetzt« zu finden, das heißt ganz einfach: sich Zeit lassen! Wer sich Zeit läßt, der wird für Lebensqualität sensibel. Das gilt für den Umgang mit anderen Menschen, für Arbeit, Freizeit, für optische oder akustische Genüsse, für Trinken und Essen.

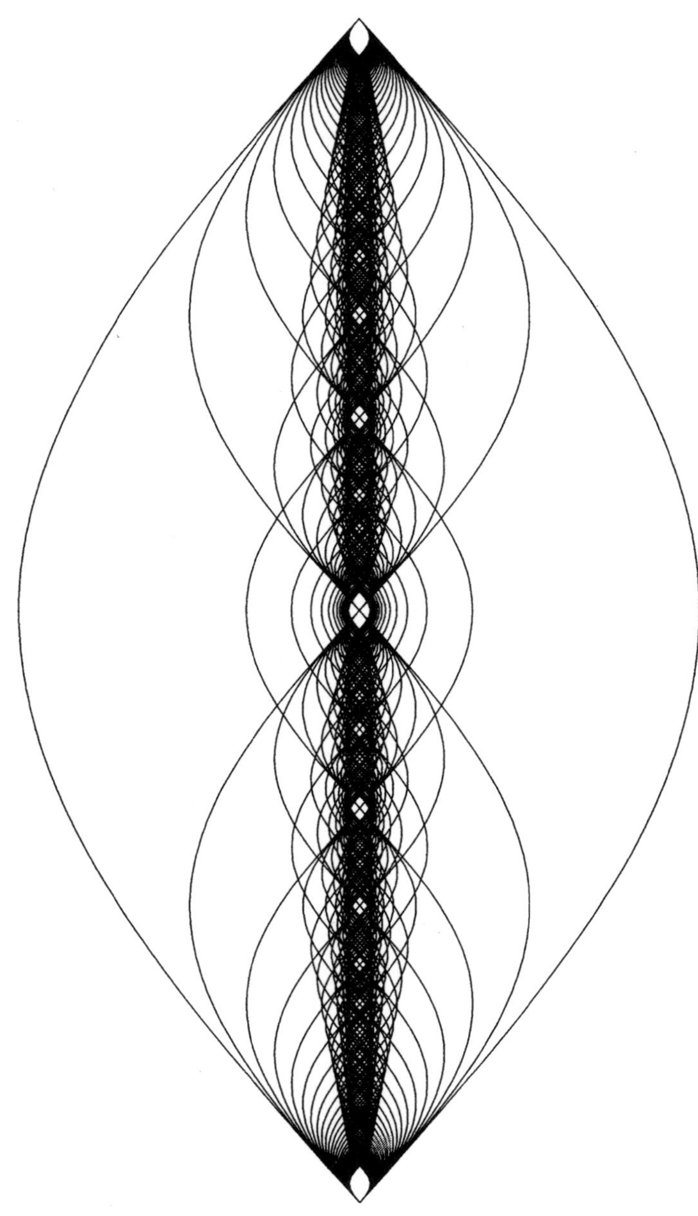

Zahlenbild 4: Ideale Schwingungsform einer Saite (vgl. S. 270)

Teil II: Rhythmus als Gliederung von Zeit

Newtons *absolute, wahre und mathematische Zeit* und die vorgestellte (sozusagen »auf den Begriff gebrachte«) Zeit der philosophischen Reflexionen sind letzten Endes unfaßlich, abstrakt und keinem Sinnesorgan unmittelbar zugänglich. »Zeit« läßt sich weder schmecken noch riechen, sehen, hören oder ertasten. Es gibt keinen »Zeitsinn«, wie ihn zum Beispiel Ernst Mach mit der Annahme eines Akkomodationsmechanismus im Ohr 1865 beschrieben hat.[20] »Zeit« manifestiert sich in jeder Sinneswahrnehmung und Bewegungsempfindung, da jede Wahrnehmung und Empfindung einen zeitlichen Verlauf aufweist. Infolge der Nichtfaßbarkeit von »Zeit« sind die »Zeit«-Begriffe in der Wortsprache immer spät ausgeprägt worden. Unsere vertraute dreiteilige Zeitgliederung »Vergangenheit – Gegenwart – Zukunft« ist denkerisch schon bei Parmenides (um 540–480 v. Ch.) »angedacht« worden. Erst im 18. Jahrhundert wurden »Vergangenheit – Gegenwart – Zukunft« Bestandteil des allgemeinen Bewußtseins.

Aufgrund ihrer Unfaßlichkeit, Vielschichtigkeit und Allgegenwärtigkeit ist »Zeit« nur in ihrer Teilung oder Gliederung wahrnehmbar. Solche Gliederung von Zeit ist »Rhythmus«. Der Mensch besitzt einen Sinn für Rhythmen und Sequenzen, jedoch keinen Zeitsinn. Die Wahrnehmung von »Zeit« gründet sich auf Rhythmus; es scheint kein bewegungsunabhängiges Zeitgefühl zu geben.[21]

Die Einheit einer rhythmischen Bewegung ist die »Dauer«. Wie die »Zeit« so existiert auch die »Dauer« nicht abstrakt, sondern ist immer an einen Gegenstand gebunden, dessen räumliche Veränderung oder Bewegung »dauert«. Die Wahrnehmung von »Zeit« setzt deshalb immer eine gegliederte räumliche Veränderung oder Bewegung voraus. Zeit ist eine Form der Bewegung im Raum. *Die Zeit ist die Zahl der Bewegung nach dem Früher oder Später*, schreibt Aristoteles, wobei Zeit und Zeitmessung schon synonym zu werden scheinen.

Die Rhythmen, anhand derer der Mensch die Zeit wahrnahm, waren zunächst stets körpereigene Rhythmen (wie zum Beispiel Atem und Puls) oder erlebte Rhythmen (der Tag, das Jahr, das Wachsen eines Baumes, Ebbe und Flut). Das abstrakte Definieren und Festlegen solcher Rhythmen, auch wenn sie sehr sinnfällig waren, bereitete aber oft Schwierigkeiten. Das Festlegen des Tagesbeginns beispielsweise geschah höchst unterschiedlich: Tacitus (55–116 n. Chr.) berichtet in seinem Buch *»Germania«* von der Gepflogenheit der Germanen, in Nächten zu rechnen: *Nach Nächten setzen sie die Zeit für Versammlungen und Verabredungen fest; denn nach ihrer Meinung geht die Nacht dem Tag voran.* Babylonier, Syrer, Perser und Griechen setzten den Tagesbeginn bei Sonnenaufgang an, die alten Araber zur Mittagszeit. Die Ägypter und dann die Völker des römischen Reiches begannen die Tageszählung – wie noch heute üblich – um Mitternacht.

Halten wir noch einmal grundsätzlich fest: Zeit ist nicht unmittelbar, sondern nur in ihrer Gliederung oder Teilung erfahrbar. Der Rhythmus ist die bedeutendste Teilungsart von »Zeit«. Zeit wird nie durch einen einzigen Rhythmus gegliedert, sondern durch eine Vielzahl gleichzeitiger rhythmischer Abläufe (zum Beispiel die gleichzeitige Bewegung verschiedener Gestirne), die untereinander ein komplexes System von Resonanzbezügen ausbilden können.

Zeit zu erfahren heißt: sensibel für Teilungen zu sein. Etymologisch ist dies im Begriff »Zeit« enthalten. »Zeit«, »tijd«, »time«, »temps«, »tempus« und Ähnliches gehen auf die indogermanische Wurzel »da« zurück, die besonders klar im altgriechischen Verb »daio« mit Worten wie »teilen«, »zerlegen«, »zerfleischen«, »zerreißen« übersetzt werden muß.[22] Im Sanskrit entstand aus »da« das »dayate« oder »dayati«, was soviel heißt wie: »er teilt, er schneidet«. Das Schneidende oder Teilende kommt sprachlich vor allem in den Konsonanten »t« oder »z« zum Ausdruck. Das »z« von »Zeit« und »Zahl« kehrt in derselben Bedeutung in »Zwei« wieder, wo das Prinzip des Teilens ebenso grundsätzlich enthalten ist: Die »Zwei« zerteilt die »Eins« (die Einheit, das Ganze) in zwei Hälften. Die »Zwei« ist der Archetyp des Teilens. Die Verdoppelung des Einen in der »Zwei« hat dabei etwas Göttliches, da in diesem Vorgang sich Wachstum und ein dynamischer Schöpfungsgedanke (erstmals in der Reihe der Zahlen) manifestieren; die »Zwei« beinhaltet andererseits auch etwas Zerstörendes und Zerschneidendes, weshalb man den zweigehörnten Teufel auch »diabolos«, den Zerteiler, genannt hat.

Das »z« (in anderen Sprachsystemen auch das »t« oder »d«) ist Ausdruck einer inneren oder psychischen Energie, die bei der Sprachentstehung (als einem Nach-außen-Wenden von Innerem) immer dann eingesetzt wurde, wenn es um Teilen, Zergliedern, Entzweien ging. Das in der Sprachentstehung niedergelegte Urwissen sagt uns also: Zeit und Zahl sind die »Kunst des Teilens«.

Die Welt ist »Rhythmus«

Was wird hier eigentlich geteilt? Was ist hier rhythmisch gegliedert und läßt den Menschen im sukzessiven Erleben der einzelnen Glieder »Zeit« empfinden? Die Antwort ist einfach, aber schwer zu begreifen: Es ist die Welt, die ein zigtausendfach pulsierendes Ganzes darstellt. Die Welt ist (wie uns wiederum die Sprache sagt) »das Wellende«: Die Welt ist kein leerer Raum, in dem sich einzelne isolierte Gegenstände oder Wesen befinden. Die Welt ist ein zusammenhängendes Fluidum. Einstein spricht von ihr als »Raum-Zeit-Kontinuum«, C. G. Jung vom Modell des »Unus Mundus«, dem Geist und Materie widerspruchsfrei angehören, die moderne Physik spricht vom globalen Energiefeld, das über Entfernungen von Lichtjahren hinweg zwar sehr ausgedünnt sein kann, im Bereich der Materie jedoch eine starke örtliche Verdichtung und Energiekonzentration aufweist. Die Polarisierung von »Leere« und darin befindlichen »Körpern« im statischen Weltbild des Mitteleuropäers war eine grobe Täuschung. Es gibt kein Vakuum. Die physikalische Leere (etwa der luftleere Raum des Weltalls) ist stets vom großen »Wellenden« erfüllt, von rhythmisch bewegter Energie, die beispielsweise Lichtwellen und Gravitationsfelder transportieren kann. Im gesamten Universum gibt es eine Mikrowellenstrahlung von etwa 2,7 Grad über den −273,16° Celsius des absoluten Nullpunkts.[23]

Der Schwingungszustand des allgegenwärtigen Feldes ist »Rhythmus«. Die Welt ist »Rhythmus«. Materie und Geist sind »Rhythmus«. Es gibt nichts Statisches oder Festes in diesem »Wellenden«. Was wir als Objekt empfinden, erweist sich bei näherem Zusehen als pulsierender Prozeß, Energie und ständige Aktivität.

Bei der Suche nach der tieferen Wirklichkeit sollte zum täglichen Ritual des Menschen gehören, sich in seinem Gebrauch der Sinne zu »ver-rücken«, »ver-rückt« zu machen und sich zu »ent-täuschen«: Schau dir deine Hand an. Sie ist nicht fest. Sie besteht vornehmlich aus Leere. Wenn man mit einem Elektronenmikroskop an sie heranfährt, wird man nur bizarre Hohlräume entdekken. Die Farbe verschwindet, denn Farbe ist bloß ein sensorischer Reiz, den Rhythmen im Bereich von etwa 500 Billionen Schwingungen pro Sekunde erzeugen. Könnte das Mikroskop noch mehr vergrößern, so würden zuletzt auch die noch als Teilchen erkennbaren Atome, Protonen oder Elektronen ihre Körperhaftigkeit verlieren und nur noch als wirbelnde Energie erscheinen. Mein Körper und mein »Ich«, aber auch das Metallstück oder der Tisch neben mir – alles ist »Rhythmus«... pulsierende Zeit.

Je begrifflicher der Mensch die Wirklichkeit sieht, um so mehr vergißt er den kosmischen Tanz, der sich um ihn herum ereignet und dem er selber angehört. Je mehr er sein »Ich« zur festen und statischen Größe erhebt, um so mehr faßt er die Umgebung als eine statische auf. Das Fluide und Ewig-Bewegte macht ihm angst. Im Fluiden würde er sich verlieren. In den Begriffen und Substantiven hat sich der Mensch aus solcher Angst heraus die Welt (»das Wellende«) starr und sortierbar gemacht. Es gibt in der Realität eigentlich keinen »Strudel« und keine »Flamme«, sondern nur ein »Strudeln« und »Flammen«. Auch keine »Rose«, sondern nur ein »Rosen« oder »Rose-Sein« (mit allen unwiederbringlichen Veränderungen vom ersten Keim bis zur verwelkten Blüte). Unsere Welt ist eigentlich eine Welt der »Verben« oder (wie es deutsch so schön heißt) der »Zeitwörter«. In den Substantiven haben wir die »Zeit« und den »Rhythmus« ausgeklammert.

Der »Tanz« ist ein großartiges Symbol für unsere ständig in rhythmischer Bewegung wirbelnde Welt – zumal das Tanzen auch ein geistiges Prinzip ist, das auf die Doppelung des Energiebegriffs als physikalische Energie (vornehmlich quantitativ aufgefaßt) und psychische Energie (vornehmlich qualitativ aufgefaßt) hinweist. In seinem *»Tao der Physik«*[24] konnte Fritjof Capra faszinierend nachweisen, daß in der modernen Atomphysik die Bewegung der Atome, Neutronen, Protonen am ehesten in der Metapher des Tanzens zu erfassen ist, daß in der östlichen Philosophie eine solche Auffassung der Materie aber schon immer bekannt war. In den Worten eines tibetanischen Lama: *Alle Dinge sind Ballungen von Atomen, die tanzen und durch ihre Bewegungen Geräusche hervorrufen. Ändert sich der Rhythmus des Tanzes, ändern sich auch die erzeugten Töne... Jedes Atom singt unaufhörlich sein Lied, und der Ton erzeugt in jedem Augenblick dichte und subtile Formen.*[25] Die Metapher des kosmischen Tanzes – ob im Mikrokosmos der Atome oder im Makrokosmos der Gestirne – wird im Hinduismus im tanzenden Gott Shiva ausgedrückt, dessen vielfach verzweigte Arme auf Bildern oder an Statuen den wirbelnden Prozeß des Werdens und Vergehens symbolisieren.

Die östlichen Philosophien entwickelten intuitiv (ohne naturwissenschaftliche Methodik) einen Feldbegriff, der dem Quantenfeld der modernen theoretischen Physik sehr nahekommt. Das »Ch'i« des späten Konfuzianismus wurde als dünne Form der Materie interpretiert, die überall vorhanden ist und sich jederzeit von der als Leere erscheinenden ausgedünnten Form zur handgreiflichen Materie und zu Objekten verdichten kann. Der chinesische Philosoph Wang Fu Ch'ih (1612–1692) erkannte die Welt als in sich geordnetes Kontinuum, dessen rhythmisches Gesetz von den Zahlenmustern des *»I Ging«* (dem *»Buch der Wandlungen«*) erkundet werden kann. Der Rhythmus ist der Materie oder den Objekten jedoch nicht von außen aufgeprägt. Der Rhythmus stellt die innere Struktur (sozusagen die Qualität) der Dinge dar. Der Rhythmus ist das Bewegungspattern eines Dinges, das sowohl die einmalige Individualität darstellt wie auch die Art der Zugehörigkeit des Dinges zur Ganzheit des Einskontinuums (des Unus Mundus, des Zeit-Raum-Kontinuums, des unendlichen Quantenfeldes).

Der Rhythmus wohnt in den Dingen und formuliert deren interne Zeitstruktur. Es gibt die »Zeit« der Protonen, der Atome, die »Zeit« des Wasserstoffs, des Cäsiums, des Heliums, es gibt die »Zeit« der Kristalle, der Achate, des Granitgesteins, die »Zeit« der Rosen und Tulpen, der Käfer und der Schmetterlinge, die »Zeit« des Mondes, des Saturn, der Fixsterne ... Die Suche nach dem Rhythmus ist die Suche nach dem Innen-Gesetz. In unserem aufgeklärten und materiellen Zeitalter dominiert das Erkunden des Äußeren. Darüber wird die Suche nach dem Innen, nach dem Rhythmus (das einem Äußeren immer entspricht) als Suche nach dem geistigen Prinzip der Erscheinungen stark vernachlässigt. Rhythmen und Zeiten zu erkennen, die der Materie und den Objekten – in denen man heutzutages nichts »Geistiges« vermutet – innewohnen: Das wäre »religio« als Rückanbindung des menschlichen Geistes nicht nur an seine mythischen oder magischen Schichten, sondern sogar an die als »unbeseelt« etikettierte Materie. Die Rhythmen und Schwingungsformen erweisen sich bei näherem Betrachten selten als chaotisch, sondern zeigen die verschiedensten Erscheinungen unserer Welt durch ein gemeinsames Innengesetz verknüpft. An einem willkürlich herausgegriffenen Beispiel verdeutlicht: Die DNS-Ketten des menschlichen und tierischen Organismus, die Träger der Erbinformationen in den Genen sind, haben bei einer Wellenlänge von 0,000 000 351 Metern ihr Resonanzmaximum. Das ist eine Frequenz von 854 000 000 000 000 Hertz (854 Billionen Hertz). Als Resonanzphänomen oder musikalisch entspricht diese Frequenz der 66. Oktave der Erdrotation. »Oktave« ist das Intervallverhältnis 1 : 2 und bedeutet hier Verdoppelung: Bei 66facher Verdoppelung der Erdrotation erhalten wir also die Schwingung des DNS-Moleküls. Die Farbe Rot-Orange, die in vielen mythisch verbliebenen Kulturen als lebensfördernd gilt und sich (im Experiment nachweisbar) positiv auf die Dynamik der Zellteilungen auswirkt, schwingt in einem Rhythmus, welcher der 65. Oktave des Erdentages entspricht: Das Resonanzmaximum der DNS-Moleküle in den Zellen ist somit die erste Oktave der Farbe Rot-Orange; das heißt, die Frequenz des Rot-Orange ist halb so langsam wie die Frequenz des DNS-Moleküls und vermag die Schwingung des DNS-Moleküls deshalb zu beeinflussen.

Beide sind zudem rhythmisch verkettet mit der Erdrotation: Erddrehung, DNS-Molekül und Rot-Orange stehen damit in einem rhythmischen – und deshalb geistigen – Zusammenhang.[26]

Das Zauberwort »Rhythmus«

Von Menschen in allen Bereichen – vom Mediziner, Wissenschaftler, Musiker, Maler, Filmemacher, Sportler bis hin zum Esoteriker – wird »Rhythmus« als ein Zauberwort gehandelt, das sich beim Versuch einer Definition seltsam sperrig zeigt. Etymologisch besteht eine Reihe wichtiger Verwandtschaften: Neben der herkömmlichen Ableitung vom griechischen »rheo« oder »rhein« als »Fließen« gibt es eine Nähe zum »arithmos« der Arithmetik und damit zum Zahlhaften. Verwandtschaft besteht auch zu »Ritus« und »Ritual« als wiederkehrenden sakralen Handlungen oder Bräuchen, beispielsweise den gottesdienstlichen Ritualen oder den Bräuchen im Laufe eines Kirchenjahres. Im Zauberwort »Rhythmus« steckt auch etwas von der alten germanischen Rune »Rita«: Die germanische Wortwurzel »rit« steht für Recht und Gesetz; die Göttin *Ararita* war »das Rechte zeugend« oder der große Weltenrhythmus. Die indogermanische Wurzel »ri« (was soviel heißt wie: »sich bewegen«) drückte in den altindischen Veden »die Ordnung der Natur« oder »den Lauf der Dinge« aus.

Diese Paradoxie – gleichzeitig »Ordnung« wie auch »Lauf« oder »Fluß« zu sein – charakterisiert das Wort »Rhythmus«: Es bezeichnet ebenso das gleichmäßige oder freie Fließen wie das, was dem Fluß die Richtung und Bahn vorschreibt. Es bezeichnet die aus Bewegung entstandene Gestalt wie die gestaltete Bewegung. Der normative Aspekt von »Rhythmus« ist im neueren (vor allem umgangssprachlichen) Gebrauch stark verdrängt worden. Man bezeichnet oft alles, was irgendwie zeitlich verläuft als »rhythmisch«. Man spricht von freier Rhythmik oder unregelmäßigem Rhythmus. Dem hat bereits 1894 Stefan George (in: *»Über Dichtung«*) entgegengehalten: *Freie Rhythmen heißt soviel* *als weiße Schwärze.* In der älteren Bedeutung von »Rhythmus« war der normative Aspekt immer wesenhaft vorhanden. Bei Archilochos (im 7. Jahrhundert v. Chr.) – in einem der ältesten Belege – heißt es von »rhythmos«: *Erkenne, welcher Rhythmus den Menschen in seinen Banden hält.* Bei Platon bedeutete der Begriff »Zaun« und »hegender Ring«.[27] Rhythmus – das gilt es noch einmal festzuhalten – ist zum einen ein Fließen und Strömen, es ist zum anderen aber auch Ordnung, Struktur, Norm, Gestalt. In Anlehnung an C. G. Jungs Definition der Zahl als »Archetyp der Ordnung« kann man den Rhythmus als einen der Zahl vorgeschalteten konkret erlebbaren »Archetypen der Ordnung« definieren.

Das Normative des Rhythmus darf allerdings nie mit dem Abstrakt-Gesetzmäßigen des »Taktes« verwechselt werden. Vor allem Ludwig Klages hat deutlich herausgearbeitet, daß der »Takt« eine menschliche Geistesleistung ist, die auf Messen und Abstraktion beruht, daß demgegenüber der »Rhythmus« stets die zeitliche Erscheinung einer Regel bei konkreten Natur- und Lebensvorgängen ist. Zerrbild des »Taktes« ist die vom Menschen konstruierte Maschine, die den Rhythmus vernichtet, weil ihr jegliche Elastizität fehlt. Ludwig Klages: *Der Takt wiederholt, der Rhythmus erneuert... Mit der Verwechslung von Rhythmus und Takt beurkundet sich nur auf eine Weise aus tausend Weisen die uralte Verwechslung von Leben und Geist.*[28]

»Rhythmus« gliedert nicht nur Zeitliches, sondern vermag auch im Räumlichen und Statischen Bewegung anzudeuten. Man spricht deshalb auch vom Rhythmus eines Bildes, eines Bauwerkes oder einer Statue. So wie der Fingerabdruck nichts anderes ist, als der körperhaft gewordene Rhythmus eines Menschen, so vermag ein intuitiver Geist in jedem Körper die Spuren des Rhythmus als des »Innen-Prinzips« zu erkennen. Die Dinge, sagt Friedrich Schlegel, sind *starr gewordene Versuche, versteinerte Handlungen, in denen die Erde zu ihrem Zwecke nicht durchdringen konnte.*[29] Für den menschlichen Körper kann in der Physiognomie das Dinghaft-Werden von Zeitlichem leicht nachvollzogen werden: Emotionen (von lat. »motio« = »Bewegung«) sind nach außen gekehrte Bewegungen der Seele. Emotionsstörungen sind rhythmische Störungen. Auf personentypische Emotionsmuster reagiert der Körper durch Abbilden solcher Muster: Physiognomische Züge sind starr gewordene mimische Züge. Der gesamte Körper ist unmittelbare Kundgebung des psychischen Innen. Mit Hazrath Inayat Khan formuliert, dem Rhythmus ein *»in Bewegung gehülltes Leben«* war: *Rhythmus, in jeder seiner Erscheinungsweisen, sei es unter der Maske des Spieles, des Vergnügens, der Dichtung, der Musik oder des Tanzes, ist die eigentliche Natur der ganzen Konstitution des Menschen.*[30]

»Rhythmus« als Zahlenqualität

> *Die Zahl ist Wort, aber nicht Rede. Sie ist Welle und Licht, aber niemand kann sie sehen. Sie ist Rhythmus und Musik, aber niemand kann sie hören. Sie hat unendliche Variationen, und doch ist sie unverständlich. Jede Form des Lebens ist eine besondere Art des Widerhalls der Zahl.*
> Maurice Druon: *»Les Mémoires de Zeus«*

Ist die »Zeit« dem Menschen unfaßlich und »Rhythmus« ein Gliedern von »Zeit«, der sie der menschlichen Sinneswahrnehmung erst zugänglich macht, so ist die »Zahl« jener Name oder jene Zauberformel, durch die sich ein »Rhythmus« (und damit »Zeit«) benennen läßt. Etwas benennen oder von einem Vorgang berichten, das meint: »die Zahl sagen«, bedeutet: »erzählen«. »Der Rhythmus ist die Gliederung von Zeit«. Da jedoch »Zeit« dem Menschen nicht faßbar ist, sondern nur das Ablaufen von Rhythmen (das Wiederkehren ähnlicher Zeitsegmente), kann man strenggenommen nur sagen: »Rhythmus ist die Gliederung eines anderen – nämlich übergeordneten – Rhythmus«. Das Teilungsmuster eines Rhythmus läßt sich immer als Zahl ausdrücken: Beispielsweise teilen sich Helligkeit und Dunkelheit den Tag im Zweierrhythmus. Die Tage teilen den Monat in einem ungefähren 28er-Rhythmus. Der Atem teilt den Puls in einem

Viererrhythmus. Die Atemzüge teilen den Tag in einem 25 920er-Rhythmus.

Der Zusammenhang zwischen »Zahl« und »Zeit« ist in der »Zwei« begründet: im wiederholten »Hin und Her«, dem Pendeln zwischen der Eins und Zwei als einem Oszillieren zwischen zwei Polen. Hier zeigt sich die »Zwei« als Ausgangspunkt jedes rhythmischen Geschehens. In zahllosen Dokumenten wäre der Zusammenhang von »Zahl« und »Zeit« zu belegen. Beispielsweise definierte Aristoteles die »Zeit« als *Zahl der Bewegung nach dem Früher oder Später*, Thomas von Aquin versuchte die »Zeit« als *numerus movens* zu erfassen.

Zahlen sind ein vorbewußtes psychisches Prinzip, das Psyche und Physis verbindet. Zahlen sind Archetypen, die überall auf der Erde in gleichartigen Zusammenhängen benutzt, geträumt oder in symbolischen Kontexten aufgefaßt werden. Sie stellen eine jeweils individuelle Art der rhythmischen Bewegung des »Unus Mundus« – des großen Energiefeldes – dar. Jede durch eine Zahl repräsentierte rhythmische Bewegung hat qualitativen Charakter. Marie-Louise von Franz über diese Auseinanderfaltung qualitativer Aspekte: *Um diesem dynamischen Aspekt der Zahl näherzukommen, muß man beobachten, was sie in der Natur und in der unbewußten Psyche selber tut, genau als ob man ein anderes dynamisches Naturphänomen betrachtete ... Dann müßte man die Zahlen als typische psychodynamische Bewegungspatterns verstehen und müßte in diesem Fall formulieren: Die Eins faßt Ganzheiten zusammen, die Zwei teilt, wiederholt und erzeugt Symmetrien, die Drei zentriert Symmetrien und startet lineare Abläufe, die Vier stabilisiert durch Rückwendung zur Eins und macht individuelle Ganzheiten durch Setzung von Scheidegrenzen sichtbar.*[31]

In älteren Kulturen wurden Zahlen immer als Ur-Kräfte verehrt. Die chinesischen Weisheitslehren verwendeten zum Beispiel ganze Zahlenfelder (magische Quadrate und anderes), um diese als Qualitätsfelder des Zeitlichen zu lesen: Die Anordnung der Zahlen wurde in rhythmische oder geometrische Bilder gefaßt. Zahlen waren »Wandlungsphasen« oder »Zeitphasen« des großen Energiefeldes »Ch'i«.

Die Zahl als rhythmische Qualität

Im Unterschied zum mitteleuropäisch-westlichen Denken, in dem die Zahl auf ihren quantitativen Aspekt reduziert wurde, dominierte im älteren und auch im östlichen Wissen der qualitative Aspekt der Zahl. War noch bei Platon (427–344 v. Chr.) die Zahl aus der Teilung (»diairesis«) einer Ganzheit entwickelt und mit sehr konkreten Qualitäten bedacht (zum Beispiel war »Sokrates« für Platon als eine Zahl darstellbar), so begann bei Aristoteles (384–322 v. Chr.) die Beschränkung auf den quantitativen Aspekt, die Entwicklung der Zahl aus zusammengesetzten Einzelteilen, um vor allem Mengen und Größen anzugeben. Das Gespür für die Individualität und Qualität von Zahlen ging dann zunehmend verloren. Es ist erstaunlich, wie wenig bei den Mathematikern und Physikern der europäischen Neuzeit das qualitative Moment der Zahl – ihre Bedingtheit als rhythmische Energie – berücksichtigt worden ist.

Die Zahl ist im Zeitalter von Technik und Wissenschaft säkularisiert worden. Zahlen waren einmal Götter – Urbilder von Physis und Psyche. Bei den Maya waren die Namen der Götter mit den Zahlen-Namen identisch, die auch im Kalender eine bestimmte »Zeitqualität« repräsentierten. Bei den alten Babyloniern waren die Zahlen von »Eins« bis »Sechzig« ebenfalls Götter, die festen Kalendertagen zugeordnet waren. Zahlen standen hier stellvertretend für das Wesen der Wirklichkeit.

»Metaphysik«, so denkt der aufgeklärte, moderne Leser, wenn er jemanden von Zahlen als etwas »Göttlichem« oder als »Urprinzip« reden hört: »Zahlen sind doch etwas Trockenes, abstrakt Strukturelles!« Um solche Vorurteile abzubauen, ist es nützlich, sich über den Unterschied zwischen der quantitativen und der qualitativen Zahlenauffassung klar zu werden.

Quantitative Zahlenauffassung

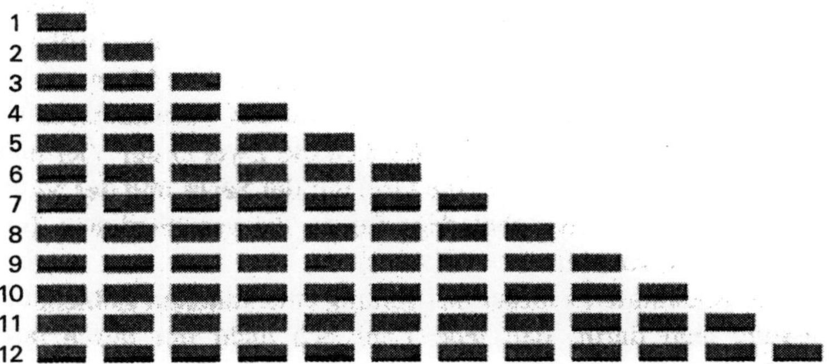

Jede Zahl unterscheidet sich hier nur dadurch von den Nachbarzahlen, daß sie um eine »Eins« größer oder kleiner ist. Die »Eins« ist hier ein Atom (eine Einzelheit), das gemäß einem atomistischen Denken aneinandergereiht wird. Immer weiter, noch eins, noch eins, Fortschritt, noch ein Fortschritt... diese Zahlenauffassung ist vom Gefühl des Verlustes geprägt, denn die »Einheit« beziehungsweise das »Ganze« wird nie erreicht werden. »Größe« ist hier das einzige Charakteristikum, durch das sich eine Zahl definiert.

Qualitative Zahlenauffassung

Jede Zahl ist hier Teilung, Gliederung oder Rhythmisierung der »Eins«. Die »Eins« ist hier kein Atom (Einzelheit), sondern repräsentiert die Ganzheit. Ein Gefühl des Verlustes fehlt, denn die »Einheit« ist in jeder Zahl vorhanden. Die Zahlen sind untereinander nicht nur durch das quantitative Moment des »Größer – Kleiner« verbunden, sondern durch das qualitative Moment des gegenseitigen Verwandtschaftsgrades und des Verwandtschaftsgrades zur »Eins«: Man sieht, daß sich die Zwei in der Vier und in der Acht wiederholt, daß die Drei mit der Sechs und der Neun verwandt ist, daß hyperbelartige Linien die verschiedenen Teilungsgrade verbinden.

Das »Qualitative« dieser aus Teilung entstandenen Zahlenauffassung liegt darin, daß jede Zahl sich nicht nur durch ihre »Größe« definiert, sondern durch ihren einmaligen Bezug zur Einheit und durch die vielfältigen Bezüge zu den anderen Zahlen. »Qualität« heißt: seinen Stellenwert innerhalb der Ganzheit erkennen. »Qualität« ist das rhythmische Schwingungs- oder Ordnungsmuster einer Ganzheit. Ernst Bindel: *Es ist wichtig, daß man mit den beiden Worten auch die richtigen Begriffe verbindet. Die quantitative Betrachtungsart kennzeichnet sich dadurch, daß sie »nur« dieses Merkmal hat und eine qualitative Betrachtungsart desselben Gegenstandes ausschließt bzw. verhindert. Hingegen haftet der qualitativen Betrachtungsart diese Einseitigkeit nicht an; sie enthält auch das Quantitative ungezwungen in sich, wie ja die Quantität auch eine Qualität neben anderen Qualitäten ist. Ein Fortschreiten von der quantitativen Zahlenbetrachtung zur qualitativen ist nicht der Übergang zu einem Gegensätzlichen, sondern zu einem Reicheren, Höheren. Wir sind in Wahrheit mit der quantitativen Zahlenauffassung verarmt, indem wir die Erfassung des Lebendigen, die Lebendigkeit eingebüßt haben und nur noch in der Lage sind, das Zusammengesetzte zu begreifen.*[32] Die Musik illustriert diesen Verlust wiederum aufs deutlichste: Taktarten wie der 5/4-Takt oder der 7/4-Takt (also 5er- oder 7er-Perioden) werden in der abendländischen Musiktheorie nicht als originäre 5er- oder 7er-Teilung aufgefaßt, sondern als »zusammengesetzte Taktarten« 3 + 2 beziehungsweise 4 + 3 bezeichnet. Die lebendige 5er- oder 7er-Teilung, die zum Beispiel in der von Béla Bartók erforschten Musik des Balkan üblich ist, kann der mental orientierte Abendländer nur als Zusammensetzung begreifen, nicht als eigenständige Gestalt.

Der Vergleich mit der Musik ist auch in anderem Zusammenhang fruchtbar für ein Verständnis des »Qualitativen« der Zahl: Ähnlich wie in der Atomphysik, wo der Anzahlfaktor von Elektronen direkt mit der Qualität des Elements in Verbindung steht (Lithium hat 3 Elektronen, Neon 10, Natrium 11), so bilden bei der Tonhöhenerzeugung in der Musik die verschiedenen Teilungen nach Zahlen unmittelbar verschiedene Töne und Intervalle – also verschiedene sinnlich erfaßbare Tonqualitäten – aus. Die Halbierung der Saite erzeugt die Oktave, die Drittelung die Quinte, die Viertelung die Quarte, die Fünftelung die große Terz, die Sechstelung die kleine Terz, die Siebtelung die Septime und so fort . . . In der sogenannten Obertonreihe, die jeglichem musikalischem Klang zugrunde liegt, ist leicht die qualitative Zahlenauffassung zu erkennen:

Einklang	1:1	Ton C
Oktave	1:2	Ton c
Quinte	2:3	Ton g
Quarte	3:4	Ton c^1
große Terz	4:5	Ton e^1
kleine Terz	5:6	Ton g^1
Septime	6:7	Ton b^1
Oktave	7:8	Ton c^2

Saiten- oder Rohrlänge

Die »Zahl« ist in der Musik damit eine rhythmische Qualität: Schwingt ein Grundton 400mal pro Sekunde, so schwingt die Oktave (der erste Oberton) 800mal pro Sekunde, die Quinte darüber 1200mal pro Sekunde, die Quarte darüber 1600mal pro Sekunde, die große Terz darüber 2000mal pro Sekunde . . .

Auch geometrisch lassen sich die Zahlen als Teilung einer Ganzheit, nämlich eines Kreises als »Eins«, leicht als Qualität erkennen: Stellt man die »Eins« als Kreis oder als Punkt dar, so ergibt die »Zwei« eine Strecke, die »Drei« ein Dreieck, die »Vier« ein Viereck, die »Fünf« ein Fünfeck ... Die Verwandtschaften der geometrischen Figuren – zum Beispiel das Aufgehoben-Sein des Dreiecks im Sechseck – sind dabei unmittelbar einleuchtend.

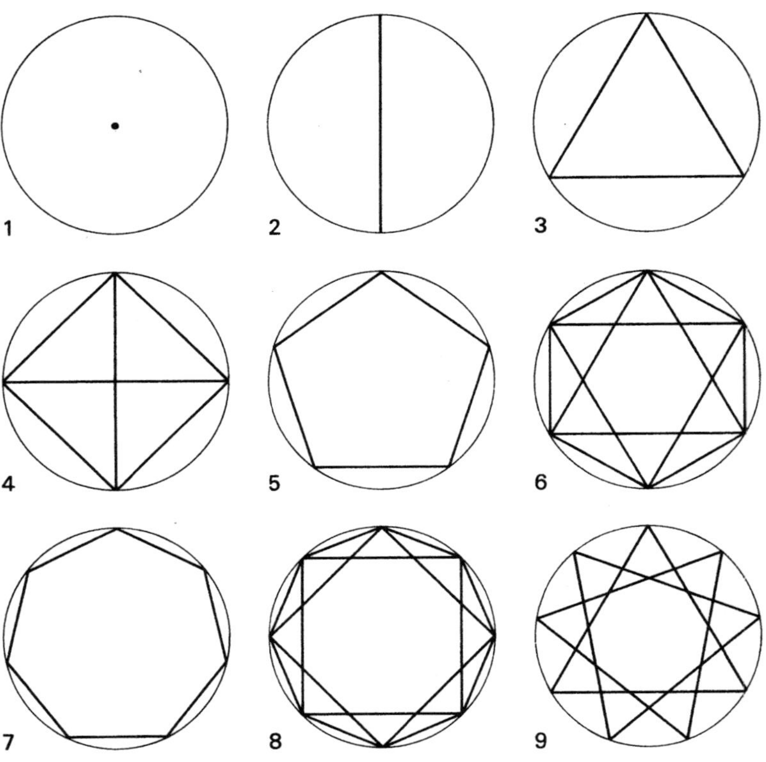

Besondere Beachtung verdienen die beiden ersten Stufen des Teilens oder Rhythmisierens, die Zwei und die Drei. Aus der Eins heraustretend erzeugen sie zwei polare Grundformen des Schwingens: nämlich die gerade und die ungerade Zahlenreihe. Im chinesischen Denken hat man der ungeraden Zahlenreihe (mit ihren starken und individuellen Primzahlen) die aktive

Yang-Energie zugeordnet, der geraden Zahlenreihe die Yin-Energie.

$$①\begin{cases} 2 — 4 — 6 — 8 — 10 — 12 \xrightarrow{\text{Yin}} \\ 3 — 5 — 7 — 9 — 11 — 13 \xrightarrow{\text{Yang}} \end{cases}$$

Bedeutsam ist hierbei die Polarität der Zwei und der Drei, die sich mathematisch in einer Widerspenstigkeit gegen rationales Berechnen äußert. Teilt man eine Strecke der Länge »1« durch Zwei, so ergibt dies 0,5. Teilt man dieselbe Strecke durch Drei, so ergibt dies $0{,}3333\overline{3}$ – eine nichtendliche periodische Zahl. Die auf der »Zwei« und der »Drei« begründeten Teilungen (die Zweierpotenzen 2,4,8,16 ... und die Dreierpotenzen 3,9,27,81 ...) nähern sich zwar zunehmend an, sie lassen sich jedoch nie durch gemeinsame exakte Verwandtschaft zur Deckung bringen.

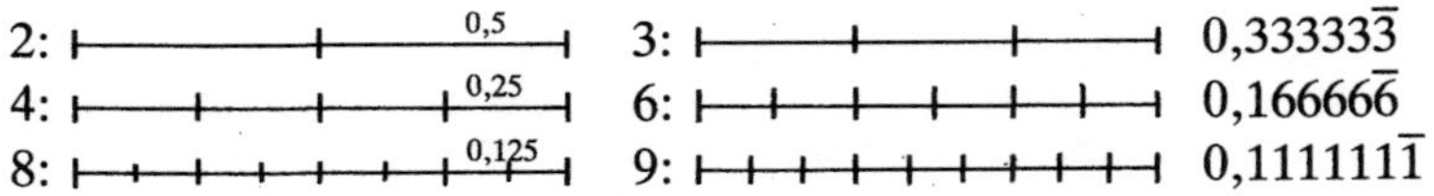

2:	0,5	3:		$0{,}33333\overline{3}$
4:	0,25	6:		$0{,}16666\overline{6}$
8:	0,125	9:		$0{,}111111\overline{1}$

Dieses Nicht-zur-Deckung-Bringen von Zwei- und Dreiteilung ist wiederum in der Musik wesenhaft zu finden: Die Zweiteilung entspricht dem Oktavieren, die Dreiteilung dem Teilen in Quinten. Zwölf Quinten (also zwölf fortgesetzte Dreiteilungen) über dem Ausgangston C ergeben im Quintenzirkel den Ton his^6, der eigentlich im temperierten Tonsystem mit einem c^7 identisch sein sollte. Dieses c^7 wird aber über 7 Oktaven (also sieben fortgesetzte Zweiteilungen) erreicht. »His« und »C« sind unvereinbar. Ihre Differenz wird als »pythagoräisches Komma« 74 : 73 bezeichnet, das uns schon im Jahreskreis mit den fünf überzähligen Tagen als Verhältnis von 365 Tagen : 360 Tagen begegnet ist.

Die Zahl als Individualität

Durch ihre »Größe« als quantitativen Stellenwert hat jede Zahl etwas Einmaliges an sich; und durch ihr Verwobensein mit befreundeten Zahlen hat jede Zahl auch ein charakteristisches Beziehungsfeld. Beides bewirkt, daß jede Zahl eine auf vielfältigen Aspekten begründete »Individualität« besitzt.

Besondere Individualität besitzen die »Primzahlen«: Sie sind dem Wortsinn nach ein »Individuum« – ein Unteilbares –, denn sie haben in der Zahlenreihe keine Vorgänger, durch die sie sich teilen ließen. Folgende Abbildung zeigt anschaulich, daß »Primzahlen« den Namen »erste Zahlen« zu Recht besitzen: Sie sind aktive Zahlen, die Zeuger-Teilungen für verwandte Teilungen darstellen. Die »Zwei« reproduziert sich in 4,8,16,32...; die »Drei« in 9,27,81,243... (den Potenzen), aber auch in 6,18,56... (den Zweifachen der Potenzen); die »Fünf« in 25,125,625..., aber auch in 10,50,250... Jede Multiplikation einer Primzahl zeigt sich in direkter Linie mit jener Primzahl verbunden, von der sie erzeugt wird:

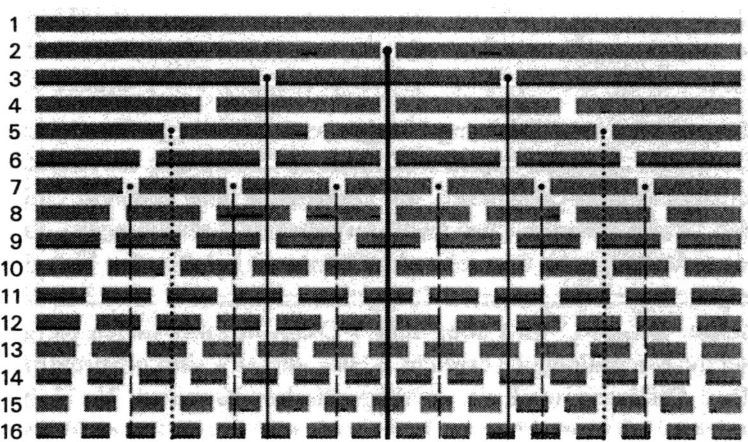

Die Reihe der Primzahlen 1,2,3,5,7,11,13,17... umfaßt starke und individuelle Zahlen, die sich jeder Teilung widersetzen und gerade wegen dieser Urtümlichkeit in Religionen, Mythen, Träumen – aber auch in der anorganischen Natur – bedeutungsvoll wiederkehren. In Ernst Jüngers Schrift *»Zahlen und Götter«* gehört das Bildungsgesetz der Primzahlen zu einer *Krypta mit Rät-*

seln, die seit der Antike faszinieren und die vielleicht einmal gelöst werden. Eine eindrucksvolle Veranschaulichung gelang im »Sieb des Eratosthenes« (276–197 v. Chr.), in dem alle Nicht-Primzahlen eine faszinierende (aber eben immer noch rätselhafte) Struktur ausbilden:

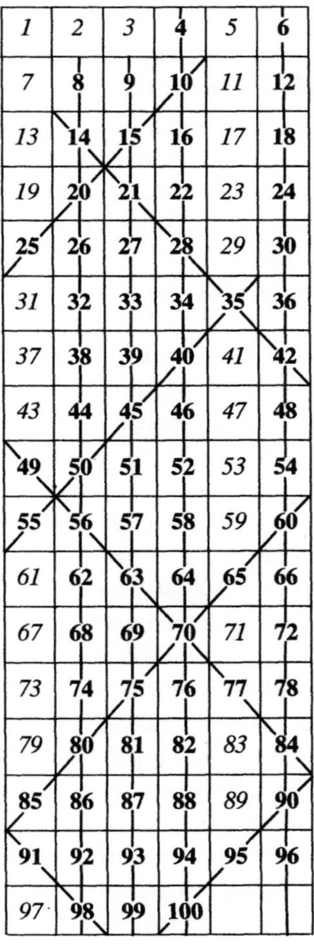

»Sieb des Eratosthenes«. Alle Nicht-Primzahlen sind hier durch eine Gerade verbunden.

Mit Ausnahme der Zahl »Zwei« gehören alle Primzahlen der ungeraden Zahlenreihe – also der aktiven Schwingungsform des Yang – an. Die Musik spiegelt diesen Sachverhalt wiederum in wunderbarer Weise. Im Obertonspektrum eines Grundtons (einer »Eins«) erzeugt jede Primzahl einen neuen Ton. Heißt die Obertonreihe $C, c, g, c^1, e^1, g^1, b^1, c^2, d^2, e^2, fis^2, g^2, a^2, b^2, h^2, c^3$ . . ., so erzeugt die »Drei« (korrekter: die Dreiteilung) das g, die »Fünf« (Fünfteilung) das e^1, die »Sieben« (Siebenteilung) das b^1, die »Elf« (Elfteilung) das fis^2, die »Dreizehn« (Dreizehnteilung) das a^2 . . . Eine Ausnahme stellt auch hier die Primzahl »Zwei« dar, die keinen neuen Ton, sondern nur die Oktave des Grundtons erzeugt. Solche Oktaven gehören der geraden Zahlenreihe an.

Halten wir fest: Zahlen sind Teilungsenergie oder Teilungsmuster. Zahlen teilen Ganzheiten in einer charakteristischen Weise. Zahlen rhythmisieren jenes Energiefeld, jenes Quantenfeld, jenes fluide Ch'i, das die gesamte Welt zum »Unus Mundus« zusammenfaßt. Zahlen sind Individualitäten. Wenn wir Zahlen in Natur, Verhaltensmustern, in Mythen und Träumen begegnen, so geben sie uns Einblick in das Wesen des Betrachteten, denn jede Zahlenqualität läßt sich (zumindest ansatzweise) in Worten und Analogien erfassen.

Die »Eins«: Die »Eins« ist das Göttliche, das alles – auch die Gegensätze – in sich birgt. Die »Eins« hat deshalb einen Doppelcharakter: Sie ist geometrisch als Punkt (Symbol des »Nichts«), aber auch als »Kreis« oder »Kugel« (Symbole der Ganzheit) darstellbar. Sie ist in der quantitativen Zahlenauffassung die kleinste Zähleinheit (dem atomistischen Denken gemäß: das Geringste); sie ist aber in der qualitativen Zahlenauffassung die umfassende Ganzheit. Mathematisch formuliert: Die »Eins« ist durch sich selbst nicht teilbar oder mit sich selbst nicht multiplizierbar, $1 \times 1 = 1$ und $1:1 = 1$.

Die »Zwei«: Die »Zwei« ist das Prinzip der polaren Entsprechung oder des Sich-Bewußtwerdens. So wie eine Saite bei der Zweiteilung den Oktavton erzeugt (das heißt: denselben Ton, nur um eine Bewußtseinsstufe nach oben versetzt), so ist die »Zwei« das Prinzip der Symmetrie als Prinzip des Auseinanderfaltens von Gleichem. Jede Erkenntnis beginnt mit dem polaren Auseinanderfalten: gut–böse, hell–dunkel, Mann–Frau, oben–unten, Ich–Du ... das sind jeweils die zwei Seiten derselben Sache. Die »Zwei« ist (wie die »Eins«) noch keine wirkliche Zahl. Sie ist noch nicht lebensfähig, was durch das geometrische Symbol der »Geraden« (als Verbindung zweier Punkte) oder durch das musikalische Symbol der Oktave (als Verbindung zweier gleicher Töne) zum Ausdruck kommt: Eine »Gerade« ist noch kein anfaßbarer Körper, sondern erst eine »Idee« – also abstrakt.

Die »Drei«: Die »Drei« ist das dynamische Prinzip. Mit ihr wird etwas Neues erzeugt: Die »Drei« zentriert Symmetrien (wie zum Beispiel die »Gerade« als Verbindung zweier Punkte) und schafft ein anderes (zum Beispiel die Fläche eines Dreiecks). Waren »Vater–Mutter« noch eine Polarität, so kommt mit der »Drei« das »Kind« als Beginn einer dynamischen Zeugungslinie ins Spiel. Waren »Grundton–Oktave« noch spiegelbildliche Polarität, so kommt mit der »Drei« die Quinte als erster neuer Ton ins Spiel – ein Zeugungsvorgang, auf dessen Grundlage sich dann der Aufbau der Tonsysteme (die immer von der Quintstruktur ausgingen) entwickelte. Die »Drei« als dynamisches und Ablaufzeugendes Prinzip ist für die abendländische Kultur wesenhaft: Man findet sie in der »Trinität« als christlicher Kernaussage; man findet sie in G. W. F. Hegels philosophischem Dualismus von »These–Antithese«, der wiederum die »Synthese« provoziert; man findet sie in der klassischen Sonaten- und Symphonieform, wo aus dem Gegensatz von Hauptsatz und Seitensatz (von erstem und zweitem Thema) der weitere Formverlauf entspringt; man findet die »Drei« als Kernstück des Dramas, das immer auf einem dramatischen Konflikt (einer Polarität der »Zwei«) basiert und dann den dynamischen Fortgang des Dramas (als Lösung in der »Drei«) provoziert. Trinität, Hegelsches Denken, Sonate und Drama sind Kernstücke des europäisch-westlichen Denkens, dessen dynamisches Prinzip in der Fortschrittseuphorie und der linearen Zeitauffassung klar zum Ausdruck kommt.

Die »Vier«: Die »Vier« stellt mit ihrer Doppelpolarität zum erstenmal innerhalb der Zahlenreihe wieder Stabilität und Vollkommenheit dar. Hatte die »Drei« das Flächenhafte gezeugt, so entsteht aus der »Vier« das erste Körperhafte (die dreiseitige Pyramide). Besonders aufschlußreich ist die Konkretion der »Vier« in Rechteck oder Quadrat: Beide enthalten den Winkel von 90 Grad, der dem »Ich« und dem aufrechten Gang des Menschen unmittelbar entspricht. Die Winkelsumme in Quadrat und Rechteck (4 × 90 = 360) entspricht dem Kreis mit seinem Winkel von 360 Grad, wodurch angezeigt ist, daß die »Vier« nach der »Eins« Ganzheit und Vollkommenheit verkörpert. Die Quaternität wurde in der Tiefenpsychologie C. G. Jungs schon bald als jenes Prinzip erkannt, das – zum Beispiel in Mandalas – Gesundungsprozesse und Individuation ausdrückt. Viele Ganzheiten drücken sich in der »Vier« aus: Es gibt die vier Himmelsrichtungen; vier Evangelien; Feuer, Luft, Wasser und Erde als die vier Elemente; die vier Molekülsorten (Adenin, Cytosin, Guanin, Thymin) der DNS-Spirale, welche das Erbgut strukturiert und bewahrt; vier Gliedmaßen der hochentwickelten Lebewesen; vier Geschmacksrichtungen der Speisen ... Die »Vier« ist die Strukturzahl der physischen Welt. Das Phänomen Musik zeigt das Wesen der »Vier« wiederum in reiner Form: zum einen, indem der »Drei«-Klang das noch abstrakte Tonmaterial ist, das sich erst in der »Vier« des klassisch gewordenen vierstimmigen Satzes physisch konkretisiert. Zum anderen, indem der vierte Teilton (die Quarte erzeugend) wieder den Grundton in seiner Doppeloktave erreicht; die »Vier« wendet damit den neuen Quintton der »Drei« wieder zur Ganzheit des Grundtons. Die Doppeloktave, die durch die Viertelung einer Saite zum Klingen gebracht wird, ist sinnliches Symbol für das Wesen der »Vier« als Doppelpolarität.

Die »Fünf«: Da die Schwingungsformen des »Eins–Zwei–Drei« die Zahlenreihe erst generieren, ihr aber eigentlich noch gar nicht angehören, ist die »Fünf« die erste wirkliche Primzahl, die für ein Neues steht. Mit der »Fünf« kommt das Individuum, das (wörtlich übersetzt:) »Unteilbare«, der »Mensch« ins Spiel. Die »Fünf« zeitigt über die physische Ganzheit der »Vier« hinaus den Menschen. Mythisches Symbol ist hier die »Vier« des Kreuzes, die durch die Mitte des Menschensohnes zur »Fünf« zentriert wird. Gleiches drückt der adventliche Brauch aus, vier Kerzen zu entzünden, die durch die Geburt des Menschensohnes in der »Fünf« ihre Vollendung finden. Die »Fünf« steht für das Menschliche, für das Sinnliche, für die Liebe. Aristoteles postulierte die fünf Sinne. Der Planet Venus, Symbol für Liebe und jegliche Trennung überwindende Kraft, beschreibt am Himmel dem Astronomen durch seine scheinbaren Rückläufigkeiten innerhalb eines Jahres einen Fünfer-Rhythmus. Rose, Apfel und Quitte sind venusabhängige Pflanzen, die in Blättern, Blüten und Früchten eine Fünferstruktur aufweisen – und deshalb als Zeichen der Liebe zum Beispiel bei Hochzeitsbräuchen zum Symbol geworden sind. Auch die Musik umschreibt aufs deutlichste dieses Konnotationsfeld. Mit den Zahlen Eins bis Vier lassen sich in der Teiltonreihe nur die architektonisch wichtigen Töne »Grundton« und »Quinte« erzeugen. Erst mit der Fünfteilung einer klingenden Saite kommt die »Terz« ins Spiel, jener Ton, der im Dreiklang zwischen Grundton und Quinte steht, um dort als »Geschlechtston« den Dur- oder Moll-Charakter anzugeben und dem bloß physisch wirkenden Quintgerüst Sinnlichkeit, Süße, Wärme oder Menschlichkeit zu verleihen. Die Primzahl »Fünf« bringt das Individuell-Neue. Die »Fünf« ist die Zahl des Lebendingen.

Die »Sechs«: Die »Sechs«, die geometrisch gerne als ein aus zwei gegenläufigen Dreiecken zusammengesetzter Stern symbolisiert wird, enthält die Symmetrisierung der »Drei«: Das dynamische Prinzip der »Drei« wird hier zusammengeführt. Die »Sechs« ist deshalb Archetyp der sexuellen Energie, des Zusammenfindens von Körper und Seele, des Zusammenwirkens von Himmel und Erde. Das Hexagramm ist in vielen Kulturen das Symbol der geistigen Vereinigung, zum Beispiel in der Unio mystica als Einheitserfahrung der Seele mit dem Universum.

In der »Sechs« ist sowohl als Symmetrisierung der »Drei« ($2 \times 3 = 6$) wie auch als Summe ($1 + 2 + 3 = 6$) und Produkt ($1 \times 2 \times 3 = 6$) die Vollkommenheit der ersten drei Zahlen enthalten. War die »Fünf« eine durch ihre Lebendigkeit widerspenstige Primzahl

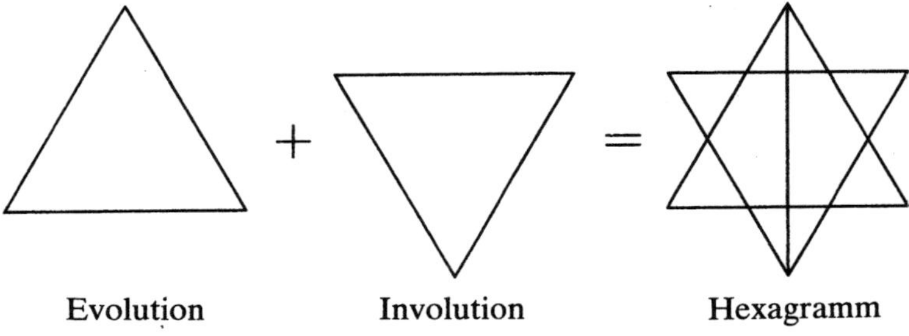

(Fünfecke lassen sich zum Beispiel beim Bodenlegen nicht parkettieren), so ist die Sechs durch ihre Vollkommenheit klar und strukturfreundlich: Bienen bauen sechseckige Waben, Schneeflocken haben immer hexagonale Formen. Der klare Bergkristall hat eine auf der »Sechs« basierende Struktur. Lotus und Lilie sind unter den Pflanzen symbolhafte Vertreter der »Sechs«.

Die »Sieben«: Die »Sieben« ist der Archetyp des Unfaßlichen in doppelter Aspektierung: als Zahl des Krummen, Widerspenstigen, Nicht-Berechenbaren, und als Zahl des Transzendenten, Irrationalen, Heiligen. Während die bisherigen »Teilungen« immer eine endliche oder einfach periodische Zahl ergaben ($1:2 = 0{,}5$ / $1:3 = 0{,}33\overline{3}$ / $1:4 = 0{,}25$ / $1:5 = 0{,}2$ / $1:6 = 0{,}166\overline{6}$), so ergibt die Siebtelung eine irrationale Zahl: $1:7 = 0{,}1428571 \rightarrow \infty$ Ein Siebeneck ist in der Geometrie allein mit Zirkel und Lineal nicht konstruierbar.

Die »Sieben« ist unfaßlich. Sie ist das Schwingungsmuster für den erleuchteten, mystischen oder kosmischen Menschen, der die »Vier« der Physis, die »Fünf« des Lebendigen oder Individuellen sowie die »Sechs« der Sexualität und Triebe hinter sich gelassen hat. »Sieben« ist die höchste Stufe der Initiation bei C. G. Jung und in archaischen Riten. Die »Sieben« steht für sukzessive zu durchschreitende Entwicklungsstufen und ist deshalb eine Art »Zeitzahl«: 7 Tage dauert die Woche; 7 Jahre dauern die menschlichen Entwicklungsphasen (Kindheit, Jugend, Adoleszenz, erste Erwachsenenphase, ...) 7 Schritte umfaßt die Tonleiter in der Musik, 7 Stufen stieg man auf die Pyramiden hoch, 7

Himmelssphären sind zu durchstoßen. Siebenhaft sind auch die embryonalen Entwicklungsphasen strukturiert: Fast alle mitteleuropäischen Vogelarten schlüpfen nach einem Vielfachen von sieben Tagen; also nach 14, 28, 35 oder 42 Tagen. Auch die Tragzeiten von Säugetieren unterliegen einem Siebener-Rhythmus.[33] Die »Sieben« ist ebenfalls in der Lunationsperiode des Mondes mit seinen durchschnittlich 28 Tagen zu finden, wobei die Unfaßlichkeit der »Sieben« eng mit den Irregularitäten des Mondes verknüpft scheint.

Die »Sieben« vollendet Entwicklungen und leitet in einer dem Menschen nicht mehr zugänglichen Weise in Ganzheiten über. Deshalb scheint es 7 Regenbogenfarben zu geben, 7 Kristallsysteme (Achsensysteme) der Mineralogie, 7 Chakren (Bewußtseinszentren) des Yoga, 7 Bitten des Vaterunsers, 7 klassische Planeten. In der Musiktheorie kommt das Wesen der »Sieben« unvergleichlich zur Geltung: Der 7. Ton der Tonleiter ist die Stufe des Übergangs (oft ein Leitton), die zum stabilen 8. Ton – der Oktave – führt. Der 7. Teilton der Natur- oder Obertonreihe ist die Naturseptime, die in der abendländischen Kunstmusik nicht rein vorkommt, sondern als Ganzton-Septime »zurechtgebogen« wurde: Die »Sieben« scheint wegen ihrer Unfaßlichkeit auch dem Musiker nicht intonierbar zu sein.

Die »Acht«: Die »Acht« ist die Periodenzahl, die den Zustand stabilisiert, den die »Sieben« in ihren sukzessiven Schritten herbeigeführt hat. Die Woche von Sonntag zu Sonntag umfaßt 8 Tage. Die Tonskala von Grundton zur Oktave umfaßt 8 Töne. Das Periodensystem der Chemie oder Atomphysik kennt nach jeweils 8 Elementen die Reihe der stabilen Edelgase. Die »Acht« vollendet und stabilisiert noch mehr als die »Vier«: Sie ist die Doppelquaternität oder die vierfache Polarität. Die »Acht« ist Ziel und Vollendung. Nach ihr mußte die Zahlenreihe mit »Neun« (nove, nine, neuf) »neu« (nuove, new, neuf) wiederbeginnen. Die liegende »8« ist in der Mathematik das Symbol für »Unendlichkeit«.

Nicht zuletzt die Alltagssprache belehrt über das Wesen der »Acht«. Sei »acht«sam, Gib »acht«, »Achtung« – drückt das

Klare, Helle, Geordnete und Stabile aus. Nach der paläolinguistischen Regel vom Gegensinn der Urworte drückt – wenn zur »Acht« die psychische Energie des verneinenden »n« hinzukommt – »Nacht« das Nicht-Klare, das Nicht-Helle und Nicht-Geordnete aus. Dies ist in vielen Sprachen nachzuvollziehen: Acht-Nacht, otte-notte, eight-night, huit-nuit, octo-noctus . . .

Die großen Totalitäten konkretisieren sich im »achtmal acht« oder im »viermal viermal vier«: Die »64« ist zum Beispiel Grundlage des kosmischen Planes im chinesischen *»I Ging«,* des Schachspiels, der 64 Liebeskünste des indischen *»Kamasutra«,* oder der 64 Tripletts im biologischen Erbcode des DNS-Moleküls.

Die Kunst des Teilens

Die Welt ist das »Wellende« – ein riesiges zusammenhängendes Energiefeld. Energie kann bis zum scheinbaren Vakuum ausgedünnt oder bis zur eisenharten Materie verdichtet sein: Sie ist aber immer in Bewegung. Bewegung ist immer rhythmisch geordnet – auch wenn sie uns in einer höheren und komplexen Ordnung arrhythmisch erscheint. Rhythmus ist Teilung. Teilung des Ganzen. Teilung der größeren Schwingungsmuster in kleinere Segmente. Grundverschiedene Rhythmen können miteinander in Resonanz treten, sich beeinflussen. Sie können Interferenzen ausbilden, scheinbar neue (oft irregulär anmutende) Rhythmen. Die Zahlen geben die Muster der rhythmischen Teilung an. Die Zahlen stehen dabei nicht für feste Größen; sie können sich auf ein großes, mittleres oder winzig-kleines Energiemuster beziehen, auf psychische Energie, physische Energie . . .

Es fällt uns schwer, auf das Moment des Teilens oder des »Dividuellen« (von lateinisch: »dividere« = »teilen«) in der Welt um uns zu achten, da wir so sehr auf das »Individuelle« – auf das Unteilbare – bedacht sind. Im Gegenspiel von der »quantitativen« und der »qualitativen« Zahlenauffassung kommt etwas von diesem Widerspruch zum Tragen. Die Polarität von »quantitativ – qualitativ« ist nicht nur auf den für uns typischen Umgang mit den Zahlenwesen beschränkt, sondern durchzieht unsere gesamte kulturelle und persönliche Struktur. »Atomare – religare«, »Außen – Innen«, »Haben – Sein« oder »Spiritualität – Narzißmus« sind nur andere Benennungen derselben Polarität. Daß das so ist, bedarf einiger Erklärungen.

Das »atomare« entspricht der quantitativen Zahlenauffassung, wie sie in den Schulen und Buchhaltungskontoren vermittelt wird. Die »Eins« im Zahlensystem oder der »Pfennig« im Geldwesen sind das wertlose Einzelding, das erst durch fortgesetzte Addition an Wert oder Größe gewinnt. C. G. Jung: *Der westliche Mensch ist von den ›zehntausend Dingen‹ bezaubert; er sieht das einzelne, er ist ich- und dingverhaftet und der tiefen Wurzel alles Seins unbewußt.*[34] Das Quantitäten anhäufende »atomare« sieht das Zersplitterte, die Interessengruppen, die religiösen, politischen oder rassistischen Gruppen. »Atomare« führt zur Isolierung und Vereinzelung. Gegenstück dazu ist die vom Teilen ausgehende qualitative Zahlenauffassung als »religare« (rückbinden) oder »religio« (Rückbindung) an das Ganze. Jedes Zahlenwesen verkörpert ein unverwechselbares Verhältnis zur Einheit, eben eine Qualität. Jede Zahl ist ein Teilungsmuster der Einheit. Die »Kunst des Teilens« bedeutet, hinter den Einzelteilen die Einheit zu erkennen: das Universum (von lateinisch: »uni-versum« = »auf das Eine gerichtet«) zu erkennen. Die Erfahrung der Einheit ist in vielen Philosophien als »Erleuchtung« bezeichnet worden, die weniger den mentalen Menschen als den Menschen in seiner Einheit aus denkendem, fühlendem und intuitivem Wesen erfaßt.

Im Begriffspaar »Haben – Sein« von Erich Fromm kehrt unsere polare Zahlenauffassung »quantitativ – qualitativ« wieder. Dem »Haben« entspricht das Addieren von »Einsen« in der quantitativen Zahlenauffassung. Jede Zahl »hat« eine »Eins« mehr als ihr Vorgänger. Mit der Anzahl von »Einsen« steigt der Wert. Das »Haben«, »Addieren« und »Besitzen« gehört zu einem endlosen Prozeß: Es wird immer noch eine »Eins« geben, die zu haben wäre ... Das »Sein« ist demgegenüber der qualitative Aspekt. Das »Sein« weiß um seine Stellung im Ganzen, durch das es – unabhängig von der quantitativen Größe – seine Charakteristik erhält. Das »Sein« muß nicht mit einem unaufhörlichen Werte-Addieren konkurrieren, denn der Wert des »Seins« liegt im bloßen So-Sein beschlossen.

»Außen – innen« ist ein weiteres Begriffspaar, mit dem im westlichen Kulturkreis eine Wertung jenes »quantitativ – qualitativ« gegeben ist. Das »Außen« ist die sichtbare Welt, die von der Physik in quantitativen Zahlen vermessen wird. Das »Außen« ist die Video-Kultur, das fotografisch Dokumentierte, der vorgetäuschte Schein, die materielle Realität – der Materialismus. Das »Innen« ist die unsichtbare Welt, der dem Auge entgegengesetzte Innenraum des Ohres, die unsichtbaren Beziehungsfäden zum anderen. Das »Innen« ist das geistige Band oder das verbindende rhythmische Muster zwischen den Dingen. Das »Innen« ist uns zur abschätzig gewerteten Metyphysik geworden, denn das »Innen« hat keinen Ort und läßt sich deshalb nie zeigen. Das »Innen« ist im Urwissen stets höher gewertet worden: *Sichtbares währet auf Zeit, Unsichtbares auf Ewigkeit*, so heißt es im zweiten Korintherbrief der Bibel. Deshalb ist das quantitative Abzählen oft als eine Abwertung bemerkt worden. Ernst Jünger: *Zugleich bereitet die Entnahme den Dingen, die zählbar werden, auch Verlust. Die Zählung, die ihre Bedeutung steigert, mindert ihren Sinn. Instinktiv ist das von jeher erfaßt worden. Es gibt ein angeborenes Mißtrauen gegen die Zählung, eine Abneigung, von der schon in den ältesten Urkunden berichtet wird und die bis zur Gegenwart die Geschichte durchflicht. Wenn ein Haus, das früher ›Zum Greifen‹ hieß, zur Nr. 55 wurde, so ist das kein simpler Wechsel der Benennung, sondern ein Unterschied, der dem zwischen einer Taufe und einer Registrierung entspricht.*[35]

»Narzißmus« und »Spiritualität« sind das tiefenpsychologische Pendant von »quantitativ – qualitativ«.[36] Der narzißtischen Gesellschaft entspricht die Welt der quantitativen Zahlen, der Vereinzelten, der »Einsen«. Spiritualität ist die Überwindung des Vereinzelt-Seins durch die Rückbindung an das Ganze oder an die anderen. Dem Narzißmus entspricht wiederum das »Außen«: Der Narzißt liebt die Äußerlichkeit. Der Narzißt liebt sein Spiegelbild. Sein »Innen« scheut er, denn seine äußere Eigenliebe entspricht – was die Psychologie längst weiß – einem Eigenhaß. So wie beispielsweise eine »Zwölf« in der quantitativen Zahlenauffassung nur ihre Eigengröße sieht (kleiner als die Dreizehn und größer als die Elf zu sein) und darüber ihren Bezug zur »Drei« oder »Vier«, die ihr symmetrische »Sechs« oder die Zusammensetzung aus »Sieben plus Fünf« übersieht, so sieht der Narzißt nur sein Isoliert-Sein und vergißt mit der »Ich«-Betonung seine sozialen Kontakte, seine Gruppenzugehörigkeit, seine »Qualität« innerhalb des Ganzen. Wie gesagt – Spiritualität wäre diese Einbindung in das Ganze.

Man sieht, daß die Zahl mehr ist als ein bloß realistisch-Zählendes der physikalischen Weltsicht. Die Zahl ist sowohl Mythos (Psychisches) wie Materialität (Physisches). Deshalb handhaben wir die Zahlen nicht bloß als Hilfsmittel unseres Denkens und Rechnens, vielmehr »tun« die »Zahlen« uns in Träumen und Unterbewußtsein »etwas an«: Sie strukturieren unser Unbewußtes und modifizieren unsere Empfänglichkeit für die Welt. Künstler, die (wie einst die Priester) in einer Welt der Mythen und Symbole leben, vermitteln heutzutage am ehesten noch etwas von den Qualitäten der Zahlenwesen. Wer deshalb die »Kunst des Teilens« erleben möchte, der kann neben der Betrachtung der Natur sich mit Kunst auseinandersetzen. Künstler verwirklichen den »Psychismus« einer Kultur: Künstler bringen den gemeinsamen Rhythmus zur Sprache; sie verweisen auf die Einheit, durch die die Mitglieder einer Kultur zusammengehalten werden; sie strukturieren das gemeinsame Zeiterleben. Kultur ist die Kunst des Teilens – des Aufteilens, Einteilens, Zuteilens und Unterteilens. Kultur ist ein spezifischer Grundrhythmus.

Wer sich mit »Zeit« bewußt auseinandersetzt, wird merken, daß er sich immer in der »Kunst des Teilens« übt: »Zeit« ist, wie schon erwähnt, nie in einer absoluten Größe anzugeben, sondern nur in einer Verhältniszahl. Eine »Stunde« ist zum Beispiel ein Vierundzwanzigstel des Tages; eine Woche ein Viertel eines

Mondumlaufs; eine Minute dauert achtzehn Atemzüge. Das sind Verhältniszahlen wie 1 : 24, 4 : 28 oder 18 : 1. Jede Zeitangabe ist eine Verhältnisangabe – sie dokumentiert eine Beziehung zum anderen, eine Qualität.

Die Rhythmen der anorganischen und der organischen Welt

Rhythmus ist die Gliederung von Zeit, Bewegung und Veränderungen im Raum. Rhythmus ist aber auch die Gliederung von scheinbar statischem Raum – vor allem in der organischen Natur, in der das »Werden« oder »Geworden-Sein« sich als materielle Gestalt konkretisiert: Die Lebensgeschichte einer Tanne oder Fichte zum Beispiel ist unmittelbar im Wechsel von Frühholz und Spätholz der Jahresringe im Stamm, oder im gesamten Baumwuchs in den jährlich zuwachsenden Etagen der Seitensprosse sichtbar gemacht. Rhythmus durchwirkt jedes Seiende, denn alles – ob Planet, Lebewesen oder ein Stück Metall – verhält sich wie ein Oszillator: Alles hat einen Rhythmus. Diese Schwingungsform ist die höchste Wirklichkeit des Seienden, das Innengesetz, das geistige Prinzip. Für dieses geistige Prinzip ging dem abendländischem Menschen mit zunehmender Veräußerlichung seiner physikalischen Weltbetrachtung die Sensibilität verloren. Ein »Außen« ohne das rhythmische Innengesetz mußte ihm trotz aller Verfeinerung des Vermessens ein Rätsel bleiben. Novalis: *»Das Äußere ist das in Geheimzustand erhobene Innere.«*

Der Rhythmus als bewegende Kraft liegt nie außerhalb der Dinge, sondern ist eine unmittelbare Eigenschaft von Materie oder Lebewesen. Man kann auch sagen, der Rhythmus (als zeitliche Wirklichkeit in oder unterhalb der Materie) sei das »Bewußtsein« des Seienden. Damit ist allerdings nicht unser verengter Begriff von »Bewußtsein« gemeint, der nur auf die kognitiven Erkenntnismethoden des menschlichen Großhirns zutrifft, sondern ein Begriff von »Bewußtsein«, der alle Formen der Welterfahrung oder Weltzugehörigkeit sowie alle evolutionsfähigen

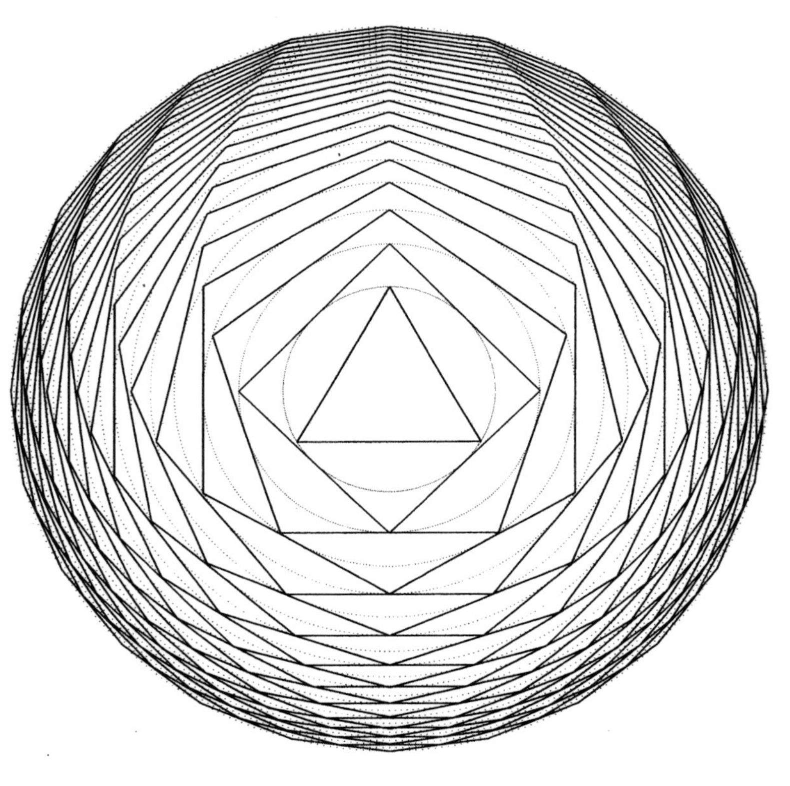

Zahlenbild 5: Regelmäßige Vielecke vom Dreieck bis zum Vierund-zwanzigeck (vgl. S. 271)

»Programme« von Materie oder Lebewesen enthält. »Bewußtsein« ist evolutionsfähig. Dies ist im Wesen des Rhythmischen enthalten, denn Rhythmus heißt immer: Erneuerung. Im steten Erneuern durchsetzt der Rhythmus alles Seiende mit Geist.

Bewußtsein als Zunahme rhythmischer Komplexität

Bewußtsein ist also nicht nur jene kognitive menschliche Leistung, deren Zentrum ein »Ich« darstellt. Bewußtsein ist das rhythmische »Innen« in jedem Seienden, das zu Resonanz, Erkennen, Reaktion und Aktion, oder – bei komplexeren Entitäten wie Pflanze, Tier und Mensch – zum Fühlen, Wahrnehmen und individuellen Handeln befähigt. Es gibt neben den bewußten kognitiven Systemen im Vorfeld immer auch unbewußte kognitive Systeme. Bereits eine Schwingung (egal ob die eines Atoms oder eines Fadenpendels), die sich per Resonanz auf eine andere Schwingung einstimmt, zeigt Reaktion, Aktion – und damit die Anfänge von »Bewußtsein«. Eine Schwingung stimmt sich nämlich zu einer Fremdschwingung bevorzugt im Verhältnis kleiner ganzer Zahlen wie 1 : 1, 1 : 2, 2 : 3 ein (das übrigens den musikalischen Intervallen entspricht). Solche Resonanz eines Rhythmus ist nichts anderes als das Zur-Deckung-Bringen einer neuen Information mit einem bereits angeeigneten Programm, ein Vorgang, den Konrad Lorenz als »Pattern matching« bezeichnet und als grundlegenden Erkenntnisvorgang von Lebewesen beschrieben hat.[37] »Bewußtsein« hat also sowohl ein Wasserstoff-Atom, das sich mit einem gleichen Atom und einem Sauerstoff-Atom dauerhaft zu »Wasser« zu verbinden weiß, wie auch ein Pflanzensamen, dem eine rhythmische Kraft innewohnt, die anscheinend unabhängig von äußeren Einflüssen Monate zu zählen vermag.

C. G. Jung hatte entdeckt, daß beim Menschen das Unbewußte autonom, strukturiert und im »Selbst« zentriert ist, daß es arteigene Programme als stammesgeschichtliche Anpassung oder kollektive Muster enthält und daß es das »Ich« und damit das Bewußtsein reguliert. Das Unterbewußte oder Vor-Bewußte geht dem Bewußtsein voraus. Willy Obrist: *Je mehr man sich in diese Vorgänge vertieft, desto mehr wird ersichtlich, daß das unbewußte psychische System dem bewußten an Leistungsfähigkeit in mancher Hinsicht überlegen ist. Das Bewußtsein hat eben ganz spezifische Funktionen. Es ist aber zu bedenken, daß diese ein einwandfreies Funktionieren des Unbewußten zur Voraussetzung haben.*[38] Das Unter- oder Vorbewußte weiß mehr als das Bewußte: In Träumen wird der Mensch beispielsweise lange vor dem Ausbruch einer Krankheit gewarnt, da das Unterbewußte (vor allem im Schlaf) für innere Konflikte und deren organische Symptome sensibel ist, die dem Bewußtsein noch völlig fern sind.

Wir können definieren: »Bewußtsein« im weitgefaßten Sinne (in dem das Unter- und Vorbewußte enthalten ist) ist ein artspezifisches Programm des Welterfassens. Welterfassen ist ein rhythmisches Prinzip. Welterfassen heißt »Mitschwingen« – am »Wellenden« teilnehmen. Nicht nur der Mensch besitzt die Fähigkeit, am »Wellenden« teilzunehmen, sondern auch das Tier, die Pflanze und (wer wollte bei den fließenden Übergängen eine Grenze ziehen) die elementare Materie. Die Sonderstellung des Homo sapiens besteht darin, daß er in gewissem Umfang sein arteigenes Bewußtsein reflektieren und seine arteigenen Programme individuell modifizieren kann. Daß das Bewußtsein ein rhythmisches Prinzip zu sein scheint, zeigt sich daran, daß es sich vornehmlich in artspezifischen Bewegungsprogrammen äußert: Vom Schwingungsmuster eines Atoms bis zur artgebundenen Rhythmik des Pflanzenwachstums oder den formkonstanten Bewegungsabläufen von Tierarten lassen sich solche Bewegungsprogramme aufs deutlichste erkennen.

Im Nacheinander von Mineralischem, Pflanze, Tier und Mensch als den vier klassischen Stufen der Weltentwicklung (denen oft vier Weltalter bei der Geschichte des Planeten Erde zugeordnet werden) läßt sich die Evolution des »Bewußtseins« nachvollziehen.

Im Bereich des Mineralischen und der elementaren Materie (dem im menschlichen Leib die physische Schicht entspricht) sind die rhythmischen Muster – also das »Bewußtsein« – noch einfach, dauerhaft und stabil gefügt. Eine feste räumliche Ordnung – zum Beispiel in den Molekül- oder Kristallstrukturen – ist charakteristisch. Räumliche Änderung – und damit gerichtete Zeit – kommt nur bedingt vor: beispielsweise bei chemischen Reaktionen, die als zeitliche Prozesse verlaufen, beim Wechsel von Aggregatzuständen (Schmelzen, Verdampfen, Gefrieren), beim Wechsel von Energieniveaus (Aussenden von Photonen, Lichtquanten u. a.). Auch im Bereich der Materie läßt sich die Evolution von »Bewußtsein« als Zunahme rhythmischer Komplexität beschreiben. Dies kann zum Beispiel am Unterschied von Kohle (einer wenig rhythmisierten Form) und Diamant (einer hochgradig rhythmisierten Form) dargestellt werden. *Obwohl beide aus der gleichen Substanz – nämlich Kohlenstoff – bestehen, haben sie doch völlig entgegengesetzte Erscheinungsformen. Repräsentiert Kohle einen relativ amorphen, ungeordneten inneren Molekularaufbau (Zustand), so erkennen wir im Diamanten eine wunderbar geordnete Form, ein hochorganisiertes nahezu geometrisch reinideales Molekulargitter, Ergebnis langfristiger Bildungsprozesse unter Bedingungen höchster Temperaturen und äußersten Druckes. Nur dieser hochgeordnete, »geläuterte« innere Aufbau ist es, der dem Diamanten seine Reinheit, seine Transparenz und sein »Licht« verleiht. So erkennen wir in der Kohle und im Diamanten Erscheinungsformen unterschiedlicher Evolutionsstufen.*[39] In Kurzform: Kohle schwingt in einfachem, der Diamant in komplexerem Rhythmus-Muster.

Im Bereich des Pflanzlichen, der auch im Lebensleib des Menschen als eigene Schicht enthalten ist, kommt mit dem Prozeß des Wachsens und Werdens (als Gegensatz zur vorrangig statischen Rhythmik des Mineralischen) der Zeitvektor – die gerichtete Zeit – als wesenhaftes Element ins Spiel. Im Bereich der Materie war die gerichtete Zeit nur allgemein faßbar – vor allem im zweiten Hauptsatz der Thermodynamik, wonach die Entropie (Unordnung) des Universums mit der Zeit wächst und nicht umkehrbar ist. Die Pflanze, zu deren arteigenem Programm auch die höhere und ausgeprägtere Gestalthaftigkeit gehört, bildet nicht mehr wie Materie, Mineralie oder Kristall »identische« Strukturen aus, sondern beginnt sich zu singularisieren. Während »Quecksilber« mit »Quecksilber« noch in jeder Hinsicht identisch ist (und durch die amorphe Erscheinungsform ohnehin keine Abgrenzungsmöglichkeiten gegeben sind), gibt es zum Beispiel zu einer »Trauerweide« kein Gegenstück, auf das der Grundsatz der Identität anzuwenden wäre. Artgleiche Pflanzen unterscheiden sich durch die differenten Bedingungen des Wachsens, Werdens, Welkens und Vergehens. Die gerichtete Zeit hat die Pflanze zum vierdimensionalen Gebilde werden lassen, demgegenüber sich die vornehmlich dreidimensionale Logik der Materie wie eine Vorstufe ausnimmt.

Der qualitativ bedeutsame Übergang vom Anorganischen zum Organischen ist gleichzusetzen mit dem Übergang vom Unbelebten zum Belebten. Leben definiert sich also dadurch, daß es essentiell durch »Zeit« bestimmt ist. Leben ist Zeitlichkeit. Leben ist gerichtete Zeit. Da »Zeit« sich nur im Rhythmus als der Gliederung von Zeit manifestieren kann, wird hier das Wesen von Rhythmus als »Lebensprinzip« plausibel. Rhythmus ist eine Funktion von Leben.

Im Bereich des Tierischen hat sich die Rhythmik – im Gegensatz zur Rhythmik der Pflanzen – in höhere Komplexitätsordnungen gerückt und wiederum individualisiert. Dies läßt sich unter anderem damit belegen, daß sich die Tiere von kosmischen Rhythmen (zum Beispiel von solar- und lunarperiodischen Rhythmen) entscheidend gelöst haben und eine mehr endogene (innengesteuerte) biologische Uhr in sich tragen: Pflanzen zeigen in Wachstumsstrukturen und in ihren chronobiologischen Mustern eine unmittelbare Abhängigkeit von kosmischen Rhythmen wie etwa dem Gang der Sonne, dem Umlauf von Mond, Merkur, Venus, Jupiter. Im Unterschied zur Pflanze hat sich das Tier eine größere räumliche Freiheit erworben. Die Rhythmik ist dadurch räumlicher geworden (verschiedene Arten des Ganges, Flug- oder Zugverhalten und anderes). Durch die ausgeprägte Motorik können Bewegungen individuell rhythmisiert werden. Anders als beim Menschen bleibt die Rhythmik formkonstant und artgebunden. Das Tier besitzt jedoch bereits einen Zeithorizont, der es ihm erlaubt, Zeitdauern abzuschätzen und das eigene rhythmische Verhalten instinktiv darauf einzurichten.

Der Evolutionsschritt zum Homo sapiens ist der entscheidende und kommt dem Übergang von der unbelebten Natur zum Leben gleich: Mit dem Menschen trat das Bewußtwerden des »Bewußtseins« auf den Plan. Der Mensch trägt zwar die früheren Bewußtseins-Stufen (zum Beispiel das Mineralische des physischen Leibes) in sich, doch bleibt diese hierarchische Ordnung ohne verbindende Übergänge. *Beim heutigen Stand des Wissens über die Natur erscheint der Glaube, man könne eine direkte Brücke von den Elementarteilchen zur menschlichen Psyche schlagen, geradezu naiv, weil diese beiden Gebilde völlig inkommensurabel sind. Die Elementarteilchen traten zu Beginn der Evolution in die Welt, das menschliche Unbewußte hingegen an deren bisherigem Ende. Zwischen beiden liegt eine unermeßliche Zeit fortschreitender Komplexitätszunahme: von Systemsprüngen, wobei – wie man heute zu sehen vermag – bei jedem großen Systemsprung jeweils völlig neue Eigenschaften und Fähigkeiten in die Welt getreten sind.*[40]

Der Mensch hat sich von allen Lebewesen – trotz deutlichster Integration im kosmischen Uhrwerk – von übergeordneten Rhythmen weitgehend »individuell« (also: unteilbar) gemacht. Während er mit seinem physischen Leib und den vegetativen Rhythmen vergleichsweise stark an übergeordnete Rhythmen gebunden bleibt, hat er sich auf der Basis von »Geist«, »Wille« und »Ich« im Bereich des Verhaltens und der Kultur ein komplexes und individuell ausgeprägtes Rhythmengefüge zugelegt. Dennoch darf der Rhythmus des Kulturellen nicht individualistisch gewertet werden: In hohem Maß bleibt diese Rhythmik vom kollektiven Unbewußten und von artspezifischen rhythmischen Programmen gesteuert. Am Beispiel des Sprechens, das stets unmittelbarer Ausdruck eines kulturspezifischen Rhythmus ist, ist dieses arteigene Moment gut belegt.

Die anorganische Welt bietet dem menschlichen Zeitbewußtsein gliedernde Rhythmen an, deren Fülle und wahnwitzige Gegensätzlichkeit jedes Fassungsvermögen übersteigt: Den riesigen Dimensionen galaktischer Oszillationen steht im atomaren und subatomaren Bereich ein Mikrokosmos von unendlicher Winzigkeit gegenüber. Sich über diese Fülle des »Wellenden« immer wieder klarzuwerden hat die läuternde Wirkung eines Gebets oder einer Gotteserfahrung. Vielleicht war dies der Grund, weshalb buddhistische Gelehrte im alten Indien so gerne mit Zahlenwerten im Bereich der Millionen, Milliarden und Billionen rechneten? Einige Zeitzahlen: Unser Universum ist mehr als 10 000 000 000 (10^{10}) Jahre alt, unsere Erde mehr als 1 000 000 000 (10^{9}) Jahre. Zu den genauer meßbaren Pulsationen gehört das »Weltenjahr« mit seinen 25 920 Jahren, in denen die geneigte Erdachse (Ekliptik) einmal durch den Fixsternhimmel des Tierkreises zieht (wobei immer wieder ein anderer Stern zum Polarstern wird) und in der »Präzession« der Frühlingspunkt dem Jahresgang der Sonne entgegenrückt. Im mikrokosmischen Bereich schwingen die Lichtwellen im Bereich von 390 bis 780 billionenmal pro Sekunde, die Röntgenstrahlen schwingen noch schneller von 10 000 000 000 000 000 (10^{16}) bis 1 000 000 000 000 000 000 (10^{18}) Schwingungen pro Sekunde. Intraatomare Bewegungen haben Schwingungen zwischen 10 000 000 000 000 000 000 000 (10^{22}) und 10 000 000 000 000 000 000 000 000 (10^{25}) pro Sekunde; dabei entfalten sich ungeahnte Geschwindigkeiten: Protonen und Neutronen jagen mit etwa 60000 Kilometern pro Sekunde durch den Atomkern. Kosmische Strahlungen pulsieren ab 100 000 000 000 000 000 000 000 000 (10^{26}) Schwingungen pro Sekunde bis weit in nicht mehr meß- oder abschätzbare Bereiche.

Solche Zeitzahlen der anorganischen Natur sich vorzustellen überfordert unsere Möglichkeiten. Im räumlichen Bereich (also bei Raumzahlen) scheint es dem Menschen noch besser zu gelingen. Am Beispiel der »Loschmidtschen Zahl« erläutert, welche angibt, wieviele Atome sich in einem Gramm Masse (in einem »Grammatom«) befindet: Ein Gramm enthält 6,02295 mal 10^{23} Atome. Um sich diese Anzahl Atome vorzustellen, kann man sich eine Straße aus Millimeterpapier von der Erde zur Sonne gespannt denken: wenn in jedem Quadratmillimeter ein Atom läge, dann müßte diese Straße etwa 4000 Kilometer breit sein!

Im Unterschied zur Welt der Atome und der Welt der Fixsterne und Galaxien sind die kosmischen Rhythmen von Sonne, Mond, Erde und den anderen Planeten unseres Sonnensystems dem Menschen vorstellbarer. Sie sind in seinem Erfahrungs- und Lebensbereich angesiedelt. Umgekehrt ließe sich auch sagen: Der Mensch und die anderen Lebewesen der Erde haben ihre Zeitstrukturen aufgrund der durch Sonne, Mond, Erde und Planeten vorgegebenen Rhythmen ausgebildet.

Merkur und Venus sind sonnennäher als die Erde und erscheinen dem erdgebundenen Menschen (also einer geozentrischen Planetenauffassung gemäß) als vergleichsweise rasche Rhythmen: Der Merkur hat einen synodischen Rhythmus von 116 Tagen, der dreimal im Jahresgang der Sonne enthalten ist, wobei es zu sechs Konjunktionen (Überschneidungen, Kreuzungen) mit der Sonne kommt. Diese Sechszahl der Merkurbewegung wird sich noch als bedeutsam zeigen. Die Venus hat einen synodischen Rhythmus von 584 Tagen, was über den Jahresrhythmus hinausweist. Die Venus ist durch die Qualität der Zahl »Fünf« charakterisiert: Ihr synodischer Rhythmus beträgt $5/8$ eines Jahres. In acht Jahren kommt es zu fünf mit dem Auge leicht verfolgbaren oberen Konjunktionen mit der Sonne, nach denen sie dann als »Morgenstern« langsam in östlicher Richtung wandert.

Auch untereinander bilden die Planeten Rhythmen aus: Die Synode der Venus von 584 Tagen steht zur Synode des Merkur von 116 Tagen im Verhältnis 5 : 1 – womit wiederum die »Fünfhaftigkeit« der Venus dokumentiert ist. Jeder Planet tritt außerdem auch mit dem terrestrischen Mond in eine rhythmische Beziehung: Die Venus hat beispielsweise mit dem Mond nur eine unausgeprägte Rhythmik, wohingegen der Merkur-Rhythmus von 116 Tagen die ungefähre Mondsynode von 29 Tagen genau viermal in sich enthält (4 mal 29 = 116).

Der Mars ist nach der Erde der nächste sonnenfernere Planet. Seine synodische Umlaufzeit beträgt 2 Jahre und 50 Tage. Jupiter und Saturn, die anderen sonnenferneren Planeten, die man noch mit bloßem Auge am Abendhimmel erkennen kann, lassen sich besser mit der siderischen Umlaufzeit (also mit dem Bezug zum Fixsternhintergrund) angeben als mit der synodischen Umlaufzeit (dem Bezug zum Zentralpunkt Sonne). Die siderische Periode des Jupiter beträgt zwölf Jahre (genau: 11,84 Jahre), die des Saturn 29 Jahre (genau: 29,46 Jahre). Alle Planeten untereinander sowie in bezug zu Sonne, Mond und dem »geozentrisch« auf der Erde sich befindenden »Ich« des Menschen bilden ein komplexes Rhythmengefüge mit Verhältnissen, Schnittpunkten und Knoten, dessen Darstellung nur im Rahmen eines Astronomiebuches möglich wäre. Für uns bleibt vor allem der Hinweis wichtig, daß dieses komplexe Rhythmengefüge des Kosmos sich in der biologischen Uhr und dem rhythmischen Verhalten von Lebewesen aufs deutlichste widerspiegelt.

Daß die Zeitdauern der rhythmischen Segmente sich nie in mathematisch exakten ganzzahligen Verhältnissen in Beziehung setzen lassen, macht das Wesen natürlicher Rhythmik (und den Unterschied zum abstrakt zählenden »Takt«) aus: Die »Elastizität« ist das erneuernde Moment des Rhythmus, das ständig zu Veränderung, Bewegung, Evolution – eben zu »Leben« zwingt. Selbst die Erdrotation, auf die der Tag-Nacht-Wechsel als Ur-Rhythmus irdischen Lebens zurückgeht, ist elastisch: um 0,0016 Sekunden pro Jahrhundert wird nach neuester Messung die Erdumdrehung langsamer. Zu Beginn des Jahres 1991 wurde eine zusätzliche »Sekunde« als Ausgleich für die Verlangsamung der Erdrotation eingeschoben. Die Erdkugel erscheint uns immer mehr wie ein lebender (also sich verändernder Organismus). Wir stehen Tag für Tag nicht auf toter Materie, sondern – wie in Michael Endes *»Unendlicher Geschichte«* der Bastian auf dem Rücken der Schildkröte Morla – auf pulsierendem Boden: Der Erdball schwingt, da er weitgehend aus flüssig-kochender Materie besteht, mit einer Frequenz von 7,8 Hertz, den sogenannten »Schumannwellen«. Auch diese Frequenz strukturiert den Menschen: Man findet sie in den Thetawellen des Gehirns oder in der Rhythmik eines als »schön« oder »angenehm« empfundenen Vibratos in der Musik wieder.

Zu den »krummen«, aber lebenzeugenden Rhythmen des Kosmos gehört auch der elfjährige Sonnenflecken-Zyklus. Dieser beeinflußt die Schwankungen des Erdmagnetismus (bis hin zum »Sturm« oder »Gewitter« im Magnetfeld), die Häufigkeit der Lichterscheinungen an Nord- und Südpol, die Großwetterlage und das Wachstum von Pflanze und Tier. Die Zahlen elf, zweiundzwanzig und dreiunddreißig sind deshalb »Sonnenzahlen«, die in vielen Kulturdokumenten besondere Bedeutung haben: Christus wurde dreiunddreißig Jahre alt; in Kabbala und Numerologie dürfen die »Sonnenzahlen« – da sie als »Meisterzahlen« gelten, nicht weiter rückgeführt werden; Kernzahl des *Tao* ist die Elf; beim Fußballspiel – einem Relikt der Sonnenkulte – gibt es elf Spieler.

Die Rhythmen der Pflanzen

> *Du siehst, mein Sohn, zum Raum wird hier die Zeit.*
> Richard Wagner: »Parsifal«

Mit dem Werden und Wachsen der Pflanzenwelt kommt als Erweiterung der »einfach-periodischen« Zyklen von Kosmos und Materie etwas Neues ins Spiel: die gerichtete Zeit, die im 1, 2, 4, 8, 16, 32... der Zellteilung ein symbolhaftes Pendant findet. Pflanzen haben noch das zyklische »Zeitbewußtsein« der Mineralien in sich, worauf jetzt aber der gerichtete Zeitvektor des Lebendigen gründen kann. Dieser Zeitvektor ist allerdings strukturiert: durch die umfassenden (und deshalb mächtig wirksamen) kosmischen Rhythmen von Sonne, Mond, Erde und Planeten. Eine »Tulpe« kann allenfalls als fotografische Momentaufnahme oder als Begriff ein festes Gebilde sein. In Wirklichkeit trägt die

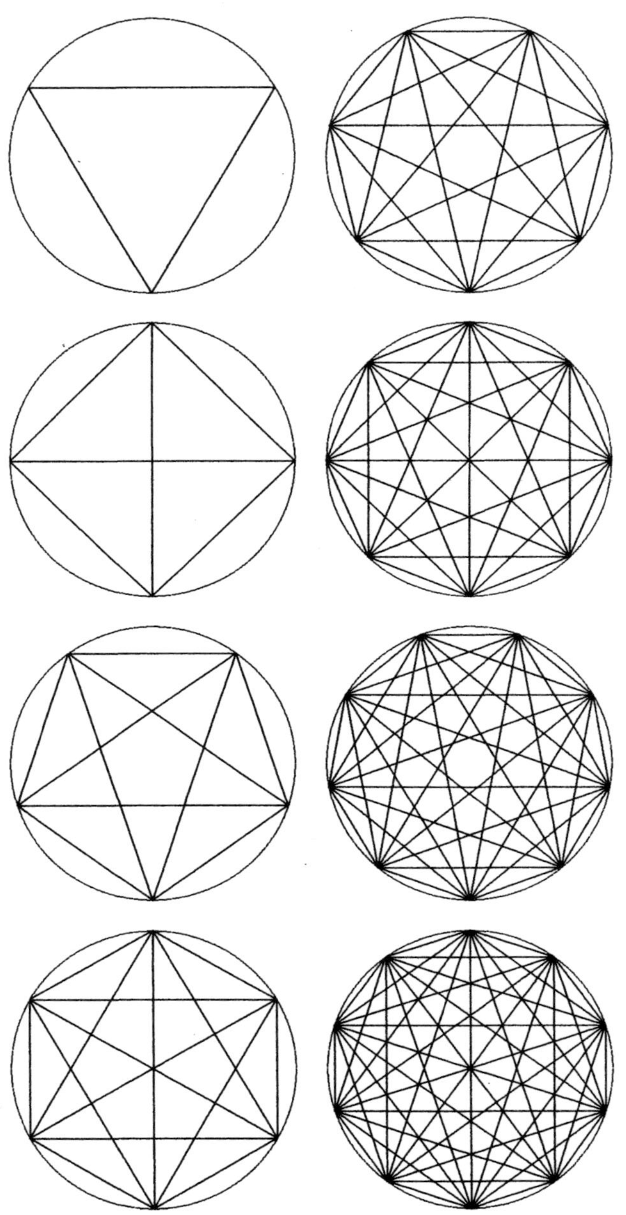

Zahlenbild 6: Vielecksterne vom Dreieck . . .

... bis zum Achtzehneck (vgl. S. 272)

»Tulpe« stets ihre Zeitlichkeit in sich, die sie von Sekunde zu Sekunde oder von Tag zu Tag eine andere »Tulpe« sein läßt, eine junge Tulpe, eine ältere Tulpe, eine welkende Tulpe ... aber niemals »dieselbe« Tulpe.

Pflanzen werden beim Akt des Wachsens (und somit in der fertigen Gestalt als Verräumlichung des Wachstums) von kosmischen Rhythmen geprägt. Am auffälligsten ist sicher der Bezug zur energiespendenden Sonne, der sich in Hauptsproß und Stengel konkretisiert: In dem Sich-nach-oben-Entfalten des Stengels wird das von Frühjahr zu Sommer charakteristische Hohersteigen des Sonnenstandes abgebildet. Stengel und strahliges Blattwerk sind Abbild der Sonne. Die Pflanze richtet sich – was jeder Hobbygärtner schnell weiß – im Tageslauf immer nach dem Stand der Sonne aus (Phototropismus). Die Einflüsse der Mondperioden auf die Entwicklung der Pflanzen sind weniger spektakulär (Ausnahme bei den typischen Nachtschattengewächsen). Sie gehören jedoch zum Urwissen der bäuerlichen Kulturen. Aussaatversuche haben in neuerer Zeit auf gesicherter Basis gezeigt, wie Keimbildung sowie die Ausbildung einzelner Pflanzenteile von den Lunationsperioden abhängig sind.[41]

Planetarische Rhythmen in der Pflanzenwelt sind keine Hirngespinste astrologisch orientierter Zeitgenossen. Sie zeigen sich vielmehr mit differenzierter Genauigkeit.[42] Die »Tulpe« beispielsweise – um bei unserer Modellblume zu bleiben – verkörpert einen deutlichen Merkureinfluß. Ihre Blätter, die ohne Stiel aus dem Sproß wachsen, zeichnen die sechs Konjunktionen des Merkur als ein Hin- und Herbewegen um die Sonne dar. Die Blüte enthält in ihrer Sechsblättrigkeit ebenfalls einen klaren Bezug zur Sechshaftigkeit der Merkurbewegung: *So wie der Merkur bei seinem Gang mit der Sonne durch den Tierkreis sechsmal in die Umgebung der Sonne heraustritt, entstehen aus der Blütenachse die sechs Blütenblätter. Nach den drei oberen Konjunktionen tritt der Merkur nur relativ langsam aus dem Sonnenbereich heraus und bewegt sich dabei auf die Erde zu; nach den drei unteren Konjunktionen strebt er von der Erde weg rasch in den Sonnenumkreis hinaus. Dementsprechend gehen drei Blütenblät-*

ter etwas tiefer, d. h. der Erde genähert, drei etwas höher aus der Blütenachse hervor. Die drei inneren (höheren) Blütenblätter weiten sich als Ausdruck der schnelleren, von der Erde sich entfernenden Merkurbewegungen in ihrer ganzen Gestalt auch stärker zur Umgebung.[43]

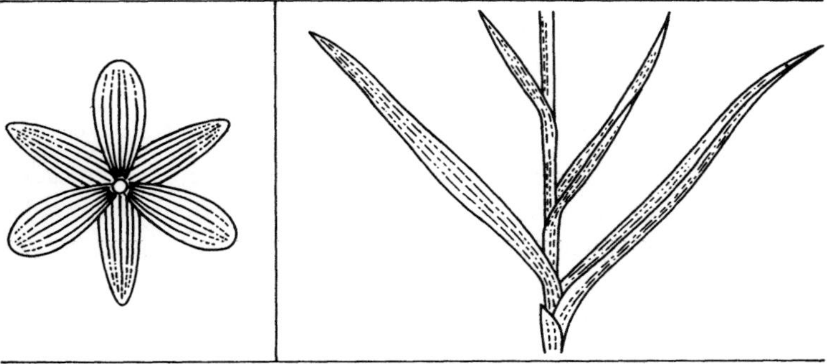

Die sechs Blätter der Tulpenblüte

Die Blätter am Sproß einer Orchideen-Art, welche die Hin- und Herbewegungen des Merkur nachbilden.

Die Venus mit der Fünfhaftigkeit ihrer Himmelsbewegungen (für den geozentrisch erlebenden Betrachter) beherrscht vor allem die zweikeimblättrigen Pflanzen. Fünf Kelchblätter und fünf Blütenblätter sind spiralig angeordnet. Die Spiralform weist dabei auf die zeitliche Folge der Blattentstehung hin. Der Jupiter mit seiner Umlaufzeit von zwölf Jahren beeinflußt vor allem die Bäume – zum Beispiel im einzelnen Organ der Samen- und Fruchtbildung, vor allem aber im gesamten Wuchs: Jahr für Jahr bildet sich ein neuer Abschnitt, sei es durch einen immer neu weiterwachsenden Trieb, oder sei es durch eine jahresspezifische Verzweigung; nach elf Jahren (also innerhalb eines Jupiterumlaufs) bildet der Laubbaum dann seine typische Wuchsform aus.

Der Saturn, dessen langer Zyklus von 29 Jahren in zeitlichem Dauern jenes »hemmende Prinzip« ausdrückt, das astrologisch dem Saturn zugesprochen wird, »hemmt« pflanzliche Entwicklung. Ernst Michael Kranich macht einsichtig, wie diese Hemmung im Prinzip des »Samens« und der von Luft und Sonne recht unabhängigen »Nadelbäume« (die unter reduziertesten klimatischen Bedingungen zu leben wissen) zum Tragen kommt: *Die die Samenbildung beherrschenden Kräfte – die Hemmung des Wachstums im Keim, das Übergehen in die Dauer durch die austrocknende Wirkung der Wärme, das Sich-Lösen vom Sonnenrhythmus – durchziehen in den Nadelbäumen die ganze Pflanze. Die Samen gehen gleichsam aus dem gehemmten Leben der Nadelbäume hervor; diese sind gewaltige Bilder derjenigen Kräfte, die im Samen wirken.*[44]

Die Formensprache der Sträucher (vor allem der Beerensträucher heimischer Gärten) ist vom Mars geprägt. Seine Himmelsbewegungen wie auch seine symbolische Grundbedeutung als aggressiv-individualistische Yang-Energie finden sich vor allem in den bogenförmigen, stachlig bewehrten Trieben, deren meterlange Bögen die weit von der Sonne wegstrebende Marsbewegung nachzeichnen. Der zweijährige Zyklus konkretisiert sich dabei unmittelbar in der Zweijährigkeit dieser Pflanzenrhythmen: Im ersten Jahr wachsen – zum Beispiel bei der Brombeere – die Triebe im weiten Bogen zur Seite und schlagen dort (analog zur Erdannäherung des Mars wieder an der Erde ankommend) neue Wurzeln. Im zweiten Jahr entstehen die nunmehr sonnenorientierten Blütentriebe. Zweijährig ist auch die Rhythmik des Stachelbeerstrauches, der im ersten Jahr allerdings sonnenorientiert steil nach oben wächst und dessen Blüten im zweiten Jahr sich – analog zur Sonnenopposition des Mars – von der Sonne weg zur Erde wenden (und deshalb meist klein und grün bleiben).

Neben den umfassenderen kosmologischen Zeitstrukturen der Botanik, die in der universitären Forschung trotz ihrer Offensichtlichkeit noch wenig beachtet sind, haben Pflanzen vor allem eine auf Tages- und Jahreszeitenrhythmik abgestimmte »physiologische Uhr« in sich. Diese »Uhr« wird zum einen von den äußeren (exogenen) Rhythmen des Kosmos (vor allem von der Tag-Nacht-Rhythmik) bestimmt, zum anderen jedoch von inneren (endogenen) Rhythmen, die als artspezifisch-individualisierte Rhythmen bezeichnet werden können. Die Chronobiologie ist heute bereits ein so umfangreicher Forschungszweig geworden, daß die Forschungsergebnisse kaum mehr zu überblicken sind. Oft genannter Begriff der Chronobiologen ist »circadian«, was soviel wie »ungefähr ein Tag« bedeutet (von »circa« = ungefähr, und »dies« = Tag). Circadiane Rhythmen von beispielsweise 23 oder 26 Stunden weisen darauf hin, daß die biologische Uhr »innengesteuert« (endogen) und unabhängig von der aktuellen Synchronisation durch den 24stündigen Tag-Nacht-Rhythmus ist. Der französische Astronom Jean de Mairan hatte dieses Phänomen bereits 1729 entdeckt. Circadiane Rhythmik ist in der Frühphase der Artentwicklung durch die damalige Tag-Nacht-Rhythmik entstanden, hat sich dann als vererbbares Programm von der Außeneinwirkung unabhängig gemacht. Im Experiment kann das »Freilaufen« des circadianen Rhythmus mittels künstlicher Beleuchtung leicht beobachtet werden: Selbst wenn der Tag-Nacht-Wechsel experimentell umgekehrt wird, behalten die Pflanzen durch ihren endogenen Zeitgeber die typischen Blattstellungen des natürlichen Tag-Nacht-Rhythmus bei.

Circadiane Uhren wurden zuerst bei Pflanzen, dann bei Tieren und Menschen entdeckt. Jeder mehrzellige Organismus hat eine physiologische Uhr als Steuermechanismus. Diese konnte jedoch nirgendwo mit Eindeutigkeit lokalisiert werden. Aus der Gesamtheit der chemischen Vorgänge im Körper scheint sich das interne Zeitbewußtsein zu konstituieren. Neben dem circadianen Rhythmus gibt es je nach Standort der Pflanzen auch circalunare (ursprünglich vom Mond programmierte), circatidale (ursprünglich von den Gezeiten programmierte) und circaannuale (vom Gang der Jahreszeiten programmierte) Rhythmen.[45]

Die Evolution entwickelte »biologische Uhren«, um Organismen effizient in ihre Umgebung einzugliedern. Die Uhr trifft »Vorsorge«, indem aufgrund ihrer Periodizität die Zukunft beeinflußt wird. Arterhaltung, Maximierung der Energieaufnahme oder (bei Tier und Mensch) Nahrungsaufnahme sind durch die biologischen Uhren garantiert. Diese sind vor allem im Pflanzenbereich (wo die Rhythmik strukturbildender ist als im mobileren

Tierreich) von äußerster Präzision: So wurden zum Beispiel »Blumenuhren« gepflanzt, von denen nach dem artspezifischen Öffnen der Blütenkelche die tägliche Uhrzeit abgelesen werden kann. Solche Blumenuhren funktionieren wegen der endogenen Steuerung auch unabhängig vom realen Sonnenlicht bei künstlicher Beleuchtung. Die Braunalge »Dictyota dichotoma« (um ein weiteres Beispiel zu nennen) pflanzt sich nur zu wenigen Stunden des Jahres fort: an zwei Tagen des Mondzyklus, nur im Spätsommer und nur zu einer bestimmten Tageszeit. Die Fortpflanzung geschieht auch hier endogen und kann deshalb im Laboratorium ohne unmittelbare Einwirkung der Gezeiten sowie des sichtbaren Mondes simuliert werden.

Die Rhythmen der Tiere

Da die Pflanze stets fest an einen Standort gebunden ist, wird sie in höherem Maße von den äußeren Rhythmen des Kosmos strukturiert als ein Tier. Tiere haben durch ihre Mobilität einen individueller gestaltbaren Bewegungsradius. Ihre Rhythmik ist im Vergleich zur Pflanze stark individualisiert. Diese Individualisierung ist aber artspezifisch gebunden: Das einzelne Exemplar einer Tierart kann sich nur im Rahmen der artspezifisch zugelassenen Verhaltenspatterns rhythmisch äußern. Auch fehlt dem Tier im Unterschied zum Menschen jegliche Einsicht in sein zeitspezifisches Verhalten im Sinne eines sich selbst reflektierenden Bewußtseins.

Wie die Pflanzen ist das Tier auch mit einer physiologischen Uhr ausgestattet, die sich in den Jahrtausenden der Artentwicklung zur endogenen Funktionsweise entwickelt hat. Tiere tragen damit pflanzliche Strukturen in sich.

Die circadiane Rhythmik ist auch bei den Tieren die dominante Achse des Zeitverhaltens. Flugzeiten bei Vogelarten oder Jagdinstinkte bei Säugetieren werden zum Beispiel nach einem außenweltunabhängigen Tag-Nacht-Rhythmus reguliert. Dieses endogene Programm ist im Unterschied zur Pflanze jedoch änderbar und erlaubt eine individuellere Anpassung an die Umwelt. Im Experiment läßt sich zeigen, daß das artspezifische Zeitprogramm in einem Lernprozeß – also durch eine Leistung des Großhirns – konditioniert werden kann. Die einschlägigen Dressurversuche, bei denen unter anderem auf Zeitintervalle zu reagieren war, sind bekannt (Zelennji 1907; Pawlow 1929; Feokritow 1912; Bykow 1936)[46] und weisen nach, daß Tiere einen dem Menschen vergleichbaren »Zeithorizont« besitzen und »Zeit« durchaus schon kortikal synthetisieren können. Tiere können Zeitdauern unterscheiden. Affen können sogar lernen, zwischen Dauern von 1,5 Sekunden und 2,25 Sekunden zu unterscheiden.[47]

Die Tiere unterscheiden sich von der Pflanzenwelt vor allem durch das physiologische Charakteristikum, mittels Atmung und Blutkreislauf die Energiezufuhr durch Verbrennung von Sauerstoff in Gang zu halten. Die dabei entstehende konstante Körpertemperatur ist vor allem bei den höher entwickelten Tierarten (Warmblütler) wichtige Grundlage der Ausbildung von Individualität oder (beim Menschen) von »Ich«-Bewußtsein: Durch die eigene Körpertemperatur macht sich der Organismus von den klimatischen Bedingungen der Außenwelt unabhängig. Diese Unabhängigkeit erlaubt die Ausbildung eines körpereigenen Rhythmusgefüges. Atmung und Blutkreislauf (Herzschlag und Puls) sind jedoch nicht nur Stabilisatoren der Individualität, sondern eine wichtige Zeitachse des tierischen (und menschlichen) Körpers.

Das Koordinatensystem von Atem und Puls ist Grundlage der Zeitwahrnehmung von Tier und Mensch. Beim Menschen ist das Verhältnis 1 : 4 von Atemzügen (18 pro Minute) und Puls (72 pro Minute) geradezu der Stabilisator seines »Ichs«. Atem und Puls geben im Körper so etwas wie die »Normalzeit« an: Schnellere und langsamere Oszillationen werden von hier aus gewertet und als emotional auffällig (»unruhig«, »gereizt«, »bedrückend«, »schleppend«, »hektisch« . . .) empfunden. Es ist interessant, sich einmal die Oszillationen in den Tierkörpern zu vergegenwärtigen[48]: Die Pulsschläge pro Minute betragen zum Beispiel beim

Krokodil 10, beim Elefanten 30, beim Frosch 40–50, beim Rind 50, bei Schaf und Schwein 75, beim Kaninchen (in Ruhe) 200, bei der Katze 110–130, beim Affen 140. Die Atemzüge pro Minute betragen bei einem Pelikan nur 4, bei einem Kondor 6, bei einer Taube 30–60.

Trotz dieser körpereigenen und bereits individualisierten Leistungen bleibt das Rhythmengefüge, in dem sich tierisches Leben zu konkretisieren hat, immer noch stark von den kosmologischen Rhythmen bestimmt. Der Tag-Nacht-Wechsel beeinflußt zum Beispiel Körpertemperatur, Atmung und Blutzirkulation – damit also die emotionale Grundbefindlichkeit. Die circaannuale Uhr bestimmt bei Zugvögeln (auch im Experiment unter künstlichen Bedingungen) die gesamte Physiologie (Flugverhalten, Brutverhalten, hormonelle Disposition). Abflug- und Wiederankunftstermin können bei Zugvögeln bis auf den Tag genau über längere Jahresspannen hinweg identisch sein. Pelztiere passen sich im jahreszeitlichen Rhythmus der veränderten Landschaft an, wie zum Beispiel die arktischen Füchse, die im Sommer einen braunen, im Winter einen weißen Pelz tragen. Das Schlüpfen von Insekten- oder Schmetterlingsarten erfolgt nicht nur im jahreszeitlichen Rhythmus, sondern zudem zu genau programmierten (aber je nach Tierart verschiedenen) Tageszeiten. Geflügelte Tiere sind – dem Verbleiben in sonnennäheren Regionen gemäß – stark vom Rhythmus der Sonne bestimmt: Viele Vögel beginnen zu einem exakt festgelegten Zeitpunkt bereits vor dem Sonnenaufgang mit ihrem Morgengesang.

Insgesamt zeigt die Tierwelt in ihrer Zeitlichkeit eine faszinierende Mischung aus kosmisch vorgegebener Rhythmik und einer bereits hochgradig – zu Verhaltensmustern des Menschen hinweisenden – individualisierten Rhythmik. Tiere, die ihre Atmungsorgane zu emotionaler Lautgebung benutzen, sind hierbei besonders individualisiert. Stumme Tiere bleiben mehr von kosmischen Rhythmen außenbestimmt.

In seiner etwa zwölf Millionen Jahre alten Entwicklungsgeschichte ist der menschliche Organismus zu einer förmlichen »Symphonie« von Rhythmen geworden. Diese Rhythmen sind in einer derart präzisen Weise koordiniert und synchronisiert, daß selbst der raffinierteste Schweizer Uhrmacher davon nicht einmal zu träumen wagte. Im Gegensatz zu Pflanze und Tier laufen viele Rhythmen nicht unterbewußt in Gleichförmigkeit ab, sondern können vom sich selbst erkennenden Menschen (der das erkenntnistheoretisch bedeutsame Unterscheiden von »Ich« und der übrigen Welt als »Nicht-Ich« vollziehen kann) willentlich gesteuert und individualisiert werden. Typisch hierfür ist die Individualisierung des menschlichen Geschlechtslebens, das weitgehend vom tierischen Brunftzyklus abgelöst ist.

Die Zyklen des Menschen gehören Systemen unterschiedlichster Komplexität an, wobei die jeweils repräsentierten Zeitdauern von extremer Gegensätzlichkeit sind: Da gibt es den Sieben-Jahre-Rhythmus in den Entwicklungsphasen von Körper und Bewußtsein; da gibt es aber auch das mikrokosmische Oszillieren der Atome und Moleküle im Körper. Um diese Vielfalt zu entwirren, ist es wiederum sinnvoll, sich an der phylogenetischen Folge von mineralischer, pflanzlicher, tierischer und spezifisch menschlicher Schicht in diesem rhythmischen Räderwerk zu orientieren. Die mineralische Schicht verbindet den Menschen mit der Materie. Ihre rhythmische Organisation erlebt er nicht bewußt, da sie die Voraussetzung seines Lebens darstellt. In manchen Körperteilen ist die Verbindung zur anorganischen Welt faßbar ausgeprägt: *Besonders typisch sieht man dies an den Zellen der Linse im Auge, die deutlich die hexagonale Form des Bergkristalls zeigen. In diesem Organ durchdringen sich gewissermaßen die organischen Kräfte der Zellen und die mineralischen Kräfte der Kieselsäure in der Weise, daß ein gewisses Gleichgewicht resultiert. Die Zelle nimmt die Form des Bergkristalls an, sie bekommt dadurch seine Durchsichtigkeit, verliert aber dabei weitgehend ihre Lebendigkeit. Daß die Linse dem Unorganischen sehr nahe steht, zeigt sich auch daran, daß sie im höheren Alter so sehr der Gefahr der Star-Erkrankung ausgesetzt ist, d. h. der Trübung infolge zu starken Mineralisierens.*[49]

Für das Zeitempfinden des Menschen bleiben die mikrorhythmischen Prozesse der mineralischen oder niederen pflanzlichen Stufe ohne Bedeutung: Wer vermag schon, den endlosen Kreislauf von Geburt und Tod in sich zu verspüren, wenn in jeder Sekunde über zwei Millionen rote Blutkörperchen entstehen und absterben? Wer verspürt in sich das Entstehen und Absterben seiner Körperzellen im Rhythmus von durchschnittlich 110 Tagen? In der tiefenpsychologischen Struktur des Menschen scheint allerdings noch etwas vom Wissen um seine anorganische Schicht vorhanden zu sein, wenn das »Es« nach Sigmund Freud die Funktion des Anorganischen mit »Wiederholungszwang«, »Mechanischem« und »Statik« repräsentiert. In der bildenden Kunst kommt dies zum Ausdruck, wenn Künstler mit dominanter »Es«-Funktion Ornamente, starre Muster und eine tote oder technisierte Umwelt statt individueller Lebewesen als Motive benutzen. Die Inhalte des Anorganischen wie »Abstraktion«, »Verhärtung«, »Vereisung« oder »Versteinerung« sind vor allem bei der Neurotisierung der »Es«-Funktionen in den Werken bildender Künstler vorherrschend.[50]

Mit der Pflanzenwelt hat der Mensch die gerichtete Zeit von Wachsen und Vergehen sowie die grundlegenden Rhythmen seiner »biologischen Uhr« gemeinsam. Kosmische Rhythmen waren bei der Programmierung dieser Uhr die Zeitgeber. So läßt sich zum Beispiel das circadiane Intervall von 25 Stunden, das sich beim freien Wachen-Schlafen in isolierten Räumen experimentell feststellen läßt, zum einen auf den 24stündigen Sonnentag rückführen, zum anderen aber auch auf die 24,8 Stunden eines Mondtages.[51] Die Bedeutung der Mondrhythmik (die auf nächtliche und unterbewußte Vorgänge verweist) wird vom Wach-Bewußtsein des Menschen konstant unterschätzt. In der biologischen Uhr ist der Mondeinfluß jedoch sehr wirksam: Geburt und Tod scheinen durch einen charakteristischen Phasenunterschied von 180° mit dem Mondzyklus verbunden zu sein. Knaben- und Mädchengeburten sind statistisch signifikant an den zubeziehungsweise abnehmenden Mond gekoppelt. Neurologen wissen vom Mondeinfluß auf Stimmungsschwankungen, psychische Labilität und Depressionen. Die Kriminalstatistik erweist sich als eine direkte Funktion des Mondumlaufs.[52] Das »Prinzip Frau«, das mit der Mondsymbolik eine wesenhafte Ähnlichkeit aufweist (während die der Sonne zugeordneten Eigenschaften wie Wachheit, Aktivität, Durchsetzung, Rationalität eher das männliche Prinzip verkörpern), scheint auf Mondeinflüsse in höherem Maße zu reagieren. In der Parallelität von Mondzyklus und weiblichem Menstruationszyklus ist dies offen dokumentiert. Neben dem circadianen und circalunaren Rhythmus gibt es auch circaannuale Rhythmen: Beispielsweise findet in den Frühlingsmonaten mit zunehmendem Längerwerden der Tage eine Reduktion des Melatonin-Ausstoßes durch die Zirbeldrüse statt, wodurch sich die durch dieses Hormon bewirkten Gefühle der Niedergeschlagenheit mindern – die vielbesungenen »Frühlingsgefühle« stellen sich nun ein!

Mit der Rhythmik tierischen Lebens hat der Mensch gemeinsam die erste Stufe einer Individualisierung der exogenen Rhythmik des Kosmos und der endogenen Rhythmik der physiologischen Uhr. Vor allem die vegetativen Funktionen bleiben unbewußt und endogen geregelt: Körper- und Hauttemperatur steigen in einer festgelegten Periodizität. Die Ausscheidung von Kalium ist immer um die Mittagszeit am höchsten. Nieren und Urinausscheidung funktionieren präzise nach der Tag-Nacht-Rhythmik. Die Rhythmik der biologischen Uhr kann vom Menschen in einem Konditionierungsprozeß überformt werden, was bei Nachtarbeit oder bei Flugreisen über verschiedene Zeitzonen hinweg zu beobachten ist. Der Prozeß der Konditionierung stellt jedoch immer eine körperliche Streßsituation dar und führt in der Regel zu vegetativen Beschwerden.

Atem und Herzschlag (Puls) sind jenes individualitätsstabilisierende Koordinatensystem des eigenen Zeitgefühls, das erstmals im tierischen Organismus auftritt und auch beim Menschen bedeutsam ist: Die 18 Atemzüge und 72 Herzschläge pro Minute bilden das Verhältnis 1:4, dessen »Vierhaftigkeit« und sozusagen quadratische Prägnanz für die Stabilität eines ausgereiften »Ich«-Bewußtseins steht. Folgerichtig reift dieses 1:4-Verhältnis im menschlichen Organismus erst mit der Pubertät. Ein neugeborenes Kind bildet mit seinen durchschnittlich 36 Atemzügen und 120 bis 140 Herzschlägen pro Minute ein Verhältnis von etwa 1:3,3 aus; ein einjähriges Kind mit etwa 30 Atemzügen und 110 Herzschlägen ein Verhältnis von 1:3,6 ; ein siebenjähriges Kind mit etwa 20 Atemzügen und 90 Herzschlägen ein Verhältnis von 1:4,5. Die Änderung von Atem- und Pulsfrequenz bewirkt immer auch eine Änderung der emotionalen Befindlichkeit bis hin zur Änderung der Persönlichkeitsstruktur, was bei den Harmonisierungsversuchen von Leib und Seele in der Atemtherapie eine zentrale Rolle spielt.

Das Verhältnis von Atem und Herzschlag ist kein willkürliches Verhältnis, sondern scheint Resonanz kosmischer Rhythmen zu sein, worauf vor allem in der anthroposophischen Forschung verwiesen wird[53]: In den 24 Stunden eines Tages macht der Mensch idealiter 25 920 Atemzüge. Dieses Verhältnis von Menschenatem und Erdentag kehrt in den 25 920 Jahren der Präzession (im Vorrücken des Frühlingspunktes durch den Tierkreis) als Weltenatem wieder. Die Periode von 25 920 Jahren wird auch das »Platonische Jahr« genannt. Wenn ein Mensch das biblische Alter von 72 Jahren erreicht hat, dann hat er ebenfalls 25 920 Tage gelebt, womit sich im anthroposophischen Denken jeder Tag als »Atemzug« des Lebens erweist.

In dem komplexen Gebäude der ineinander verschachtelten Rhythmen des menschlichen Organismus sind »Atem« und »Herzschlag« das Koordinatensystem, von dem aus er sein Zeitempfinden und sein Gefühl einer »Normalzeit« herleitet. Will eine Mutter ihr Kind in den Schlaf singen, dann geschieht dies mit etwa 72 Viertel pro Minute. Schlaflieder, Kirchenchoräle und Volkslieder werden vorwiegend in diesem »Normalzeit«-Tempo gesungen. Jede Abweichung wird vom menschlichen Vegetativum als emotionales Geschehen gewertet. Tempo 55 wäre »getragen« oder »trauernd«. Tempo 140 wäre »lebhaft« oder

»anfeuernd«. Von der vierundzwanzigsten pränatalen Woche an ist der menschliche Organismus (nachdem sein Hörnerv funktionsfähig wurde und er den mütterlichen Pulsschlag vernahm) auf die »Normalzeit« des Herzschlages kalibriert. Daß durch den Atem jeweils vier Herzschläge zu einer Einheit zusammengefaßt werden, schafft Gliederung – und beweist die Universalität des ¼-Taktes. Die Herzschläge ihrerseits synchronisieren weitere Körperrhythmen. *Es ist bekannt, daß die Sinuskurve des Herzens als Schrittmacher für eine Vielzahl anderer Zentren, die alle ihre eigene Periodik haben, fungiert. In den höheren Zentren sind die enzephalographisch aufgezeichneten, periodischen Zerebralwellen das Ergebnis einer weitreichenden Synchronisation der elektrischen Aktivität der Nervenzellen.*[54] Atem und Puls sind der körperliche Zeithorizont des täglichen Lebens. Sie sind die Uhr, die am deutlichsten in uns tickt. Das »Gehen« überträgt den normalzeitlichen Impuls ins Räumliche. In der begrüßenden Nachfrage »Wie geht es dir?« ist noch etwas von diesem normzeitlichen Nebeneinander von Herzschlag, Atem und Gehen zu verspüren.

Das Erleben von Dauern und Ereignissen kann sich körperlich und begrifflos vollziehen. Die spezifische menschliche Leistung ist es jedoch, »Zeit« kortikal als Denk- und Syntheseleistung zu rezipieren. Da gibt es unsere Fähigkeit, Zeitintervalle unbewußt zu erinnern und deshalb die Uhrzeit recht genau schätzen zu können (selbst nachts aus dem Schlaf geweckte Personen zeigen durchschnittlich nur den geringen Schätzungsfehler von etwa 50 Minuten[55]). Da gibt es auch das »spontane Terminerwachen« als kortikale gesteuerte Fähigkeit, nachts oder morgens zu einem fixierten Zeitpunkt aufzuwachen, ohne daß hierzu eine vieltägige Gewohnheit notwendig ist. Da gibt es den »Moment« als kleinste Einheit des Zeiterlebens, der vermutlich auf der Basis eines oszillatorischen Systems von etwa 30 Hertz im Gehirn oder auch auf der Basis des Alpha-Rhythmus der Großhirnrinde (etwa 10 Hertz) oder des Theta-Rhythmus (etwa 7 Hertz) wahrnehmbar ist.[56] Da gibt es den »Augenblick« als eine Einheit von etwa 10 bis 80 Millisekunden Dauer, in der das Auge in sogenannten »Saccaden« eine ruckartige Bewegung bei der Bilderfassung macht.[57] Eine besondere Syntheseleistung des Gehirns ist das Auseinanderfalten von Vergangenheit, Gegenwart und Zukunft mittels des Denkens: Körperlich als Bewegung und Veränderung sich konkretisierende Zeit wird im Gedächtnis zur bloßen Vorstellung von Zeit und Rhythmus. »Zeit« wird hier von jeglicher Konkretion gelöst und zur Imagination.

Da jedoch auch das Gehirn bei aller Abstraktionsfähigkeit ein Teil des Körpers – und damit abhängig von den endogen gesteuerten vegetativen Rhythmen – ist, sind auch hier Modifikationen der Zeitwahrnehmung möglich: Beim nächtlichen Tiefpunkt der vegetativen Reaktionen, wenn Körpertemperatur und Leistungsfähigkeit abgesunken sind, scheint dem menschlichen Empfinden »die Zeit zu schleichen« (was aus schlaflosen Nächten durchaus bekannt sein dürfte).[58] Die Erhöhung der Körpertemperatur bei fieberkranken Personen bewirkt, daß die Zeitschätzung falsch zu werden beginnt. Körperinnere Frequenzen nehmen zu und lassen dadurch die Zeit schneller verstreichen: Ein fiebernder Mensch erlebt deshalb in einer realen halben Stunde in seiner Vorstellung den Inhalt von einer oder zwei Stunden. Im Alter führt der geringere Stoffwechsel zu geringerer Verbrennung und damit einem leichten Absinken der Körpertemperatur. Vieles deutet darauf hin, daß ältere Menschen deshalb ein geändertes Zeitempfinden aufweisen: Die Geschwindigkeit der chemischen Reaktionen im Körper sinkt mit Abnahme der Körpertemperatur und läßt die Zeit subjektiv langsamer vergehen, mit der Folge, daß das Warten noch qualvoller ist als bei jungen Menschen.

Sieben Jahre und siebenunddreißig Jahre

Es gibt Großrhythmen, die Physis und Psyche des Menschen strukturieren, jedoch in keiner »biologischen« Uhr nachgewiesen oder erklärt werden können. Solche Rhythmen – wie der Sieben-Jahre-Zyklus oder der Zyklus von 18,6 beziehungsweise 37,2 Jahren – scheinen eher über archetypische Strukturen (also über Mythologie und Psychoanalyse) oder über die Herkunft von

Himmelsbewegungen (also über die Astronomie oder Astrologie) beschreibbar zu sein.

Die »Sieben« ist (wie schon gezeigt) die »Zeitzahl« oder »Entwicklungszahl«. Sieben Stufen sind in vielen Entwicklungen, aber auch in der musikalischen Tonleiter oder in sakralen Gebäuden zu gehen. Archaische Initiationsriten waren meist siebenhaft. Der »siebente Himmel« ist Metapher für die höchste Stufe des Glücks. Brut- und Tragezeiten bei Tieren sind auffallend oft das Vielfache von sieben Tagen. Die »Sieben« ist über das »4 mal 7« mit dem Mondumlauf von ungefähr 28 Tagen verknüpft, wobei in dem »ungefähr« und in den Irregularitäten der Mondbewegungen die Charakteristik der »Sieben« als »Archetyp des Unfaßlichen« begründet scheint.

Mit der »Sieben« und der »Zwölf« scheint unsere Zeitlichkeit durchwirkt zu sein: 12 Stunden hat der Tag; 12 Stunden hat die Nacht. In den 4 Wochen zu 7 Tagen vollendet sich ein Monat. 12 Monate hat ein Jahr. Wiederum 7 Jahre bilden einen Zyklus, für dessen Dauer in unserem Sprachgebrauch kein fester Begriff existiert. Bekannt ist allerdings die Redewendung vom »verflixten siebten Jahr«. Martin Luther sprach in einer Tischrede zum Geburtstag seines Sohnes Hans vom »Stufenjahr«: *Das siebente Jahr ist ein Stufenjahr. Am gleichen Tage Bonifatii ist mein Sohn Hans sechs Jahre alt und gehet in das siebente Jahr. Ich werde seinen Geburtstag besonders feiern, weil er schon das siebente Jahr beginnt, welches ein Stufenjahr, d. h. ein verwandelndes ist. Denn das siebente Jahr wandelt allezeit den Menschen. So ist das siebente Jahr eines jeden Menschen ein Stufenjahr, welches ein neues Leben, einen neuen Charakter und einen anderen Zustand herbeiführt.*

Die »Sieben« scheint Geburt, Lebenslauf und Tod des Menschen zu regieren. Es beginnt mit Reifung des weiblichen Eies und der Ovulation im Rahmen einer »Regel« des 4mal 7tägigen Menstruationszyklus. Ab dem siebten Schwangerschaftsmonat gilt ein Kind bei Frühgeburt als überlebensfähig. Ärzte verwenden die »Sieben« zur Berechnung von Schwangerschaftsdauer und Geburtstermin, indem zum ersten Tag der letzten (ausgebliebenen) Regel 280 Tage (also »zehn Monde« zu 40mal 7 Tagen) hinzugezählt werden. Im Lebenslauf des geborenen Menschen wirkt die »Sieben« dann auffällig weiter:

1.–7. Lebensjahr:	Kindheit, die mit Schulreife und Ausfallen der Milchzähne in ihrer ersten Phase abgeschlossen wird.
7.–14. Lebensjahr:	Schulalter und zweite Phase der Kindheit, die mit der Pubertät als Übergang zu einer neuen körperlichen wie seelischen Reife abgeschlossen wird.
14.–21. Lebensjahr:	Jugendjahre und Beginn der Adoleszenz. Erlernen eines Berufes oder Beginn der höheren Schulausbildung. Mit 21 Jahren wurde früher die bürgerliche Mündigkeit und Heiratsfähigkeit ausgesprochen.
21.–28. Lebensjahr:	Nachdem im 21. Lebensjahr die körperliche Entwicklung abgeschlossen ist (Ende des Längenwachstums, Ausbildung von Geschlechtsmerkmalen, Bart), findet im seelisch-geistig-beruflichen Bereich eine grundlegende Orientierung und Selbstfindung statt.
28.–35. Lebensjahr:	Phase der Konsolidierung, nachdem nun der Beruf ergriffen, die Familie gegründet und (im metaphorischen Sinne) »das Haus gebaut« ist.
35.–42. Lebensjahr:	Die Phase der aktiven Lebensbewältigung, in der allerdings auch die Krisenzeit der Lebensmitte durchzustehen ist, von deren Bewältigung der weitere Fortgang des Lebens abhängt. Sinn und Lebenserfüllung zeigen sich hier in unmißverständlicher Weise.
42.–49. Lebensjahr:	Lebensklugkeit und tiefe Reife stellen sich hier ein, wenn der Gang des Lebens der

ersten sechs Jahrsiebten akzeptiert und nun das siebte Jahrsiebt – das wie alles Siebenhafte eine Phase der Vollendung ist – erfüllt gelebt wird. Hier wird die Individuation als »Selbst«-findung eingeleitet. Bei der Frau wird diese Vollendungsphase mit den »Wechseljahren« in deutlicher Weise abgeschlossen.

49.–56. Lebensjahr: Nachdem mit dem 49. Lebensjahr die materiellen Möglichkeiten des Lebens in der Regel ausgeschöpft sind (Ausschöpfung der beruflichen und kreativen Möglichkeiten, Abschluß der Kindererziehung als Arterhaltung), setzt hier eine »Ernte« des bisher Geleisteten ein. Energie kann auf neuem, vor allem auf geistigem Gebiet in bisher ungewohnter Qualität entfaltet werden.

56.–63. Lebensjahr: Letzte Phase, in der eine nach vorne gerichtete Entfaltung von Kraft und Extraversion noch möglich ist. Diese Phase wird mit der Pensionierung als Beendigung einer nach außen gerichteten und von außen (gesellschaftlich) geregelten Berufstätigkeit abgeschlossen.

63.–70. Lebensjahr: Introversion. Tätigkeiten werden vorwiegend nach innen gerichtet, um sich über die Qualität des gelebten Lebens klar zu werden. Bewußte Konfrontation mit dem Aspekt des Todes. Abkapselung nach außen und beginnende Unfähigkeit, sich in fremde Anschauungen oder neue Entwicklungen hineinzubegeben.

ab dem 70. Lebensjahr: Beginn des Greisenalters. Dessen Akzeptanz gelingt nur schwer, weshalb um das 70. Lebensjahr oft schwere Persönlichkeitskrisen eintreten. Mit 70 Jahren ist ein »biblisches Alter« erreicht. Alle weiteren Lebensjahre können deshalb als Gabe oder Gnade empfunden werden.

In Geburt, Leben und selbst im Sterben findet sich das »Siebenhafte«. Die halbe Sieben – nämlich dreieinhalb Tage – war im Urwissen antiker Kulturen jene Zeitdauer, in der nach dem Todeserlebnis der Mensch von einem besonderen Mysterium umgeben war: dem Mysterium des Zwischenreichs zwischen der physischen und der geistigen Welt. In der anthroposophischen Literatur sind solche Aspekte (zum Beispiel des *»Tibetanischen Totenbuchs«* oder des *»Ägyptischen Totenbuchs«*) tradiert worden. Ernst Bindel: *So wirkt sich die Zahl Sieben am Leibe des Menschen zeitlich schon vor seiner Geburt aus. Etwas Ähnliches findet statt, wenn das Leben diesen Leib wieder verläßt. Dreieinhalb Tage hindurch steht vor dem geistigen Auge des Toten das soeben abgeschlossene Leben in einem panoramaartigen Rundbild. Was sich im Leben selber als ein zeitliches Nacheinander der einzelnen Lebensereignisse abspielte, gruppiert sich dreieinhalb Tage lang wie ein erstarrtes Räumliches um den Toten herum.*[59]

Der Rhythmus von 37,2 Jahren ist ein astrologisch genau definiertes Zeitintervall im Leben des Menschen. Wer einmal in seinem Freundes- und Bekanntenkreis nachforscht, wer in diesem Alter Bekehrungserlebnisse, Todesträume, Krisen und Trennungen hat, der wird sich über die Fülle der Belege wundern. Gleiches gilt für viele Notizen und (meist kleingedruckte) Nachrichten in der Tageszeitung: Unerklärliche Taten, Morde, halsbrecherische Unternehmungen oder fast irrationale Verhaltensweisen bei Kriminaldelikten werden von Menschen im Alter von etwa 37 Jahren begangen – von Menschen, die irgendeine Hürde ihres Lebenslaufes nicht geschafft haben und nun orientierungslose Aktivitäten entfalten. In Tagebüchern und Biographien hat die Zeit um das 37. Lebensjahr mit großer Deutlichkeit immer einen Schwellencharakter. Entweder es gelingen große »Würfe«, oder es finden Umwertungen statt; bisweilen setzt auch der Tod hier seine definitive Markierung: Alban Berg komponierte im 37. Lebensjahr die Jahrhundertoper *»Wozzeck«*; Oscar Wilde dichtete mit 37 Jahren seine *»Salome«*. Spektakuläre Umkehrungen waren Friedrich Nietzsches »Zarathustra«-Erlebnis, das ihm 37jährig in Sils Maria intuitive Einsicht in den Gedanken der Wiedergeburt vermittelte, oder die seltsame Wende im Leben des schlesischen Mystikers Jakob Böhme: Vormals ein einfacher Schuster, begann er mit 37 Jahren (plötzlich des Schreibens kundig) mystisch-philosophische Traktate zu verfassen, deren tiefes Wissen Isaac Newton zu seinen Forschungen und viele spätere Denker wie Novalis, Schlegel oder Franz von Baader zu philosophischen Weiterentwicklungen anregte. Oftmals geschieht diese Umorientierung im 37. Lebensjahr weniger spektakulär und ist eher zwischen den Zeilen zu lesen: So komponierte Beethoven mit 37 Jahren seine erste Kirchenmesse, trat Gustav Mahler zum Katholizismus über, hatte Christian Morgenstern seine erste Begegnung mit Rudolf Steiner, der ihm die Faszination des anthroposophischen Denkens erschloß ... Und um an die definitiven Markierungen zu erinnern: Mozart starb im 36. Lebensjahr, Chopin mit 38 Jahren ...

Grundlage dieses Zeitintervalls ist eine Zeiteinheit, die schon den alten Babyloniern als »Sarosperiode« (die genaue Wiederkunft von Mond- und Sonnenfinsternissen nach 18 Jahren) bekannt war. Genauer definiert wäre es der Umlauf der Mondknoten im Tierkreis mit 18,6 Jahren (18 Jahre, 7 Monate, 9 Tage). Die antiken Griechen bezeichneten diese Periode auch als »Großes Jahr«. *Nach 18,6 Jahren sind für den Menschen die »Mondknoten« wieder am gleichen Himmelsort wie zur Zeit der Geburt. Sie markieren durch ihren jeweiligen Ort in den Sternbildern den stetigen Wandel im Zusammenwirken von Sonne, Mond und Erde. Das zeigt sich nach 18,6 Jahren in einem mehrfachen Gleichklang mit dem Rhythmengefüge der Geburtsstunde. 1.) Alle Orte der Sonnenbahn und mit ihnen die Mondknoten haben innerhalb des Tierkreises die gleiche Lage wie bei der Geburt. 2.) Die Mondknoten sind zugleich der Ort, in dem die Mondbahn genau in der Mitte steht zwischen ihrer höchsten Erhebung über und ihrer tiefsten Senkung unter die Sonnenbahn ... 3.) In bezug auf die Erde haben die Mondknoten wieder die gleichen Auf- und Untergangsorte am Horizont und dementsprechend auch die Bahnbögen von Sonne und Mond die gleiche Mittagshöhe wie vor 18,6 Jahren.*[60]

Vergleichende biographische Forschung konnte zeigen, daß die »Bedeutung« des »Großen Jahres« mit »Rückwendung zum Geistigen« zu umschreiben ist. Der Mensch – als ursprünglich geistiges Wesen – ist mit der Geburt ins Stoffliche gefallen. Er ist ein primär physisches Wesen geworden. Das meinte schon Ludwig Wittgensteins einleitender Satz seines *»Tractatus logicophilosophicus«*: *Die Welt ist alles, was der Fall ist.* Mit 18,6 Jahren erhält der Mensch zum erstenmal von seinem Innen die Aufforderung, sich aus dem »Fall ins Physische« zu lösen, sich von der wachstumsbedingten Vorrangigkeit des Stofflich-Körperlichen zu befreien und sich »geistig« zu orientieren: Die Konzeption von »Zukunft« als einem der »Selbst«-Findung dienlichen Aufgabenfeld hat zu erfolgen. Ein Blick in Tagebücher und Biographien macht wiederum schnell einsichtig, wie heftig vom Unterbewußten zu diesem Zeitpunkt die Sinnfrage gestellt wird. Die christliche Mythologie, in der C. G. Jung Christus als Verkörperung des »Selbst« erkannt hatte, weiß um diesen Zeitpunkt: Mit den Worten *Weib, sei los von deiner Krankheit!* heilte Christus (das »Selbst«) eine 18jährige »krumme« – also im Körperlichen verbliebene – Frau (Lukas 13,10).

Mit 37,2 Jahren erfolgt im menschlichen Leben zum zweitenmal der Abschluß eines Mondknoten-Umlaufs. Genau nach 37 Jahren, 2 Monaten und 20 Tagen stehen Erde, Mond und Sonne wie zur Zeit der Geburtsstunde – und zum zweitenmal stellt das Unterbewußte die Frage nach Sinn und innerer Richtigkeit des Lebensganges. Die Psychoanalyse nennt diese Korrektur von »Ich« und äußerer Lebensgestaltung durch ein autonomes Unbewußtes die »Individuation«. Die Korrektur in dieser Lebensphase fällt hart aus, wenn sich das Bewußte mit dem »Ich« als Zentrum gegen das Unbewußte mit dem »Selbst« als Zentrum versperrt. »Midlife crisis« ist der umgangssprachliche Ausdruck für die Wirren, die zu jenem Zeitpunkt zwischen »Ich« und »Selbst« entstehen ... und im Falle einer Nicht-Synchronisation über Jahre hinweg taumelnd weiterbestehen. Auch dieser Rhythmus des Menschen wird wieder von der christlichen Mythologie bestätigt. *Es war aber ein Mensch daselbst, achtunddreißig Jahre lang krank gelegen. Da Jesus ihn sah liegen und vernahm, daß er so lange gelegen hatte, spricht er zu ihm: Willst du gesund werden?* (Johannes 5,5) Und Christus (das »Selbst«) machte den Menschen »heil« – »ganz«.

Am Ende des nächsten »Großen Jahres«, mit 55 Jahren und 10 Monaten, wird die Aufforderung zur geistigen Instandsetzung und zur Lösung von einseitig körperlich-materiellen Interessen in letzter Konsequenz gestellt: Der Tod (als Rückkehr in die nurgeistige Sphäre) ist nun als mögliche Lebensmarke zu akzeptieren und ins Bewußtsein aufzunehmen. Dennoch bleibt im menschlichen Lebenslauf der Wertewandel um das 37. Lebensjahr bedeutsamer. Der Grund hierfür liegt im Schnittpunkt des »Großen Jahres« von 18,2 Jahren mit einem anderen Rhythmus, dem Zyklus von 36 Jahren als Hälfte eines »Platonischen Tages«. 72 Jahre ist das durchschnittliche Alter eines Menschen. 72 Jahre enthalten 25 920 Tage. 72 Jahre sind ihrerseits im »Weltenjahr« oder im »Platonischen Jahr«, in dem der Frühlingspunkt der Präzession einmal durch den Fixsternhimmel rückt, 360mal enthalten: 360mal 72 ergibt 25 920 Jahre ... Das biblische Alter von 72 Jahren erweist sich als ein Tag im »Platonischen Jahr« und als Teil eines kosmischen Rhythmengefüges. 36 Jahre sind deshalb die kosmisch vorgegebene Lebensmitte. In der schönen Formulierung von Wilhelm Hoerner: *Denn kosmische und irdische Lebensmitte sind die wahren Pole und Umkehrpunkte im Spannungsfeld unseres ganzen Daseins. Zwischen ihnen verläuft alles weitere Leben in rhythmischem Ausgleich, sich stetig erneuernd und dadurch vorwärtsbringend. Wenn die Sonne am Tag der Geburt eines Menschen einen Stern zu bedecken beginnt, dann bleibt er an jedem der kommenden gleichen Jahrestage bedeckt, bis 36 Jahre vergangen sind. Dann wird er wieder freigegeben, denn in 36 Jahren hat die Sonne im Gange der Präzession einmal ihren Durchmesser von 0,5 Winkelgraden zurückgelegt. Auf diese Weise ist die irdische Lebensmitte auch als Mitte und Umkehrpunkt des ganzen Lebens-Atemzuges von 72 Jahren durch den Sonnengang im platonischen Jahr markiert.*[61]

Die Bedeutung des 36er-Rhythmus (der 36er-Teilung) läßt sich auch im Erfassen des zahlenqualitativen Aspekts nachweisen: 36 ist das Produkt der ersten vier Quadratzahlen 2^2 und 3^2, nämlich von 4mal 9. Ferner ist 36 das Dreifache der »Totalitätszahl« 12: Astrologisch entspricht dem die Einteilung eines Tierkreiszeichens in drei »Dekane« als Sonderaspekte eines Zeichens, so daß der gesamte Tierkreis aus 3mal 12 Dekanen besteht. In der Zahl 36 laufen zahlreiche Verwandtschaften von Zahlenqualitäten zusammen, so zum Beispiel die 2, 3, 4, 6, 9, 12 und 18. Im antiken Wissen wurde die Zahl 36 als Summe der ersten vier geraden und der ersten vier ungeraden Zahlen $(2+4+6+8) + (1+3+5+7) = 36$ geschätzt, was zum Beispiel in Plutarchs Schrift *»Über Isis und Osiris«* belegt ist: *Die Pythagoräer beehrten Zahlen und mathematische Figuren mit den Namen von Gottheiten... Die sogenannte Tetraktys, die aus 36 besteht, galt bekanntlich als der höchste Eidschwur und war Welt genannt, weil sie aus der Verbindung der vier ersten geraden und ungeraden Zahlen besteht.*[62] Die Qualität einer Zahl kommt immer auch in der Überformung durch den qualitativen Aspekt der nächsthöheren Zahl zum Ausdruck. So wie zum Beispiel die »Acht« die Unfaßlichkeit und Krummheit der »Sieben« durch ihre Stabilität sichtbar macht, so wird das Teilbare und Umfassende der 36 erst durch das Verquere der 37 sichtbar gemacht: 37 beinhaltet die mathematische Seltsamkeit, daß mit ihr die Folge der sogenannten »irregulären Primzahlen« beginnt.

Im übrigen noch: Ist es Zufall oder Willkür der Natur, daß die »Ich«-stabilisierende konstante Körpertemperatur von 37,2° Celsius so exakt den 37,2 Jahren als im Unbewußten programmierter Zeitpunkt der heftigsten Individuationsphase entspricht?

Leben als Kunst des Teilens

Ich und Du,
Auf einer Lilie zittern
Zwei Tropfen, rein und rund,
Zerfließen in eins und rollen
Hinab in des Kelches Grund.
Friedrich Hebbel

Warum liest oder schreibt man ein Buch über Zeit-Rhythmus-Zahl? Nicht um interessante Objektivitäten über die Welt zu erfahren. Vielmehr, um – was im vorigen Abschnitt über die Zyklen von 7 oder 18,6 Jahren schon anklang – ein sehr persönliches Wissen der eigenen existentiellen Bedingungen sich anzueignen. Das persönliche Leben zeigt sich als Fähigkeit, Rhythmen und Teilungen in und um sich wahrzunehmen. Leben ist die Kunst des Teilens . . .

Erich Fromm nennt in *»Die Kunst des Liebens«* das Isoliertsein von der Welt (was der bittere Preis für die sich selbst reflektierende Individualität ist) als Grundangst des Menschen: *Dieses Bewußtsein seines gesonderten Daseins, das Bewußtsein seiner eigenen kurzen Lebensspanne und der Tatsache, daß er ohne seinen Willen geboren ist und gegen seinen Willen sterben wird, daß er vor jenen sterben wird, die er liebt, oder daß sie vor ihm sterben werden, das Bewußtsein seiner Einsamkeit und Getrenntheit, seiner Hilflosigkeit gegenüber den Kräften der Natur und der Gesellschaft – das alles läßt seine besondere und abgetrennte Existenz zu einem unerträglichen Gefängnis werden. Er würde wahnsinnig werden, könnte er sich nicht selbst aus seinem Gefängnis befreien und es sprengen, könnte er sich nicht in dieser oder jener Form mit Menschen, mit der Umwelt vereinen.*[63]

Fromms Konzept zur Überwindung dieser Urangst auslösenden Vereinzelung des Menschen ist die personengebundene Liebe. Ein anderes Konzept wäre die rhythmische Teilnahme am Weltganzen (was auch soviel wie »Liebe« – eine All-Liebe – ist): die Rhythmen der eigenen Identität zu erkennen, sie in bewußten Bezug zu den Rhythmen der Welt zu setzen und durch rhythmi-

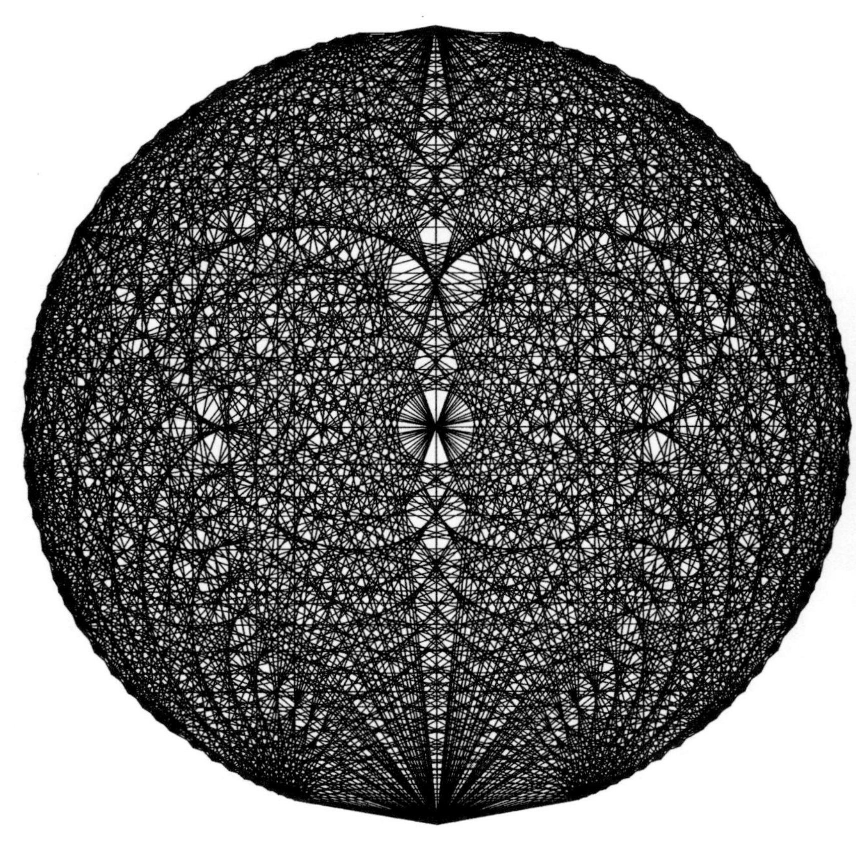

Zahlenbild 7: Vielecksterne bis zum Achtzehneck in Übereinanderlagerung (vgl. S. 272)

sche Resonanz mit dem Weltganzen mitzuschwingen, die Ureinsamkeit zu überwinden.

Um Rhythmisches als vielfältige »Teilungen« der Zeit wahrzunehmen, braucht es »Anteil«, »Teilnahme« und eine introvertierte Haltung, die in unserer von Äußerlichkeiten gezeichneten Welt unmodern geworden ist. Hinter der von Aktivismus und Individualität gezeichneten Fassade das Innere als das Rhythmische zu erkennen, das setzt Empfänglichkeit und Gespür für das Unscheinbare voraus. Die Kunst des Teilens ist die Kunst, sich auf das Wesentliche zu konzentrieren – sie will in der Tat geübt sein.

Leben als Wahrnehmen von Rhythmen

Die Erde, ein in riesigen Zeitdimensionen kreisender Planet, war lange, bevor es »Leben« gab, von kosmischen Rhythmen geprägt. Auch der Rhythmus der Jahreszeiten existierte über vier Milliarden Jahre, bevor die ersten Organismen auftraten. Es ist also kein Wunder, daß jegliches Leben von Anbeginn mit Rhythmen durchsetzt war. Dabei scheint es ein Prinzip zu sein, daß die größeren Rhythmen mit den längeren Zeitintervallen die kleineren Rhythmen mit den kürzeren Zeitintervallen dominieren. Schon im ersten Moment der Entstehung des Lebens war Leben deshalb ein »Wahrnehmen« von Rhythmen: Die Zellteilung (eine erste »Kunst des Teilens«) ist eine rhythmisch sich verdoppelnde Bewegung, die in Resonanz mit den dominanten Rhythmen der natürlichen Umgebung erfolgt.

Das vor Jahrmillionen von Mikroorganismen eingeübte »Wahrnehmen von Rhythmen« als Kondition des Lebens ist auch eine Notwendigkeit des höher entwickelten Lebens, auch des menschlichen Lebens. Statt jedoch Rhythmen und damit auch »Zeit« wahrzunehmen, hat sich unsere gesamte Kultur darauf spezialisiert, »Zeit zu vertreiben«. Wer hört denn noch auf seinen Herzschlag, den laut pochenden Körperrhythmus? Wer nimmt gar das komplexe Rhythmengefüge der Stoffwechselprozesse war? Wer lauscht dem eigenen Zeitgeschehen oder dem Zeitgeschehen anderer Lebewesen? Wo ist die Sensorik für die Rhythmen der Natur um uns? Wer erkennt sein Eingebettetsein zwischen die Einjährigkeit der einfacheren Pflanzen und die Tausendjährigkeit von Eiche, Ölbaum oder Mammutbaum? Wer weiß noch um die Qualität gewisser Tagesstunden, wo zum Beispiel im Krankheitsfall Medikamente ihr Wirkungsoptimum besitzen? Statt dessen ist überall ein »Rhythmus? Nein danke!« zu vernehmen ... wo doch eine Rhythmusempfindung immer Lust verschafft: Rhythmisches Mitschwingen verschafft das Gefühl von Lebendigkeit und gibt Orientierung.

Auf den elementaren Zusammenhang zwischen Leben und Rhythmus deutet auch die bedeutende Funktion der Musik: Der Ethnologe weiß, daß musikalische Äußerungen stets zu den frühesten Kulturgütern jeder Menschengemeinschaft gehören. Auch die Ausbildung komplexerer kultureller Leistungen (Mythologie, Zahlenwesen, Medizin, religiöse Rituale) erfolgte zunächst immer vermittelt durch die einende Kraft rhythmischer Musik. Umgekehrt macht rhythmuslose Musik Angst oder wird als numinose (vom Unbekannten kündende) Erscheinung gewertet. Statische Klänge ohne sichtlichen Anfang und Ende erlauben keine Orientierung und verursachen Streß für den Organismus: Die typische Filmmusik für beklemmende Szenen (etwa in Horrorfilmen) ist bezeichnenderweise durch Rhythmuslosigkeit – durch »Lebens«-entzug – charakterisiert. Beim Hören oder Erzeugen von Musik kommt dem rhythmischen Bezug auf den lebenspendenden Atem eine besondere musikpsychologische Bedeutung zu: Wird ein Musiziertempo derart gedehnt, daß weit auseinanderliegende Schlagzeiten nicht mehr auf einen Atembogen bezogen werden können (was in manchen östlichen Musikstilen als Selbsterfahrung praktiziert wird), so löst dies Unlustgefühle, Irritation oder Angst aus.

Lebendiges »Leben« verlangt, daß die eigene Rhythmik in ihrer Wechselwirkung mit anderen rhythmischen Gefügen nicht nur intellektuell erkannt, sondern »erlebt« wird. Das gelingt in bezug auf die Rhythmen des Himmels oder der Pflanzen leichter, während es bei weitem schwerer ist, natürliche Rhythmen in den von Menschen geschaffenen Kulturerzeugnissen (in Dichtung, Brauchtum, religiösen Handlungen, Mythen, Träumen) zu erspüren: Das setzt ein Fühlen hinter die Dinge, ein instinktives Erwittern der ursprünglichen Verhältnisse voraus. Durch das tiefenpsychologische Wissen um den umfangreichen Unterbau an Unbewußtem, in dem alle bewußten und individualistischen Kulturäußerungen wurzeln, hat sich in der modernen Anthropologie ein neues Forschungsfeld ergeben: In jeglichem kulturellen Dokument manifestiert sich – in Art eines kollektiven Unbewußten – ein Ursprüngliches, ein Mythos, sozusagen »Natur«. In solch kulturell überformter »Natur« das Rhythmische zu erkennen heißt, die innere Eigenschaft oder die Bewegung provozierende Kraft zu erkennen. *Suchen wir die vom Menschen dargelebten Rhythmen auf, so erfassen wir ihn selber auf einer höheren Ebene, als wenn wir ihn nur in seinen physischen Elementen erfassen und begreifen.*[64]

Das Finden eines natürlichen Rhythmus (wobei ein natürlicher Rhythmus immer in Resonanz zur Rhythmik von Kosmos, Materie, Pflanze und Tier steht) ist letztendlich ein religiöser Akt. »Religio« ist die Rückbindung des durch seinen Verstand individualisierten (abgetrennten) Menschen an die tieferen Schichten seines Werdens – an die Welt. »Religio« geschieht bei jedem Mitschwingen in einem natürlichen Rhythmus – wortlos, weit vor jeder begrifflichen Wortsprache. Deshalb greift solche »religio« viel besser als die wortausdeutenden und logisch-kausal argumentierenden Kirchen-Religionen der neueren Zeit. Diese wortlose Form der »Rückanbindung« kann zur besseren Unterscheidung auch als »Spiritualität« oder »Religiosität« bezeichnet werden. Willy Obrist: ... *eine Religiosität, die der heutigen Ebene der Bewußtseinsevolution entspricht, und das ist Religiosität ohne Religion. Bedeutungsvoll ist die Entdeckung, daß Religiosität zum Menschsein gehört, vor allem deshalb, weil der Mensch, wie die tiefenpsychologische Beobachtung gezeigt hat, ein echtes, bewußtes Bezogensein auf andere Menschen (= »Liebe«) nur dann entwickeln kann, wenn er eine gute Beziehung zu seinem Unbewußten bzw. Selbst hat: weil dadurch einsichtig geworden ist, wie allein die heute so dringend notwendige Nachentwicklung der (gegenüber der hoch entwickelten Technologie zurückgebliebenen) Menschlichkeit geschehen kann.*[65]

In jedem Akt menschlicher Kommunikation findet das Leben als Wahrnehmen von Rhythmen statt. Menschen, die miteinander kommunizieren, beginnen mit zunehmendem Grad des Sich-Verstehens sich zu synchronisieren. In den Studienfilmen der behavioristischen Psychologie der USA, die wegen ihrer effektvollen Anschaulichkeit oft auch in wissenschaftlichen Fernsehsendungen gezeigt werden, kann der »Paarungstanz« beobachtet werden. Mit etwas Gespür läßt sich dieser Vorgang auch an jeder Hoteltheke beobachten: Die Dame sitzt, der Herr kommt. Er redet; sie redet. Er stützt sein Kinn auf; sie stützt ihr Kinn auf. (Aha! denkt der kundige Beobachter.) Er zündet sich eine Zigarette an; sie zündet sich eine Zigarette an. Sie geht in eine neue Sitzposition; er geht in eine neue Sitzposition. Er gähnt; sie gähnt ... Die perfekte Synchronisation hat deutlich gemacht: Die Paarung ist programmiert.

Der Wissenschaftler William Condon (Universität Boston) hat schon in den sechziger Jahren anhand seiner Mikroanalyse (Bildauswertung von Filmprotokollen) nachgewiesen, daß im Bereich von 48stel Sekunden Mund, Hand, Finger und Schultern eine rhythmische Einheit – sozusagen einen rhythmischen Tanz – ausführen. Kommunikationspartner stellen sich in diesem Mikrobereich unbewußt auf diese Rhythmik ein: *Die Beobachtungen ergaben, daß sich die Zuhörer völlig synchron mit den Sprach-/Bewegungsmustern des jeweiligen Sprechenden bewegten. Dabei scheint es sich um eine Art von Resonanz (entrainment) zu handeln, da selbst bei der Unterteilung in Einheiten von 1/48 Sekunden kein Zeitrückstand feststellbar ist ... Auch dies scheint ein universelles Charakteristikum der menschlichen Kommunikation zu sein, welches vielleicht sogar für einen Großteil des tierischen Verhaltens im allgemeinen kennzeichnend ist. Die Kommunikation ist somit eine Art von Tanz, bei dem alle Beteiligten synchron differenzierte Bewegungen ausführen, die viele subtile Dimensionen umfassen, seltsamerweise jedoch, ohne sich dessen bewußt zu sein. Selbst einander vollkommen Fremde weisen diese Synchronisierung auf. Eine solche Synchronisierung scheint ständig stattzufinden, solange die Gesprächspartner aufmerksam und an dem Gespräch innerlich beteiligt bleiben.*[66]

Mikroanalytische Studien bei Neugeborenen haben gezeigt, daß schon in der ersten Minute des Lebens Rhythmen wahrgenommen werden: Unabhängig vom begrifflichen Inhalt der Sprache (also auch bei Mitteilungen in verschiedenen Sprachen reagiert der Säugling durch Resonanz seines Körpers auf den Sprachrhythmus der Mutter. Bei autistischen Kindern liegt hier zum Beispiel eine Rhythmusstörung vor: Der Körper scheint sich nicht auf kommunikative Rhythmen synchronisieren zu können und reagiert mit Unlust und Verzögerung; aufgrund dieser unbefriedigenden Situation zieht sich das Kind aus der Kommunikationssituation zurück und verweigert jeden Spracherwerb.

Ökologie des Rhythmus

Wenn Rhythmus ein grundlegendes Phänomen der Natur ist, dann kann von einer »Ökologie des Rhythmus« gesprochen werden. Das meint: Rhythmen sollen in ihrer natürlichen Bedingtheit erkannt und erhalten werden. Zumindest bis vor kurzer Zeit wurde in den technologisierten Ländern der westlichen Zivilisationen »Natur« recht unbekümmert ausgebeutet, domestiziert, in ihren Regenerationsprozessen gestört, von künstlichen Eingriffen überformt. Was die Schäden in der Landwirtschaft, die Ausbeutung von Rohstoffressourcen, was die Luft- oder Wasserverschmutzung und die Störungen des klimatischen Gürtels angeht, so hat inzwischen ein ökologisches Umdenken eingesetzt. Bezüglich der Erhaltung natürlicher Rhythmen fehlt aber noch jede ökologische Verantwortlichkeit: Der Tag-Nacht-Rhythmus ist in der Arbeitswelt weitgehend eliminiert; öffentliche Verkehrsmittel werden ohne Rücksicht auf jahreszeitliche Besonderheiten terminiert; das Lebenstempo ist radikal beschleunigt; Computer mit ihrem enormen Leistungstempo trennen den Menschen völlig vom Puls der Natur; der Leistungsdruck von Schule und Beruf negiert die zeitlichen Strukturen natürlicher Entwicklungsprozesse; Zeitdauern sind normiert und haben jede lebendige Elastizität verloren ...

Die kartesianische Subjekt-Objekt-Trennung, die im wissenschaftlich-mechanistischen Weltverständnis das beobachtende »Ich« von der Welt isoliert, ist im Bereich des Rhythmus nur bedingt anwendbar. Da der Mensch selber ein Rhythmengefüge ist, das von fremden Rhythmen konditioniert wird, kann er niemals nur »Beobachter«, sondern eher »Teilnehmer« sein. Wer über Rhythmen spricht, spricht immer auch über sich selbst. Organismen verhalten sich prinzipiell wie Oszillatoren. Wenn das natürliche Ineinander ihrer Rhythmen gestört wird, sind Funktionsunfähigkeit oder Krankheit die Konsequenz. Das gilt für den Organismus des Weltklimas ebenso wie für eine Körperzelle, die sich zur Krebszelle entwickelt – im letzteren Fall ist eine Körperzelle permanenten Fremdrhythmen ausgesetzt. Die Medizin allerdings, die in den primitiven Kulturen ein Wissen von Körperrhythmen, Puls-, Herzschlag und Lebensrhythmen gewesen ist, hat heute gerade mit ihrer auf Einzelbehandlung ausgerichteten pharmakologischen Ausprägung den ganzheitlich-rhythmischen Aspekt des Heilens (die Wiedereingliederung des Organismus in geordnete rhythmische Zusammenhänge) völlig verdrängt.

Das Mitschwingen in stabilen und geordneten Rhythmengefügen kann in der Tat heilen, das weiß die moderne Musiktherapie ebenso, wie es schon seit Jahrtausenden Medizinmänner und Schamanen wußten. Rhythmen sind »Gestalten«: So wie zum Beispiel bei Naturvölkern aus dem Lot geratene (psychotisch gewordene) Stammesmitglieder in die Einsamkeit geschickt wurden, wo sie beim rituellen Formen einer Kugel sich selber formten und bildeten, so können krank gewordene Menschen sich an rhythmischen Gestalten »bilden«. Die Trommel als das klassische Rhythmusinstrument ist in den schamanistischen Kulturen nicht umsonst das Wahrzeichen der Medizinmänner gewesen:

Die Seele – und damit der Körper – vermag auf die über den Rhythmus vermittelten Ordnungsbilder des Geistes zu reagieren.

So wie die zeitgenössische Architektur zwischen der Verherrlichung des »Wolkenkratzers« (als eines künstlichen Gebildes) und der Verherrlichung des »Bio-Hauses« (als eines möglichst naturbelassenen Gebildes) in zwei extreme Anschauungsformen dissoziiert ist, so durchzieht die Planung gesellschaftlichen Lebens ein grundlegender Dissens: Da gibt es in der Arbeitswelt die künstliche Zeitorientierung, und Vollklimatisierung und Kunstlicht garantieren ein über 24 Stunden hinweg konstantes Umfeld; da gibt es die ökologische Zeitorientierung, wo (allerdings noch auf »alternativ« etikettierte Produktionsweisen beschränkt) versucht wird, Wirtschaftlichkeit, Effizienz und Gesundheit beteiligter Menschen durch die Harmonisierung von Arbeitsrhythmen mit den natürlichen Rhythmen der Umwelt zu synchronisieren. Jeremy Rifkin: *Die meisten Länder der Erde produzieren und verbrauchen Rohstoffe heute in kürzerer Zeit, als die Natur zum Recycling und zum Auffüllen des Verbrauchten benötigt. Saurer Regen, Treibhauseffekt, wachsende chemische und atomare Müllhalden, die Erschöpfung des Bodens, der Verlust der Artenvielfalt durch Monokulturen und die massenhafte Ausrottung von Tier- und Pflanzenarten sind beredte Zeichen für die Kräfte, die hier am Werk sind. Die Wirtschafts- und Umweltkrise der Gegenwart ist im wesentlichen eine Zeitkrise. Wenn wir unser Konto mit der Natur ausgleichen wollen, müssen wir das Tempo unserer Wirtschaftstätigkeit so drosseln, daß es sich mit den Zeitplänen der Natur verträgt.*[67] In der gegenwärtigen ökologischen Situation – ob man den Blick auf die Vergrößerung des Ozonlochs oder die zunehmende Schrumpfung des Regenwalds entlang des Äquators richtet – scheint die Feststellung richtig, daß die Überlebenschancen der Spezies »Mensch« von ihrer Fähigkeit abhängen werden, sich wieder in das natürliche Rhythmengefüge ihrer Umwelt einzugliedern.

Rhythmus als Identität – oder: vom »Namen«

> ***Ich habe dich bei deinem Namen gerufen, und nun bist du mein eigen.*** Offenbarung des Johannes

Zu den Initiationsriten – etwa bei den nordamerikanischen Indianern oder den Steppenvölkern Asiens – gehört es, daß die heranwachsenden Jugendlichen zu einem festgelegten Zeitpunkt sich vom Stamm zurückziehen, fasten und den für die »Heldenreise« notwendigen Archetyp der Einsamkeit erleben – so lange, bis sie einen »Ruf« hören, ihre »Berufung«: ihren heiligen »Namen«. Die Fundamentalität des Wortes »Namen« ist schon durch die elementare Klanglichkeit und die gleichlautenden Begriffe gegeben: »Namen«, »Samen«, »Amen«, oder »Nomen«, »Omen«, auch die Weltklangformel der buddhistischen Mönche, das »OM« oder »AUM«. Die Suche nach dem eigenen Namen ist die Suche nach der eigenen Identität, nach dem Lebenssinn. Das Verhältnis der Namen zum Namenlosen hat schon Friedrich Hölderlin intensiv beschäftigt. Am Ende seiner *»Ermunterung«* heißt es:

> *Und er, der sprachlos waltet, und unbekannt*
> *Zukünftiges bereitet, der Gott, der Geist*
> *Im Menschenwort, am schönen Tage*
> *Wieder mit Nahmen, wie einst, sich nennet.*

Der »Name« und das »einst« hängen tatsächlich wesenhaft zusammen. Bevor der Mensch bei seiner Geburt ins Körperliche gefallen ist, war er ein Rhythmus, ein Geistiges. Beim Sturz ins Stoffliche ging dieser Ur-Name, der nichts Notierbares, sondern nur ein feines Schwingen war, verloren. *Was ehedem ein Laut, ein Ton, eine Melodie war, ist jetzt etwas Festes geworden, es ist erstarrt, ist ein Gegenstand, eine Pflanze geworden, ein Tier oder ein Mensch. Aber der Ton des Wortes, oder wie ich in Zukunft sagen werde, der »Name« des Wortes, ist dabei abhanden gekommen* – so schreibt Peter Orban. *Während des Sturzes nach unten: von der Idee in die Form, von der Melodie zum Bild, vom Wort zum Menschen ging dir dein Name verloren.*[68] Das Namengeben ist in der Tat die erste Aktivität des Menschen in der biblischen Mythologie gewesen. *Und der Mensch gab einem jeglichen Vieh und Vogel unter dem Himmel und Tier auf dem Felde seinen Namen.* (1. Mose, 2,20).

Die Namen der Wortsprache – obwohl nur ein verkürztes Abbild des Ur-Namens als eines rhythmischen Schwingens – geben bereits in ihrer Buchstabengestalt einen Wesenseinblick in das Benannte. Aus dem Hebräischen und Arabischen, wo die Buchstaben immer auch Zahlenwerte waren, stammt die Numerologie als Wissenschaft der Dechiffrierung von Benennungen. Eine umfangreiche Literatur[74] bietet Möglichkeiten, in eine auf den ersten Blick rätselhafte, doch faszinierende Symbolwelt hinter dem alltäglich benutzten Worten zu sehen. Bringt man die Namen der Wortsprache zum Klingen, so entschlüsselt sich ein Buchstabengebilde ganz unbegrifflich. Vor allem der Klang der Vokale provoziert ein urtümliches Verstehen: Das »U« ist der hinterste Vokal im Schlund, den der Mensch noch im Schlaf, beim ersten Stöhnen ganz unartikuliert bildet; das »U« kündet vom Uranfang: Blut, Mutter, Sumpf, Wurzeln, Grund, Gruft, Dunkel, Mulde, Brunnen, Furche ... Das »A« ist der aktive Vokal mit gerichteter Formung; das »A« kündet von den bewußten Anfängen: von der Tat, Adam, Arche, Alpha, Alef, Allah, Atem, Aktion, Abraham ... Das »E« ist – wie an der horizontalen Ausrichtung der Mundpartie beim Sprechen sichtbar wird – ein Scheidendes, und Trennendes; das »E« kündet von See, Meer, Ebene, Trennen ... Das »O« hat in seinem Runden und Geschlossenen etwas Finales, Abschließendes Beendendes: Das »O« kündet von Tod, Mortus, Omega, auch von erhaben-letzten Dingen: vom Großen, Sonne, Mond, Offenbarung, Ordnung ... Von den Konsonanten oder vom ganzen Wortkörper gilt dasselbe: Beim bloßen Sprechen erschließt sich durch Lautmalerei der Inhalt der Worte. Trommel zeichnet das Trommeln nach, Flackern das Flackern, Zischen das Zischen, Gold das Gold, Halle das Hallen ... In einer Selbsterfahrungsübung mit lautem Sprechen ist das leicht nachzuvollziehen.

Hinter der geschriebenen Wortsprache – hinter dem Nur-Begrifflichen, dem Abstrakten – kann man sich verstecken. Die gesprochene Wortsprache hingegen decouvriert. Sie legt bloß, macht nackt. Sie führt nach innen. Im Klang oder Laut als einem rhythmisch Bewegten kommt etwas von dem Ur-Namen zum Ausdruck. Nicht umsonst geniert sich der moderne Mensch, in Gesellschaft ein Lied vorzusingen, ein Gedicht aufzusagen oder sich mehr als nur sachlich-argumentativ mit der Stimme zu äußern: Die Stimme führt in sein Zentrum, wo seine *Person* angesiedelt ist. »Person« kommt von »personare« – dem Hindurchtönen – oder von »per sonum« – durch den Klang. C. G. Jung definierte die »Person« in Anlehnung an die Gesichtsmaske der Schauspieler im antiken griechischen Theater als »Seelenmaske«: Die Maske zeigt den Anteil der Seele, der nach außen gewendet ist. Wie gesagt, in unserer modernen Gesellschaft geniert man sich seiner Stimmlichkeit: Lieber zieht man sich vor fremden Menschen nackt aus, als etwa ein Lied zu singen! Das Sichtbare, das Äußere kann täuschen und zurechtgemacht werden – mit Solarium, mit Schminke, mit Kleidern. Das Unsichtbare, das Innere (was sich über den Stimmklang eines Menschen mitteilt), das läßt sich nur bedingt verstellen, weil es als Teil des Unbewußten dem Willen und den narzißtischen Verkleidungskünsten gar nicht zugänglich ist.

Wer also nach dem »Namen« oder der »Identität« eines Wesens sucht, der ist gut beraten, wenn er sich an den Klang – als den hörbar gemachten Rhythmus oder die hörbar gemachte Schwingung – heranwagt. Jedes Ding hat seinen »Klang«, seinen »Laut«: Naturkräfte wie Wind oder Wasser haben ihren Laut. Ein Krug hat einen Laut, der verloren geht, wenn der Krug in Stücke bricht. Ein Stein oder eine Münze geben einen Klang, wenn sie zu Boden fallen. Vor allem hat das Tier einen Laut, mit dem bereits Seelisches manifestiert werden kann. Eine Kreatur vermag zu klagen, schreien, jubeln, trauern ... Ein Krug, eine Trommel oder ein Tier besitzen nur den eigenen Laut. Sie sind an ihre individuelle Klanglichkeit gefesselt. Der Mensch hingegen – worin sich sein selbst-reflektierender Verstand aufs deutlichste äußert – kann über seine eigene Klanglichkeit hinaus auch andere Klänge imitieren. Das gibt Macht: *Ich habe dich bei deinem Namen gerufen, und nun bist du mein eigen.* Der magische Mensch tritt mit Dingen, Naturelementen oder Tieren in Kontakt, indem er mit ihrem Klang in Resonanz kommt, indem er ihren Klang reproduziert. Auf diese Weise konnte sich der Mensch zum Beispiel Tiere zu Haustieren machen. Mit »Laut« oder »Klang« hatte der Mensch die Möglichkeit des Beschwörens – nicht nur im historischen Dunkel der magischen Kulturen, sondern noch heute im tagtäglichen kommunikativen Umgang mit anderen: Wer einen Mitmenschen mit richtigem Namen und im richtigen Tonfall anredet, der hat oft eine machtvolle Position oder erntet Sympathie.

Daß das Wissen um den »Klang« oder »Namen« eines Wesens Macht darstellt, mag der Grund dafür sein, daß der moderne Mensch sich so ungern über seine unmittelbare (unverstellte) Stimmlichkeit mitteilt: Indem er den anderen über seinen Stimmklang und seine persönlichste Grundschwingung (das intime Timbre) den wahren »Namen« mitteilte, würde er den anderen Macht über sich geben. *Ach wie gut daß niemand weiß, daß ich Rumpelstilzchen heiß!*: In Grimms Märchen war im gleichen Moment die Macht gebannt, in dem der »Name« erraten war.

Die Suche nach seinem »Namen«, die jeder Mensch bei seiner Selbst-Findung zu leisten hat, ist die Suche nach der eigenen Schwingungsform, nach dem rhythmischen Muster, mit der die Einzelform seines Lebens mit dem Unus Mundus, mit dem »Großen Einen Leben«, mit dem weltumspannenden Energiefeld oder mit dem ätherischen »Ch'i« des Konfuzianismus verbunden ist. Der »Name« bezeichnet die Qualität des rhythmischen Zugehörens zum Wellenden – zur Welt. Deshalb hat jedes Individuum ein unverwechselbares Schwingungsmuster. Der Fingerabdruck – als zur statischen Form gewordener Rhythmus – ist zum Beispiel ein Beleg dieses »Namens«. In der Ausdruckspsychologie hatte Lavater in seinen *»Physiognomischen Fragmenten«* schon im 18. Jahrhundert erkannt, daß jeder Mensch in Tätigkeiten und Bewegungen ein individuelles Timbre hat, das ihm selbst unbewußt ist, anderen jedoch Aufschluß über sein Wesen und seinen

Charakter zu geben vermag. Die Musikethnologie kennt etwas Vergleichbares in dem Phänomen des »Eigenliedes«: *Das »Eigenlied« ist der Ausdruck des wesenseigenen und nicht nachahmbaren Rhythmus eines lebenden Individuums. »Es darf und kann von keinem anderen Menschen nachgesungen werden. Nur bei der Totenfeier wird es einem nahen Verwandten oder Freund erlaubt, die Imitation dieses Liedes zu versuchen«. Ein anderes »Substanzlied« besonderer Art ist das sogenannte »Namenslied«, durch das »der Heilbringer jedem neugeborenen Menschen seine Sprach- und Stammeszugehörigkeit verleiht«.*[69] Bei buddhistischen Betgesängen ist der »Eigenton« jedes Individuums integraler Bestandteil: Anders als im Kirchengesang unserer Kultur, wo jeder Teilnehmer sich auf die vom Choral vorgegebene Tonhöhe einzupendeln hat, bleibt dort jeder Betende auf seinem eigenen Ton, der oft nur in Nuancen, oft aber ganz wesentlich, vom Ton des benachbarten Sängers abweichen kann. Auf diese Weise entsteht eine clusterartige Klangwolke aus individuellen Stimmtimbres. Im buddhistischen Ritual erhalten sich die Menschen ihr Unverwechselbares und stehen in einem wohltuenden Gegensatz zur Namenlosigkeit unserer Vermassungskultur, wo Individualität zur Farce der äußerlichen Unterscheidung (ob gelber Button am Kleid oder grüne Strähne im Haar) verkommen ist.

Wenn »Name« ein Rhythmus ist, der sowohl die Zugehörigkeit zum Ganzen definiert (das Teilbare oder »Dividuelle« in bezug auf die übergeordneten Rhythmen) wie auch das Unverwechselbare und Eigene angibt (das Unteilbare oder »Individuelle«) – wenn also der »Name« ein Rhythmus ist, dann könnte dieser auch als »Zahl« formulierbar sein: Die »Zahl« gibt das Muster des Teilens an. Die Zahl gibt an, wie ein Rhythmus gliedert. Das Verhältnis vom Namen zum Namenlosen ist deshalb vergleichbar mit dem Verhältnis der Zahl zum Zahllosen. Zahlen können auch Individualitäten ausdrücken. Darauf hatte schon Gottfried Wilhelm Leibniz in *»De principio individui«* (1663) hingewiesen, ... *die Wesenheiten der Dinge verhalten sich wie Zahlen*. Doch damit sind wir schon beim nächsten Teil des Buches.

Teil III: Die Zahl als Archetyp

Nimm allen Dingen die Zahl weg,
so werden alle Dinge zerfallen.
Isidorus von Sevilla, um 600

Die Zahl ist der Bedeutungsgehalt aller zeitlichen oder räumlichen Teilungen. Die Zahl ist sozusagen die Tiefengrammatik der wahrnehmbaren Erscheinungen. Als abstrakte – und von den wahrnehmbaren Dingen losgelöste – Idee kommt sie jedoch nirgendwo im Universum vor: Die Natur kennt strenggenommen keine Zahl. Es gibt nirgendwo in der Natur eine Skala mit Zahlen oder einen (numerierten) Breitengrad. Keine Menge von Gegenständen wurde je in der Natur mit einer Zahl ausgewiesen. Die Zahl offenbart sich nur im konkreten »Sein« oder – aus der Perspektive des Menschen – im »Wahrnehmen« der Gegenstände. Das »Prinzip« der Gegenstände, immer in einer »Anzahl« vorhanden zu sein (und gar nicht anders als in einer »Anzahl« vorhanden sein zu können), ist so elementar, daß es dem Menschen schon auf frühester Entwicklungsstufe einsichtig geworden ist.

Die Zahl ist ein Archetyp: eine Bildform des Instinkts; ein Strukturierungsmuster von psychischer Wirklichkeit; ein Urbild, worin sich das Unbewußte der bewußten Schicht des Menschen mitzuteilen vermag. Archetypen sind eine Rasterung oder Vor-Kodierung des menschlichen Unbewußten, die ein kognitives Wahr-Nehmen von äußeren oder inneren Wirklichkeiten des Seins erst möglich machen. Carl Gustav Jung: *Ich habe diese Motive Archetypen genannt und verstehe darunter Formen oder Bilder kollektiver Natur, welche ungefähr auf der ganzen Erde als Konstituenten der Mythen und gleichzeitig als autochthone, individuelle Produkte unbewußten Ursprungs vorkommen.*[70] Das Ich oder der bewußte Mensch erzeugt die Archetypen nicht, sondern kann sie in seinem inneren Wahrnehmungsstrom nur als fertige

Gebilde vernehmen. Sie sind kollektiver Besitz, angeboren, phylogenetisch in Millionen von Jahren erworben. Vermutlich sind sie auch Teil seiner mineralischen, pflanzlichen oder tierischen Seins-Schichten. Archetypen sind deshalb »Natur«. Ihre Gestalt und ihr Gehalt sind vom bewußten (oder »ich«haften und individualisierten) Menschen nicht beeinflußbar.

Archetypen (und damit auch die »Zahlen«) sind in der tiefsten Schicht des psychischen Gesamtkomplexes zu finden: nicht in der »Seele« als dem persönlichen Unbewußten, wo die im individuellen Leben erworbenen psychischen Funktionskomplexe ruhen, sondern im kollektiven Unbewußten. Der »Mythos« ist das bedeutsame Verbindungsstück zwischen dem kollektiven Urwissen und dem kognitiven Bewußtsein. Im »Mythos« vermag sich der Mensch seine Archetypen zu vergegenwärtigen. In der Auswahl von Mythen, die dann von Generation zu Generation tradiert werden, äußert sich das spezifisch Kulturelle einer bestimmten Menschengemeinschaft. Die Mythen einer Kultur sind kollektive Werte, die dem Menschen unbewußt die Sicherheit vermitteln, daß gewisse Rituale, Verhaltensweisen und Bräuche bedeutungsvoll sind und nachgeahmt werden sollen.

In seinem Spätwerk hatte C. G. Jung die Zahl als grundlegenden Archetypen erkannt[71]: Die Zahl wurde ihm das primitivste Ordnungselement des menschlichen Welterkennens – und damit der Archetyp der Ordnung schlechthin. Die Zahl ist auch ein Mythos. Die Symbolwerte der Zahlen sind weltweit und über Tausende von Jahren von frappierender Uniformität: Sie lassen sich in den frühesten Kulturen genauso belegen wie noch heute in Träumen, Erzählungen und in allen authentischen (das heißt aus dem inneren Wahrnehmungsstrom heraus geschaffenen) Kulturzeugnissen. Da jede Zahl ein Mythos (ein Urbild, ein Urprinzip) war, konnte jede Zahl auch ein göttliches Prinzip (eine spezifische Gottheit) sein: Manifestation einer vor jedem bewußten Sein existierenden psychischen Energie. Zahlen sind Götter. Die Babylonier und Sumerer benannten ihre Götter (ihre strukturierenden psychischen Energien) mit Zahlennamen. Gleiches gilt für die Maya, bei denen Götter und Zahlen einfach identisch waren: *Der unfaßbare und über allem schwebende Urgott ist Hunabku – der Einzige (von Hun = Eins). Die großen Helden heißen Einsjäger und Siebenjäger usw. Diese Zahlen sind zugleich aber auch »Zeitzahlen«, indem jedem Gott ein bestimmter Tag des Maya-Kalenders gehört.*[72] In der chinesischen Überlieferung wurde das Wissen um die »Zahl« von mythischen Figuren wie Schildkröte, Schlange oder Drache mitgeteilt. Daß geistig behinderte, autistische oder minderbegabte Menschen oft mit erstaunlichen Fähigkeiten beim Umgang mit Zahlen (Kombinieren, Rechnen, Mengenerkennen) beschenkt sind, zeigt ebenfalls, daß die »Zahl« einer tiefen Schicht des menschlichen Geistes entstammt.

Der Ursprung der Zahlen ist also dort zu suchen, wo der Mensch zum erstenmal, seine Unbewußtheit überwindend, Inneres nach außen stellte: beim Sprechenlernen. Beim urtümlichen Benennen (bei der Sprachfindung) entstand mit dem Laut (als rhythmischer Energie) auch die Zahl (gleichfalls eine rhythmische Energie). Konsequenterweise waren die frühesten Alphabete (etwa das Hebräische oder das Phönizische mit seinen 22 Buchstaben) immer auch Zahlenfolge: Das Schriftzeichen war zugleich auch Zahlzeichen; so war das hebräische »Alef« zugleich die »Eins«. Da Mythen immer eine charakteristische Chronologie enthalten, hatte die Reihenfolge der Zahlen zugleich auch Bedeutungsgehalt. Unsere Wortsprache weiß noch etwas von diesem Urzusammenhang: Im »Erzählen« steckt noch das »Zählen«, im englischen »to tell« steckt noch das althochdeutsche »tellen« (das Zählen oder Teilen), im französischen »raconter« findet sich noch das »compter« (das Zählen), im lateinischen »numerus« (die Zahl) steckt noch das »nomen« (der Name) als Grundlage des Benennens. Wer sich »erinnert« (also eine im Innern aufbewahrte Vergangenheit nach außen bringen will), der bringt die »Vergangenheit in Zahlenfolge« als zeitliche Sukzession nach außen: er erzählt!

So wenig der Mensch die »Zahl« als intellektuelle Leistung seines Großhirnes definierte und festlegte, so wenig sind auch die »Zahlworte« bloße Willkürlichkeit und Festlegung. »Zahl« und »Zahlworte« wurden »ent-deckt«: Sie waren schon vor der Möglichkeit kognitiven Erkennens als psychischer Energiestrom vorhanden und mußten nur in einem unbewußt bleibenden Akt der Sprachfindung nach außen dringen – »Laut« werden. Am Beispiel der ersten drei Zahlworte »eins, zwei, drei« sei dieser faszinierende Vorgang erläutert. Er spielte sich nicht nur im dunkel eines mythischen »Früher« ab, sondern kann noch heute bei der Entwicklung eines jeden Kindes verfolgt werden.

Um mit der Lautgestalt der »Eins« anzufangen: Im »a-i-n« manifestieren sich drei archetypische Energien. Im »a« das bewußte Setzen eines Anfangs (wie »Alpha«, »Alef«, »Adam«, »Tat«, »Aktion«, »Abraham«). Dieser Archetyp des aktiven Beginnens wird mit dem »i« kombiniert. Das »i« ist das »Ich«, das »Individuelle«, das Aufrecht-Gestalthafte des menschlichen Ganges, das Gerichtete, das dem Dumpfen und Dunklen des Ur-»u« entgegengesetzte »Lichte«. Mit dem »a-i« fängt ein Wesen an, sich vom Urgrund zu lösen und etwas Eigenes (»A-i-genes«) zu werden. Auf dieselbe Weise entstand auch das Wort »Ei« (»a-i«) für das Vogelei.

Was nun noch fehlt, ist das »n«. Das »n« ist die psychische Energie des Verneinens, des Mundverschlusses: Das »n« steckt in »nein«, »nicht«, »Negation«, »niemand«, »nie«... Im Zahlwort »a-i-n« trennt das »n» das neue gewordene (aus dem »a-i« gekrochene) Wesen von der bisherigen Bindung an das Ganze ab – die »Eins« ist durch das »n« (und noch stärker durch das hart abschneidende »s«) zur selbständigen Wort- und Sinngestalt geworden. Ein Wort ist entstanden! Mit dem »a« und dem »i«, dem »n« und dem »s« hat sich aus dem Namenlosen und Zahllosen ein Name und eine Zahl gebildet!

Obwohl der Bezug auf die eigene Sprache ausreichenden Erkenntnisgrund gibt und jedes exotische Aufputzen mit anderen

Kulturen als Flucht (ein Nicht-Anerkennen der eigenen psychischen Wertigkeit) gedeutet werden kann, sei doch auf einige andere Sprachen verwiesen. Die Universalität und der mythische Grundcharakter von »Zahl« und »Sprache« läßt sich damit dokumentieren.

In der lateinischen Wurzel »un« des Zahlwortes »Eins«, aber auch im »hun« (= »Eins«) der Maya vor zweitausend Jahren, ist statt des »a« ein »u« enthalten. War das »a« der Archetyp des aktiven Beginnens, so ist das »u« der Archetyp des passiven Beginnens: Noch bevor der Mensch ein »a« bewußt und aktiv bildet, steckt weit hinten im Gaumen das unbewußtere »u«: Blut, Ur, Mutter, Gruft oder dunkel sind hier die typischen Bedeutungsträger. Zur archetypischen Energie des Lautes »u« kommt im Lateinischen noch das abtrennende »n« – und schon ist das Zahlwort »un« (die »Eins«) geboren. Gleiches gilt für die englische Sprache: Im Zahlwort »one« steckt die Lautlichkeit »u-a-n« des »a« und des »u« – verbunden mit einem abgrenzenden »n«.

Das »a-i-n« der »Eins« steckt in sehr vielen elementaren Begriffen der deutschen Sprache. Im »nein« ist die negierende Energie des »n« doppelt enthalten, weshalb das »Eins« im »nein« zum Inbegriff des Negierens oder Ablehnens werden kann. Im »Sein« ist vor das »a-i-n« ein »s« gestellt. Das »s« trennt mit der Schärfe »ssssss« eines Fallbeiles die Dinge ab: Die von allem Hintergrund abgelöste »Eins« ist deshalb das selbständige »ein« – das »Sein«. Im Wort »kein« ist vor das »a-i-n« der Verschlußlaut »k« gestellt, der den Gaumen beziehungsweise den Sprachbildungsapparat in der Kehle noch grundsätzlicher »zumacht« als das »n« (welches immerhin noch nasal und stimmhaft ist). »Kein« ist deshalb das überhöhte »nein«. Im Possessivpronomen »mein« ist das »m« vor das »a-i-n« gestellt. Das »m« trennt den Sprachbildungsapparat in ähnlicher Weise vom Außen des Sprechenden, es hat jedoch etwas Positives und Wollendes: Das »m« (wie übrigens auch das »l«) sind in der Psycholinguistik als diejenigen Konsonanten bekannt, deren Mundstellung der Säuglinge beim Trinken an der Mutterbrust als natürliche Notwendigkeit erlernt: Lippen- und Zungenstellung von »m« und

»l« erlauben es dem Säugling, Milch aus der Brust zu saugen. Deshalb treten diese Konsonanten in allen indogermanischen Sprachen im Kontext von »Mutter« oder »Milch« auf (»madre«, »latte« im Italienischen; »mother«, »milk« im Englischen; »mère«, »lait« im Französischen usw.). Beim Possessivpronomen »mein« kommt durch das »m« dieses »Haben-Wollen« des säuglingshaften Trinkens als psychische Energie vor das »a-i-n« und ergibt den Bedeutungsgehalt des Besitzens.

Wie man sieht, ist die Sprachentstehung (und die Linguistik als Wissenschaft der Spracherforschung) ein Gebiet, das gleichermaßen faszinierend wie einfach ist. Eine Fülle von ähnlichen Sprach-Meditationen ließe sich an das »ein« anschließen. So zum Beispiel der tiefe Sinn der oft nur negativ verstandenen Worte »allein« oder »einsam«. Bei »allein« wird zu dem »a-i-n« noch das »all« (aus dem »a« des aktiven Beginnens und dem »l« als mütterlichem Laut hinzugefügt: Im »ein« des Alleinseins ist also immer auch die Verbundenheit mit dem »Alles« enthalten. Bei »einsam« wird zu »eins« noch das Urwort »am« (aus »a« des aktiven Beginnens und dem wollenden »m«) hinzugefügt: Im »ein« des »Einsamseins« findet man immer auch die Verbundenheit mit dem gesamten Seienden, das durch die Ursilbe »am« (wie in Same, Name, Amen, zusammen, gesamt, Brahman usw.) repräsentiert wird. »Allein« und »einsam« sind also positiv aufzufassende Begriffe.

Die anderen Zahlworte nach der »Eins« lassen sich genauso in die archetypischen Energien der Einzellaute zergliedern. In der »Zwei« ist wiederum die Lebenszelle des »a-i« (wie in der »Eins«) enthalten. Davor steht jedoch das extrem trennende »z«, das dieses »a-i« als ein völlig anderes ausweist. Das »z« (oder in anderen Sprachsystemen das »t« oder »d«) ist der Archetyp des Zergliederns, Zerlegens, Zerschneidens – er macht aus der »Eins« die zwei Hälften der »Zwei«. Diese dem »Eins« entgegengesetzte »Zwei« ist wie »Ich« und »Du«. Man findet sprachliche Verwandtschaft des »Du« mit dem lateinischen Zahlwort »duo« oder dem englischen »two« (gesprochen: »t-u«) für die »Zwei«.

In der »Drei« schließlich kommt in allen indogermanischen Sprachen das »r« beziehungsweise die Anlautung »tr« oder »dr« ins Spiel. Diese steht für »Drehen«, »Drunter«, »Drüber« oder das »Trans« des Transzendenten: Das »dr« führt aus der oft hemmenden Gegensätzlichkeit des Duals (der »Zwei«) und gibt den dynamischen weiterführenden Aspekt an.

Nochmal sei's gesagt: Die Sprache bietet einen faszinierenden Zugang zum Urwissen. Die Analyse von Sprache und von Sprachwerdung vermittelt einen unmittelbaren Einblick in menschliche aus Bewußtem und Unbewußtem sich konstituierende Geistigkeit. Die Geistigkeit ist weitgehend unabhängig von geographischen und volksgebundenen Grenzen. Ein Sich-Besinnen auf die Laute als archetypische Energien im Inneren des Menschen vermittelt etwas von der Allgemeinverständlichkeit der »Ursprache«, die sie einst – vor der als Mythos überlieferten »babylonischen Sprachverwirrung« – gehabt haben muß. »Sprache« und damit auch die »Zahl« sind Mythos und Archetyp.

Vom Umgang mit den Zahlen

Die Sprachwerdung der Zahlworte macht deutlich, daß »Zahl« in erster Linie eine Qualität (eine innere Energie, einen Mythos, ein individuelles Wesen) darstellt. Erst in einem zweiten Schritt wurde »Zahl« zur bloß quantitativen Angabe, zur Mengen- und Meßangabe der äußeren physischen Wirklichkeit. Ernst Jünger beschreibt in *»Zahlen und Götter«* diesen Prozeß: *Die Zahl als Zeichen, mit dem gerechnet und manipuliert wird, gewährt den Vorteil einer ungemeinen Vereinfachung inmitten der Mannigfaltigkeit der Welt. Der kalkulierende Verstand hat sich ein Stockwerk geschaffen, in dem er nach Art des königlichen Kaufmanns operiert. In dieser zugleich nüchternen und geheimnisvollen Zelle wird Buch gehalten, registriert. Das Mannigfaltige, etwa das Abenteuer der Ostindienfahrten, erscheint als Ziffer, letzten Endes als Gewinn und Verlust. Bevor es jedoch gezählt werden konnte, mußte es zählbar gemacht werden. Dann folgt es den Maßstäben.*

Der Raum wird meßbar, wird übersichtlich bis an die Grenzen der sichtbaren Welt. Zugleich verliert er das Numinose; es schwindet dahin, wie es jetzt bei der Befahrung des Mondes wieder gespürt wurde. Dasselbe gilt für die Zeit, die an Gewicht verliert, was sie an präziser Bedeutung gewinnt. Die Stunden gleichen sich an. Die abstrakte Zeit nagt an den regionalen und klimatischen Differenzierungen. In der Stadt ist immer Jahrmarkt, und sie ist immer taghell erleuchtet, auch finden wir sie als stets die gleiche in jedem Lande, auf jedem Kontinent. Auch etymologisch können wir den Verlust vom Qualitativen zum Quantitativen dingfest machen: »Ziffer« leitete sich von »sephira« (die Sphäre) ab und meinte damit die Herkunft vom Sinn- und Bedeutungsvollen. Heute dagegen ist die »Ziffer« das absolut Leere, nämlich die bloße Zahlenhülse geworden.

Die Qualität der Zahlen wiederzufinden – das heißt, die »Zahl« ganz konkret zu erleben. In der Natur der der Pflanzenwelt, in den Rhythmen von Erde, Mond, Sonne und Planeten, in den Kristallformen. Erkenntnisreich ist auch das Aufsuchen und sinnliche Erleben von Zahlenrelationen wie 1 : 2, 2 : 3 oder 3 : 4, von sogenannten »Verhältniszahlen«. Bei den Sumerern und Ägyptern gab es für solche Zahlenwerte eigene Schriftzeichen.[73] Das Charakteristikum solcher Zahlwerte ist ihr qualitatives Moment: Die Relation 1 : 2 bezeichnet man in der Musik als Oktave (man oktaviert einen Ton durch Halbierung oder Verdoppelung der tonerzeugenden Saite oder Luftsäule). Die Relation 2 : 3 bezeichnet man als Quinte (Quinten entstehen durch Drittelung). Oktave und Quinte sind jeweils festumrissene musikalische und klangsinnliche Qualitäten. In der Atomphysik gibt es bei der Protonen- und Neutronenbesetzung in den Atomschalen dieselben Verhältniszahlen: Auch hier wirken sich die Zahlen qualitativ aus, da jede Änderung der Verhältniszahlen einen anderen Aspekt der dadurch strukturierten Materie ergibt.

In der Zahlenordnung unserer Umwelt läßt sich dem bewußt erlebenden Menschen eine Fülle an innerem Reichtum erschließen, der sich oft unbewußt (unter Umgehen eines intellektuellen »Aha«!-Effekts) bemerkbar macht. Die Zahlenstrukturen in

Mythologien, Märchen, in religiösen Schriften und heiligen Texten sind oft von größerer Wirkung als die an den analysierenden Verstand gerichteten Wortbegriffe. In der Bibel (um eine Mythologie unseres Kulturraumes zu nehmen) ist beispielsweise die ganze *»Offenbarung«* (das Schlußkapitel der Bibel) von Zahlenworten und Zahlenhinweisen durchsetzt. Auch in den Büchern Mose im Alten Testament findet man in vielen Kapiteln zahlensymbolische Hinweise: Moses selbst gab, wie in der Legende berichtet wurde, den Zahlenschlüssel (in Tradition der ägyptischen und chaldäischen Einweihungslehren) mit der Bundeslade an die Ältesten.

Zahlenstrukturen wirken mit ihrer archetypischen Kraft auch in Romane, Erzählungen, Libretti oder Filmdrehbücher hinein. Ein bekannter dramaturgischer Griff ist es zum Beispiel, eine Geschichte mit drei Personen (zwei Männer, eine Frau) beginnen zu lassen: Die »Drei« wirkt hier in ihrer archetypischen Dynamik und zeitigt Konflikt nebst Handlung. Die Geschichte endet dann in der Regel, indem sich die »Drei« zur Polarität der »Zwei« reduziert oder – weit häufiger und mit effektiverer Schlußwirkung – indem sich die »Drei« zur Doppelpolarität der »Vier« weitet. Mit der Lösung der »Drei« in zwei Paare (es muß nicht gleich das Doppel-Happy-End einer Filmschnulze sein) ist die Quaternität erreicht, die C. G. Jung als stabilen Zustand oder Zustand der Heilung beziehungsweise Ganzheit beschrieben hat. Am Beispiel eines Opernlibrettos beleuchtet: Emanuel Schikaneders Geniestreich bei der Gestaltung des Librettos zur *»Zauberflöte«* war die Anordnung der Figuren. Tamino und Pamina sowie Papageno und Papagena sind die beiden Paare des Doppel-Happy-Ends, die am Schluß der Oper eine stabile Quaternität (eindeutig aus einer Doppelpolarität bestehend) ausbilden. Sarastro, der Herrscher des Tages und der Weisheit, sowie die Königin der Nacht stellen eine Dualität dar, die als Polarität »Mann–Frau« oder »Tag–Nacht« die Handlung übersichtlich strukturiert. Daneben gibt es Dreiergruppen, deren Dreihaftigkeit »dynamisch« wirkt und die Handlung beziehungsweise Entwicklung der Helden vorantreibt: drei Damen, drei Knaben (Genien), drei Priester, drei Sklaven – also zwölf in Dreiergruppen zusammengefaßte Personen (die Zwölf ist der Archetyp der Psyche und Physis umfassenden Ganzheit). Der Mohr Monostatos ist eine »Einzelfigur«, die das Zahlengefüge in der Tat stört und im Verlauf der Geschichte eliminiert werden muß. Die zwei geharnischten Männer stehen für die oft in Mythen und Religionen auftretende »Zwei« als Gesetzeshüter an der Schwelle vom Dunklen (Unbewußten) zum Hellen (Bewußten); wie zum Beispiel die doppelte Sphinx, die zwei Löwen am Tempeleingang, die zwei Tafeln der mosaischen *»Zehn Gebote«*.

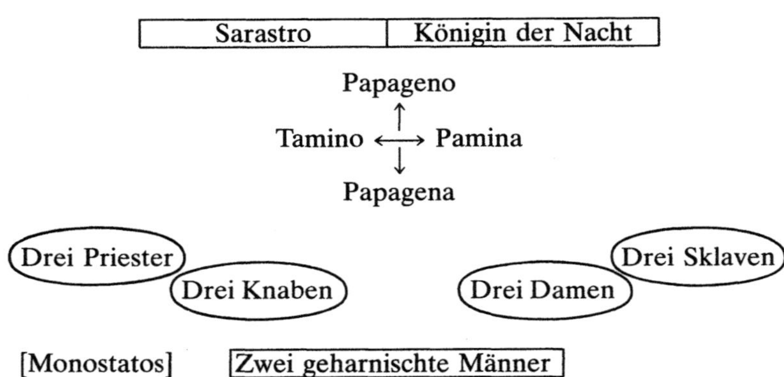

Dem, der die *»Zauberflöte«* hört und sieht, erschließt sich hinter all den ablenkenden Details von Musik und Handlung ein so einfaches wie wirkungsvolles Zahlenspiel: Im Mittelpunkt der Handlung entsteht eine stabile Vier, begründet durch die vier dynamischen Dreiergruppen, eingebettet in die Ur-Polarität der Zwei von »Tag–Nacht«. Diese Dramaturgie, die ähnlich in zahllosen Märchen und Sagen festgestellt werden kann, ist mit Sicherheit eines der Momente, das der *»Zauberflöte«* zu solcher Publikumswirksamkeit und zur inszenierungstechnischen Unverwüstlichkeit verholfen hat.

Die Zahlen eins bis zwölf – als Mythos betrachtet

Die Zahlen von Eins bis Zwölf sind regelrechte Individualitäten, die zum einen untereinander ein aufschlußreiches Beziehungsfeld ausbilden, zum anderen auch als Teiler oder Quersumme der höheren Zahlen qualitätsbestimmend sind. Zu den Zahlen Eins bis Acht sind ja im Abschnitt über *»Die Zahl als rhythmische Qualität«* (S. 82ff.) schon knappe Erläuterungen der Wesenseigenschaften gegeben worden. Eine ausführliche zahlensymbolische Deutung dieser Zahlwerte könnte leicht auf einen mehrbändigen Buchumfang ausgeweitet werden. Eine reiche Literatur liegt dazu ohnehin schon vor.[74] In unserem Zusammenhang soll es aber genügen, den archetypischen Aspekt der Zahlen aus der Fülle von Belegen in Mythen, Märchen, Sagen, Ritualen, aber auch in der physischen Natur herauszudestillieren: Die Zahlen wollen wir als »Götter« wiedererkennen!

Die Eins: In unserem quantitativen Alltagsverständnis ist die »Eins« eine geringgeachtete Zahl – sozusagen der kleinstmögliche Wert. Ohne Scheu wird sie als Rechengröße dann noch geteilt. In der Mystik, im religiösen Weltbild und als Mythos war die »Eins« jedoch immer das Höchste – der ehrfürchtig betrachtete Gott der Götter, das Ungeteilte, das Ganze, das Alles. Bei Platon war die »Eins« die höchste Idee, das Zeitlose, das All-Eine und Zweit-Lose. Die Sehnsucht nach der »Eins«, nach dem Ur-Einen, war immer die Sehnsucht nach dem Paradies und nach der Erlösung. Die »Eins« ist das Nicht-Polare, das In-sich-Ruhende und Archetyp des Geschlossenen. Symbol der »Eins« ist deshalb das Runde, der Kreis oder die Sonne.

Für den Menschen ist die »Eins« die Zahl seines Unbewußten. Ihr folgt die »Zwei« als Zahl der Unterscheidung und Bewußt-

Zahlenbild 8: *Die Zahlen drei bis acht (in Zahlenbildern der vierten Generation) (vgl. S. 272)*

werdung. Die »Eins« steht für den Anfang, das Schlummern, das Unerweckte und Ungeteilte. Dennoch ist die »Eins« schon eine Figur, eine Gestalt, ein aus dem Ur-Grund der Null Abgelöstes, ein Individuum: Im Zahlzeichen »1« oder (mit römischer Ziffer: »I«) wird deshalb gerne der aufrechte Gang des Menschen gesehen, dem in der Wortsprache das aufrechte und gestaltstarke »i« des »ich bin« entspricht. In der Musik entspricht die »Eins« dem Intervall der »Prime«, also der Einstimmigkeit oder dem Begegnen eines Tones mit einem identischen Ton: Hermann Pfrogner sprach vom »Primerlebnis« *als innerlichster Ichbegegnung, als erster, uranfänglichster Bestätigung eigenen kreatürlichen Seins.*[75]

Die Zwei: Die »Zwei« entspricht in der Musik dem Oktaverlebnis, da mit der Relation 1:2 (also mit der Zweiteilung einer Saite) der Oktavton – der gleichnamige, aber eben auf eine andere Unterscheidungsebene gehobene Ton erklingt. In der Oktave kann sich ein Ton seines So-Seins bewußt werden. Die »Zwei« ist deshalb der Archetyp der Erkenntnis. Mit der »Zwei« entfaltet sich eine Sache in ihre symmetrische Entsprechung, in das Spiegelbild, in die Polarität. So wie die »Zwei« in der Musik bloß die Oktave (aber noch keinen neuen Ton) erzeugt, so wie die »Zwei« in der Geometrie nur eine abstrakt-unanschauliche Gerade (aber noch keine geschlossene Fläche) ausbildet, so provoziert das »zwei«-hafte Unterscheiden ein wenig lebensfähiges Wissen: Menschen, die in der Phase des bloß polaren Unterscheidens und des Gegensatzdenkens steckenbleiben, fehlt das vitale Weitergehen in die »Drei«. Der »Zwei« haftet deshalb etwas Unfertiges an. Der »Dissens« ist ihr Grundcharakter. Mit der »Zwei« sind etymologisch die Begriffe »Zwist«, »Zweifel«, »Entzweiung« oder »Zwiespalt« verbunden. Auch das lateinische Wort »dubius« für »Zweifel« beinhaltet das »due«. Diese Zerrissenheit des Menschen drückt das faustische *»Zwei Seelen wohnen, ach! in meiner Brust«* aus. Der Teufel war daher schon immer der Zweigehörnte. »Diabolus« meint den »Zwei-Teiler«. Doppelzüngig, zweischneidig oder doppelbödig meint stets etwas Ungutes, Negatives. Im Persischen bedeutet »zweifarbig« soviel wie »heuchlerisch«.

Das Beharren in der »Zwei« zeitigt Konflikt. *Niemand kann zwei Herren gleichzeitig dienen* (Matthäus-Evangelium, 6,24). Bei persönlichen Entwicklungen charakterisieren sich Krisen immer als Entscheidungssituationen und als Fallen in die »Zwei«. Wer in der »Zwei« steckt, der muß sich entweder entscheiden oder die Gegensätze integrieren und sich zur Synthese fähig zeigen. *Die Zwei ist die Zahl der Scheidung. In der Auseinandersetzung mit der Polarität, mit den Gegensätzen und in der Begegnung mit der Welt lernen wir das Wesentliche und Wahre vom Äußerlichen und Vergänglichen zu unterscheiden. Die Zwei bildet den Spiegel des Bewußtseins. Indem wir uns im Spiegel der Welt betrachten, beginnen wir, uns selbst zu erkennen ... So führt uns die Zwei auf den Weg der Individuation. Indem wir uns der Welt stellen, kristallisiert sich allmählich unser wahres Wesen aus dem Unbewußten. Der Weg der Erkenntnis und Verwirklichung unseres Selbst ist ein Weg der Differenzierung.*[76]

Die Welt zeigt sich dem Menschen zuerst immer als gespaltene, zweigeteilte: hoch–tief, hell–dunkel, heiß–kalt, die linke und rechte Hemisphäre des Gehirns, Systole und Diastole des Pulsschlages, Arterie und Vene, Berg und Tal ... Die ersten Worte des Menschen sind »Oktaven«, also symmetrische Worte: »mama«, »papa«, »hamham«. Auch die Inhalte aus dem Unbewußten, wenn sie die Pforte zum Bewußtsein durchdringen, erscheinen dem inneren Wahrnehmungsstrom immer als »Zweifaches«, »Gedoppeltes«: Am Anfang der Schöpfungsberichte stehen oft Schöpferzwillinge; doppelgestaltige Türhüter (Sphinx, Doppellöwen, Vogelwesen) bewachen an rituellen Gebäuden die Eingangstüre als die symbolische Pforte zwischen Diesseits und Jenseits (zwischen Bewußtem und Unbewußtem). In der chinesischen Mythologie teilt der zweiteilige Rhythmus von Yin und Yang den gesamten Kosmos, was zahlensymbolisch als Dualität zweier antagonistischer Rhythmen gesehen wurde – der Rhythmus der geraden Zahlen und der Rhythmus der ungeraden Zahlen teilen sich das weltumspannende Feld Ch'i in grundsätzlicher Weise:

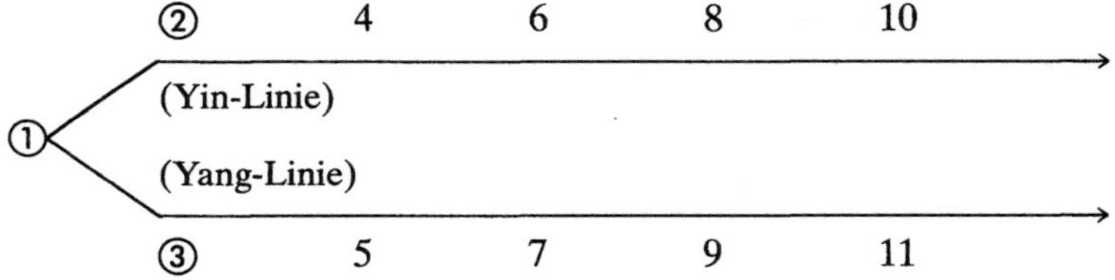

Die Drei: Die »Drei« ist der Archetyp des Dynamischen, der Bewegung, der Veränderung erzeugenden Kraft, der Einigung als Überwindung von Trennung oder Gegensatz. Das Verharren in der »Zwei« bedeutet immer ein Zerrissen-Sein, ein Getrennt-Sein oder eine Nicht-Einigung. Der Schritt in die »Drei« bringt die »Lösung« als das Loslassen der »Zwei«: Im Hegelschen Dreischritt von »These–Antithese–Synthese« steckt dieser Entwicklungsschritt ebenso wie in den Kunstformen Drama, Komödie oder Sonate, die zu Beginn immer einen (dramatischen, komischen, musikalischen) Konflikt aufweisen, der dann im weiteren Formverlauf zu lösen ist. *Die Drei macht gut, was die Zwei angerichtet hat,* weiß deshalb die Psychologie. Die »Drei« erzeugt Entwicklung. Ohne die »Drei« gäbe es nur Stillstand. Laotse überliefert in seinem *»Tao Te King«: Das Tao erzeugt die Einheit. Die Einheit erzeugt die Zweiheit. Die Zweiheit erzeugt die Dreiheit – die Dreiheit erzeugt alle Dinge.*

Die Erzählstrukturen in Mythen und Märchen sind oft dreiteilig: mißliche Ausgangssituation (Not), das Abenteuer und die Prüfung (Tat), der meist glückliche Ausgang (Lösung). Die Zahl »Drei« kommt dabei sehr oft vor: Drei Rätsel sind zu raten, drei Hindernisse zu überwinden, drei Zauber sind zu lösen; auch gibt es drei Brüder, drei Schwestern, drei Ritter, drei Blutstropfen, drei Sprachen, drei Ringe ... Oft steht die »Drei« synonym für »Viele«, da nach der »Zwei« (dem Paar) im magischen Bewußtsein die Zählgrenze lag (eins, zwei, viele ...«). Daß die »Drei« die erste Zahl sei, auf die der Begriff »alle« zutrifft, hat schon Aristoteles festgestellt. In der ägyptischen Hieroglyphen-Schrift wurde die Mehrzahl durch drei Striche versinnbildlicht. In der

Gesetzgebung wirkt die »Drei« kumulativ: Was dreimal geschieht, darf zur Regel werden.

Die »Drei« hat über ihren bewegenden und dynamischen Aspekt hinaus auch etwas Abrundendes und Ruhendes. Sie ist der Archetyp der Einheit hinter dem Polaren der Zwei: Das Dritte löst die Gegensatzspannung der Dualität und offenbart das in der »Zwei« verlorengegangene Ur-Eine. Dieses Ruhende konkretisiert sich mehrfach: geometrisch im Dreieck, wo sich nach der »Eins« (dem Punkt) und der »Zwei« (der Geraden) erstmals eine abgeschlossene Fläche, eine sinnlich erlebbare Gestalt – eben das Drei-Eck – ausprägt. Musikalisch im Dreiklang, wo das Offene des Zweiklangs (des bloßen Intervalls) zur Ruhe kommt. Auch in den musikalischen Formen wie der ABA-Form oder der »Da capo«-Form ist die Dreiteiligkeit als erstes Prinzip einer abgeschlossen-ruhenden Gestalt zu erkennen. Gleiches gilt für die soziale Einheit »Familie«: Erst wenn mit der Trias von »Vater–Mutter–Kind« eine Einheit gegeben ist, sind die dualen Spannungen von »Mann–Frau« als »Vater–Mutter« auf einer ersten Stufe – zumindest idealiter – gelöst.

Die Zahlenfolge »Eins–Zwei–Drei« markiert mit ihrer Dynamik alle persönlichen Entwicklungsschritte – von der kleinen Alltagskrise bis zur großen Lebensaufgabe der Individuation. So wie der »tumbe Tor« Parzifal im Mythos den Weg von der »Tumbheit« (der Einfalt) über den »zwîfel« (Zweifalt) zur »saelde« (Seligkeit) gehen mußte, so hat sich jede Entwicklung in der Überwindung der unerkannten »Eins« und der im materiell-physischen verhafteten »Zwei« zur »Drei« als einem neuen geistigen Zustand durchzukämpfen. Heinrich E. Benedikt: *Aus der Einheit geboren, geht die Seele durch Trennung, Zweifel und Krisen, um bereichert die Einheit wiederzuerlangen. Nun ist sie aber nicht mehr der gleiche unerfahrene Keim, sondern, bereichert durch die Erfahrung, hat sie Erkenntnis, Liebe, individuelle Gestalt und Bewußtsein ihrer wahren Natur erlangt. All diese Früchte wären nicht gereift ohne den Weg des Ringens... Drei ist der Schritt, in dem sich der ewige Kreislauf zwischen den Polen öffnet in die dritte Dimension der Spirale. Einheit, Lösung und Integra-*

tion heißt der Weg der Seele von ihrem Ausgang aus Gott bis zu ihrer Rückkehr in Ihn. Und jede bestandene Prüfung, jede gemachte Erfahrung spiegelt sein Muster. Drei ist somit die Zahl des geglückten Schrittes, in dem der Mensch durch die Meisterung von Polarität und Gegensatz ein Stück höherrückt in der Spirale des Bewußtseins.[77]

»Drei« ist die Zahl des höheren Bewußtseins, des Geistes, des »Trans« (man vergleiche die sprachliche Verwandtschaft) im »Transzendenten«. In der Tat findet man in Mythen und Religionen eine Vielzahl trinitärer Gottesbilder: Neben der christlichen Trinität von Gottvater–Sohn–Heiliger Geist gibt es die hinduistische Trinität von Brahma–Vishnu–Shiva, die altägyptische Trias von Osiris–Isis–Horus oder von Amun–Re–Phta, die babylonische Trias von »Anu–Inlil (oder Bel)–Ea« oder von »Apsu–Tiamat–Mummu«, in der vedischen Naturreligion »Indra-Varuna-Mitra«. Die Liste ließe sich lange fortsetzen. Auch für religiöse Rituale ist die Dreizahl typisch: Der biblische Segen des Aaron (4. Buch Mose, 6,24) ist ein dreifacher; das dreimalige »Sanctus«, das auf Jesaja (Kapitel 6,3) zurückgeht und ebenfalls in die Liturgie eingegangen ist; der dreifache Dreikönigssegen am 6. Januar, nach dem die Initialen C + M + B am Türgebälk angebracht werden. Triadische Gruppen mythischer Figuren oder niederer Gottheiten sind in allen Kulturen typisch – drei Parzen, drei Nornen, drei Hekaten, drei Gorgonen ... Die Druiden verehrten die Zahl »Drei« als ihren unmittelbaren Gott, was sprachlich auch wieder durch die gemeinsame Wurzel »dr-« belegt ist.

Die Vier: War die »Drei« der Archetyp des Bewegenden, des Geistes, des Schrittes zur höheren Bewußtseinsstufe, so repräsentiert die archetypische Energie der »Vier« die stoffliche Welt, die Physis, das irdische Leben, das Statische und Festgefügte. Geometrisches Sinnbild ist das Quadrat, das keine Dynamik, aber eine immense Stabilität aufweist: Pyramiden, Häuser, Burgen, Plätze und Städte haben nicht umsonst einen quadratischen oder rechteckigen Grundriß. In den Träumen, in den Bildern, in Mandalas und in den Mythen aller Völker hatte C. G. Jung die

»Vier« beziehungsweise die »Quaternität« als Sinnbild der Ganzheit, des Heil- oder Stabilseins erkannt. Vor allem in der »Selbst«-Findung während seiner Individuation beginnt der Mensch seine Viererstrukturen im Unbewußten zu entdecken.

Verkörperte die »Drei« das dynamische-geistige Prinzip (die Idee), so stellt die »Vier« die Manifestation und Konkretion dieses Prinzips dar. In der Musik kommt diese Differenzierung von »Drei« und »Vier« wiederum treffend zum Ausdruck: Der harmonische Dreiklang ist die »Idee« und das geistige Material der Musik. Konkretisiert wird dieser Dreiklang jedoch im vierstimmigen Satzgefüge. In der Vierheit manifestiert sich die konkrete und stoffliche Welt. Es gibt im Raum vier Grundrichtungen: hinten und vorne, links und rechts. Die vier Himmelsrichtungen, vier Tageszeiten und vier Jahreszeiten sind die Koordinaten unseres konkreten Welterlebens: Hierbei entsprechen sich: Osten–Morgen–Frühling, Süden–Mittag–Sommer, Westen–Abend–Herbst, Norden–Nacht–Winter. Unser Geschmacksempfinden kennt vier Grundrichtungen; es gibt die vier Elemente, das vierteilige Kreuz ist Sinnbild der menschlichen Erdgebundenheit...

Mit der »Drei« ist jener durch das »Eins–Zwei–Drei« charakterisierte Entwicklungsprozeß abgeschlossen worden. Die »Vier« eröffnet einen neuen Prozeß: So wie die »Eins« in die Dualität der »Zwei« sich öffnete, so öffnet sich die trinitarische Einheitlichkeit der »Drei« in die Doppelpolarität der »Vier«. Die »Drei« und die »Vier« gehören deshalb eng zusammen: Mathematisch kommt dies in der Summe zum Ausdruck (3 + 4 = 7), da die »Sieben« eine wesenhafte Zahl ist (Zeitzahl, Entwicklungszahl), aber auch im Produkt (3 × 4 = 12), das mit der »Zwölf« den umfassendsten Archetypen der physischen und psychischen Ganzheit ergibt.

Ausgehend von seinen Studien der mittelalterlichen Alchemie als einer Frühform psychoanalytischen Wissens erkannte C. G. Jung die Spannung von »Drei« und »Vier« als Quintessenz des europäischen Denkens, die auch im Christentum (die »Drei« der Trinität und die »Vier« des Kreuzes) wesenhaft angelegt ist. Die Alchemie kannte vier Elemente (die den vier Temperamenten des Menschen entsprachen), welche mittels dreier Verfahren zu vereinen waren. Merkwürdigerweise bestätigt die moderne Biochemie den grundsätzlichen Charakter dieses zahlensymbolischen Hintergrundes: Träger des Erbmaterials in den Zellen ist die sogenannte DNS-Doppelhelix, in deren Strang vier Molekülsorten (A = Adenin, C = Cytosin, G = Guanin, T = Thymin) in einer informationsspezifischen Reihenfolge aufgereiht sind. Jeweils drei solcher Moleküle werden zu einem »Codon« (Codewort) zusammengefaßt, wenn die DNS-Spirale beim Wachstum auf die Ribonukleinsäure RNS umkopiert wird. Wenn unser Erbmaterial transportiert wird – so läßt sich hier ein einfaches Fazit ziehen –, dann benutzt die Natur genau jene »Viererstruktur gekoppelt mit einer Dreier-Verfahrensweise«, die von den Alchemisten bei ihrer Suche nach dem »Stein der Weisen« intuitiv gefunden wurde.

Die Fünf: Die Fünfgliederung ist der Archetyp des Individuellen und Lebendigen – auch des Widerspenstigen. War die »Drei« Geist oder Idee, war die »Vier« die Physis und stoffliche Welt, so ist nun die »Fünf« die Füllung dieser Welt mit Leben. Das Leben ist krumm und schwer berechenbar – so wie die »Fünf«. Schon die mittelalterliche Alchemie hatte auf die Herkunft der »Fünf« aus der materiellen »Vier« verwiesen: Die »quinta essentia« (das fünfte Seiende) war das Wesentliche (die »Quintessenz«), das bei den chemischen Operationen mit den vier Elementen gesucht wurde. Die »Fünf« wurde oft als »Quincunx« angeordnet – als ein Punktequadrat, in dessen Mitte sich (wie beim Spielwürfel) ein fünfter Punkt befindet. Das Wesen der »Fünf« ist es, »Mitte«

zu sein: wie im Sinnbild des an das Kreuz (an die irdische Materie) genagelten Jesus; oder wie im Sinnbild der Rose mit Kreuz beim Rosenkreuzerorden. »Fünf« ist das Zentrum der »Vier«. »Fünf« ist die Mitte der ungeraden Zahlen 1 3 5 7 9. »Fünf«

steht für die menschliche Seele, was Friedrich Schiller in den *»Piccolomini«* festgehalten hat: *Fünf ist / Des Menschen Seele. / Wie der Mensch aus Gutem / Und Bösem gemischt ist, so ist die Fünfe / Die erste Zahl aus Grad' und Ungerade.*

Der Charakter der »Fünf«, die Mitte zu sein, kommt auch in vielen magischen Quadraten zum Ausdruck. Im uralten magischen Quadrat der ersten neun Zahlen (das übrigens mit dem modernen Tastentelefon wieder ins täglich Bewußtsein rücken müßte), bildet die »Fünf« die Mitte:

1	2	3
4	5	6
7	8	9

Magisches Quadrat, bei dem jede durch die »Fünf« (Mitte) führende Linie die Quersumme 15 ergibt.

Auch andere Quadrate wie das chinesische *Lo-Schu*-Modell oder das *Ho-T'u*-Modell (kosmische Zahlenpläne als Modell des Universums) haben als Mitte immer die »Fünf«.

Die Widerspenstigkeit der »Fünf« als Zahl des Individuellen kommt in der Naturwissenschaft im Kristallaufbau vor, wo die »Fünf« als Ordnungszahl nicht möglich ist. In der Mathematik sind Gleichungen fünften Grades nicht mehr lösbar. Regelmäßige Fünfecke können in keiner Form zum Parkett angeordnet werden; erst seit 1968 sind konvexe Fünfecke bekannt, die sich allerdings nur nicht-regulär parkettieren lassen.[78] In der organischen Natur ist die »Fünf« allerdings eine beliebte Ordnungszahl: Bei Pflanzen und Blüten, Seesternen, in der Anzahl von Fingern oder Zehen – in vielen Anordnungen ist die »Fünf« strukturbildend. Nicht zufällig stellte Aristoteles fünf menschliche Sinne fest.

»Fünf« ist die Summe der ersten geraden Zahl »Zwei« (der Yin-Zahl oder weiblichen Zahl) und der ersten ungeraden Zahl »Drei« (der Yang-Zahl oder männlichen Zahl). »Fünf« ist deshalb auch die Zahl der Liebe und des Verbindens von Ungleichem. In Nizamis Erzählung *»Haft paikar«* gibt die Prinzessin Turandot jenes Rätsel mit den zwei Perlen auf, das nur derjenige zu lösen wußte, der die »Zwei« als weiblich empfand und als Gegenstück drei männliche Perlen hinlegte. »Fünf« ist die Venuszahl – aufgrund der Fünfstrahligkeit des Sternes und aufgrund der Fünferstruktur seiner Konjunktionen mit der Sonne. Venusbeeinflußte Pflanzen wie die Rose, die Quitte oder die Apfelblüte, die immer als Symbole der Liebe und Ehe verwendet werden, tragen in ihrem Blüten- und Fruchtaufbau die »Fünf« sehr deutlich zur Schau.

Wegen ihrer Individualität und Widerspenstigkeit in Systemen aller Art ist die »Fünf« öfters auch als »böse« empfunden worden. Bei den Ägyptern bedeutete »Fünfheit« (»ta duat«) deshalb auch soviel wie »Unterwelt« oder »Hades«. Die »Fünf« brachte immer Unordnung in einen vornehmlich von »Zwei«, »Drei« und »Vier« geordneten Kosmos. In der Musik spiegelt sich dies wiederum sehr klar: Die Fünfteilung einer klingenden Saite ergibt die große Terz (Verhältniszahl 4:5). Da das abendländische Tonsystem jedoch nur auf Oktave, Quinte und Quarte (also auf den Zahlen »Zwei« bis »Vier«) aufgebaut war, war die Terz – obwohl so süß, sinnlich und schön klingend – ein störendes Element. In der Musik des 19. Jahrhunderts nahmen die Terzstrukturen solcherart überhand, daß die reinen Terzen das auf den Quintstrukturen berechnete Stimmungssystem störten, das Tonsystem aufgeweicht wurde und eine Auflösung in die Atonalität logische Konsequenz wurde. Fazit: Die Sinnlichkeit der lebendigen »Fünf« hat auch etwas Zerstörerisches. Im Pentagramm (dem Drudenfuß) als geometrischem Zeichen der »Fünf« kommt diese Ambivalenz zum Ausdruck: Es wird zum einen als gutes Zeichen (etwa in der pythagoräischen Heilkunst) verwendet, erscheint jedoch auch im Kontext von Hexerei und Zauberei.

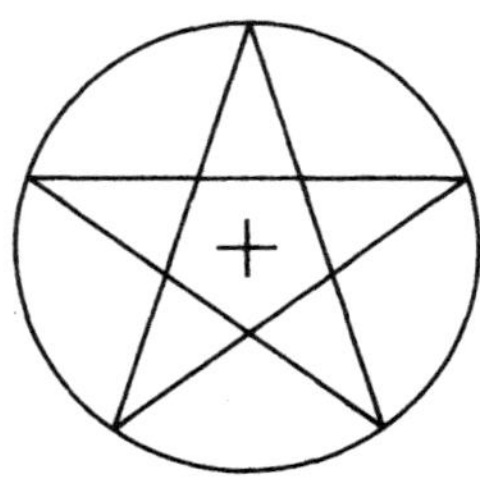

Die Sechs: Die »Sechs« ist der Archetyp diesseitiger Vollkommenheit und der Vereinigung von dynamischen Gegensätzen. Die »Sechs« ist eine Art Doppel-Trinität oder Tripel-Dualität und vermag deshalb unterschiedlichste Kräfte zu binden. Das Hexagramm, das in der jüdischen Kultur als »Davidstern« hohes Ansehen genießt, wurde in der Kabbala der sechsten Sephira (Sphäre) zugeordnet und hieß dort »Tipheret«: Schönheit oder Zier. Das Hexagramm kann auch als Vereinigung oder Ineinandergreifen zweier Dreiecke interpretiert werden, die für »Evolution – Involution«, »Mann – Frau« und »Leib – Seele« stehen. Die *Summe* der weiblichen Zahl »Zwei« und der männlichen Zahl »Drei« ergibt »Fünf«, den Archetypen des Lebendig-Individuellen und Widerspenstigen. Das *Produkt* der weiblichen »Zwei« und der männlichen »Drei« ergibt »Sechs«, den Archetypen einer stabilen und vollkommenen Verbindung.

In Mythen und Religionen wurde diese Verbindung von dynamischen Teilelementen als Schritt in ein höheres Bewußtsein verehrt. Man findet die »Sechs« zum Beispiel in den komplizierten hinduistischen »Yantras«. In der Religion der Sioux-Indianer (man vergleiche den sprachlichen Zusammenhang von »Sioux« und »Six«) gab es sechs Väter in einem aus sechs Wolken gebildeten und »Tipi« genannten mythischen Ort. Die sumerische Mathematik verband ein Sexagesimalsystem mit dem Dezimalsystem und verehrte deshalb »Anu« als ihren höchsten – die Zahl Sechzig verkörpernden – Gott. In der chinesischen Mythologie ist die »Fünf« in erheblichem Maße allem Materiellen und Physischen zugeordnet, die »Sechs« hingegen steht für die höheren geistigen Tätigkeiten: Sechs Künste soll der kultivierte Chinese beherrschen; sechs Linien (zwei Trigramme) umfaßt ein Zeichen des Weisheitsbuches *»I Ging«*.

»Sechs« ist die Zahl der vollkommenen Organisation der Materie. Diese Vollkommenheit hängt mit der Kreisform zusammen, die im Sechseck deutlich enthalten ist: Der Radius eines Kreises paßt genau sechsmal in den Kreisumfang, wobei im Kreisrund von 360 Winkelgraden sechs gleichseitige Dreiecke zu je 60 Winkelgraden entstehen. Dieses geometrische Wunder hängt mit dem Wesen der »Sechs« als (wie es griechische Mathematiker benannten) »arithmos teleios« zusammen: Die »Sechs« hat als Teiler die 1, 2 und 3 ($1 \times 2 \times 3 = 6$), sie ist jedoch auch die Summe ihrer Teiler ($1 + 2 + 3 = 6$). Die Bienen benutzen wegen dieser Vollkommenheit die hexagonale Struktur beim Bau ihrer Waben. Holzböden lassen sich mit Sechsecken leicht parkettieren. Der Würfel oder Kubus besteht aus sechs Quadraten und ist Sinnbild des festgefügten Raumgebildes. Das Molekül des Benzolrings C_6H_6, das der Chemiker Kekulé im 19. Jahrhundert entdeckte, hat eine Sechserstruktur. Schneekristalle, aber auch der Bergkristall treten immer in hexagonaler Form auf. Die Klarheit und Reinheit von Schnee- und Bergkristall sind ein Wesenszug der »Sechs«, der auch in den Entsprechungen der Pflanzenwelt wiederkehrt: Lilie und Lotus stehen mit der Sechserstruktur ihrer Blütenblätter für Vollkommenheit; sie sind mit ihrer Weiße die pflanzlichen Sinnbilder für die Verbindung von Geist und Erdenschmerz; bei Geburt, Hochzeit, Tod und anderen Ritualen, in denen der Mensch dem Höheren begegnet (Kommunion, Initiation), werden bevorzugt diese Blumen als Sinnbild benutzt.

Obwohl die »Sechs« der Archetyp der Vollkommenheit ist und selbst die Seraphim gerne sechsflügelig dargestellt werden, fehlt dieser Zahl etwas: Deshalb will sie in die »Sieben« als Zahl des Jenseitigen. Man findet diesen Aspekt in den sechs Schöpfungstagen, die erst mit dem siebten Tag als Tag der Ruhe zur Wochenperiode werden; ebenso bei den sechs posaunenblasenden Engeln der Apokalypse, die erst dann, wenn das göttliche Geheimnis vollendet sein wird, durch einen siebten Engel ergänzt werden.

Die Sieben: Die »Sieben« ist der Archetyp des Abschlußbildenden innerhalb der irdischen Welt. Die »Sieben« markiert den

Übergang vom Raum-Zeit-Gefüge in das Nur-Zeitliche und Unkörperliche – in das Geistige. Die »Sieben« ist die Zeit-Zahl. Sie strukturiert Entwicklungen und Wandlungen in siebenfachen Schritten.

Es sind vor allem die seelisch-geistigen Entwicklungen, die durch die »Sieben« strukturiert werden. In einem Sieben-Jahre-Zyklus hat sich die Geistigkeit des Menschen aus seiner Materialität herauszuarbeiten (vergleiche hierzu den Abschnitt *»Sieben Jahre und siebenunddreißig Jahre«*, S. 126 ff.). Diese geistige Entwicklung hat aber auch ihre körperliche Entsprechung insofern, als sich durch die fortgesetzte Regeneration der Körperzellen der menschliche Organismus alle sieben Jahre grundlegend erneuert. In Religionen und Mythologien sind deshalb Entwicklungswege immer siebenfach beschrieben: sieben Tore, sieben Stufen, sieben Abenteuer, sieben Wege, sieben Sphären sind zu bewältigen. Die sieben Planeten (aber gleichgeordnet auch die sieben Chakren als feinstoffliche Zentren), bildeten seit altersher die Repräsentanten der sieben Wandlungsstufen: beginnend mit der Sonne (dem Gold) als Lichtgeber, über den Mond (das weiße Silber) oder den Mars (Rot, Metallgemisch), den Merkur (Blau, Eisen), den Jupiter (Gelb-Grün, Bronze), die Venus (Weißgelb, Zinn) bis zum Saturn (Schwarz, Blei) . . .

Schon Shakespeare hatte von den »seven ages of man« gesprochen und in *»Wie es euch gefällt«* das Menschenleben als Drama beziehungsweise Komödie empfunden, in der jeder sieben Rollen zu spielen hat. »Sieben« ist die Vollendung aller Entwicklung, die »Initiation«, die »Einweihung«. C. G. Jung: *Die ›Sieben‹ entspricht der höchsten Stufe und wäre damit im Sinne der Initiation das Erreichte und Gewünschte.*[79] Daß »Sieben« mit »Sieg« sprachverwandt ist, hat hierin seinen Grund. In der altjüdischen Kabbala wurde deshalb die siebte Sphäre mit »Nezach« benannt, ein Wort, dessen sprachliche Verwandschaft mit dem griechischen »nike« (Sieg) zu erkennen ist. Nach siebenjähriger Askese wurde Siddharta Gautama erleuchtet . . . zum Buddha. Auf dem siebenästigen kosmischen Baum steigt der Schamane zum Himmel, um initiiert zu werden. Sieben Jahre wurde Odysseus nach seinem Schiffbruch von der Nymphe Kalypso gepflegt, bis er gesundete. Ist die »Sechs« die Vollkommenheit des Materiellen und damit eine Versuchung für den Menschen, in dem Zauber des Irdischen gefangen zu bleiben, so meint die »Sieben« die Erlösung vom Irdischen: Dies drücken auch die sieben Bitten des christlichen Vaterunser aus, wenn mit der sechsten Bitte das »und führe uns nicht in Versuchung«, mit der siebten Bitte das »erlöse uns von dem Bösen« formuliert wird.

In der »Sieben« finden sich Vollendung, Abschluß und Fülle. Mit dieser Zahl wird eine Ganzheit geschlossen, die dann auf der achten Stufe stabilisiert wird, indem mit der »Acht« eine neue Qualität dieser Ganzheit beginnt – so wie die Sieben-Tage-Woche mit dem Sonntag zu acht Tagen gerundet wird, wobei der abrundende Sonntag gleichzeitig wieder Beginn einer neuen Woche ist.

Oft leitet die »Sieben« ins Unbegreifliche über. Die »Sieben« ist jenseitig und kosmisch. Die rationale und vernünftige Welt hört ebenso wie die meßbare und begreifbare Raum- und Körperwelt mit der »Sechs« auf. Ein regelmäßiges Siebeneck ist deshalb, wie der berühmte Mathematiker Karl Friedrich Gauß 1801 bewies, nicht mehr mit Zirkel und Lineal allein konstruierbar. Die »Sieben« steht für eine dem Körperlichen entzogene höhere Welt. Im Altjüdischen wurde das Schwören als Anrufen dieser Welt als »Siebenen« bezeichnet. Die Irrationalität der »Sieben« hängt deutlich mit der Mondphase von 29½ Tagen (auf die Sonne bezogen) oder 27⅓ Tagen (auf den Fixsternhimmel bezogen) zusammen: Die ungefähr 28 Tage des Mondumlaufs ergeben vier Siebener-Einheiten (Wochen), die von mehreren Irregularitäten durchsetzt sind. Mohammedanische Kulturen sind in ihrer Zeitrechnung mondbezogen und deshalb in ihrem Kulturgut in hohem Maße von der »Sieben« durchsetzt: So finden sich Heptaden zahlreich in persischen Bräuchen, Mythen und sprachlichen Wendungen. Auch im Koran spielt die »Sieben« eine wichtige Rolle – die Kaaba in Mekka wird von den Pilgern siebenmal umkreist, Himmel und Erde sind in sieben Schichten gefügt, der Teufel wird mit dreimal sieben Steinen gesteinigt, an vielen Stellen erscheint die Gruppe von sieben Heiligen. Eine besondere Rolle spielt die »Sieben« bei den Ismailis, den »Siebener-Schiiten«: Vom siebeneckigen Brunnen bis zu den sieben Propheten, sieben Himmeln, sieben Erden, sieben Urnebeln ist in diesem philosophischen System alles siebenfach strukturiert.

Nicht minder wichtig ist die »Sieben« in der biblischen Mythologie. Im Alten Testament gibt es – wie in vielen Schöpfungsmythen – die siebenfache Erschaffung der Welt, die sieben Stufen zum Tempel Salomos, siebenfache Opferrituale, Noahs Taube bleibt sieben Tage aus, Feste dauern sieben Tage, Joseph deutet den Traum von den sieben fetten und den sieben mageren Kühen, Jakob wirbt sieben Jahre um Lea und um Rachel, die Sintflut entsteht während sieben Tagen, der heilige Leuchter (Menora) ist siebenarmig ... Im Neuen Testament ist vor allem die Apokalypse des Johannes-Evangeliums ein Kompendium von Siebenheiten – sieben Siegel des Buches, sieben Posaunenstöße, sieben Schalen des Zorns; statt des Dezimalsystems wurde sogar das Siebenersystem benutzt, in dem die Zahl 666 (als »Zahl des Tieres«) die höchste dreistellige Zahl vor der 1000 als erster vierstelliger Zahl ist, der apokalyptische Drache hat sieben Köpfe und sieben Kronen; da gibt es auch sieben Sendschreiben an sieben Gemeinden, sieben Todsünden, sieben Sakramente. Sieben Wochen dauert die Zeit von der Auferstehung (Ostern) Jesus bis zur Erscheinung des Heiligen Geistes (Pfingsten); wobei deutlich wird, daß die Zahl »Fünfzig« (der Ursprung des Begriffs »Pfingsten«) sich zu 7mal 7 = 49 so verhält, wie die »Acht« zur »Sieben«.

Im Begriffssystem der Musik spielt die »Sieben« wiederum eine elementare Rolle: Sieben Stufen hat die klassische Tonskala, wobei jede Tonstufe eine (den Planeten, Regenbogenfarben oder Metallsorten vergleichbare) psychische Energie darstellt. Die sieben Töne verkörpern (analog zu den sieben Chakren der Wirbelsäule im Hinduismus) sieben Aspekte menschlicher Lebenskraft. Der menschliche Hörbereich umfaßt sieben Oktaven über dem tiefsten Grundton, wobei der siebte Oberton (der dem abendländischen Menschen immer krumm und irrational erschien) in der vierten Oktave auftritt. Innerhalb der siebten Oktave gibt es

dreiundsechzig Obertöne (64. bis 128. Oberton). Diese liegen so eng beieinander, daß das Intervall der beiden letzten Obertöne 128 : 127 vom Menschen nicht mehr als Abweichung zweier verschiedener Töne wahrgenommen werden kann: Auch in der Musik verkörpert die »Sieben« den Übergang ins Unfaßliche und Unbegreifliche, in das die menschliche Wahrnehmung Übersteigende. Da in nahezu allen Mythologien der schöpferische Urklang, aus dem die Welt entstanden ist (ob das biblische »ruach« oder das »nada brahma«), dem Menschen siebenfach strukturiert scheint, findet sich in nahezu allen musikalischen Kulturen die Siebenheit in der Klangwelt: So kennt die indische Musiktheorie (eine der ältesten der Erde) die sieben Töne als Mitglieder eines »Dorfes«, unterscheidet sieben Murchanas als sieben Oktavgattungen; der Oktavraum wird in der indischen Musiktheorie »saptaka« (Gruppe der Sieben) benannt; auch kennt die südindische Musik sieben Talas (rhythmische Einheiten) mit je fünf Formen. Ähnliche Siebenheiten (vor allem siebentönige Oktavleitern) kennt auch die chinesische oder die altgriechische Musik.
Die Acht: War die »Sieben« die archetypische Energie des Übergangs, der sukzessiven Entwicklung ins Transzendente, der »Leitton« als siebte Tonstufe einer Tonleiter, so ist die »Acht« der Archetyp des Erreichten, der Vollendung, des idealen Zustandes, des Gleichgewichts, der kosmischen Ordnung. Die »Acht« steht für ein erreichtes höheres Bewußtsein, für Paradies, Glück, Ruhe und Frieden. Die »Acht« steht für das Klare und Geklärte.

Der Gnostiker Clemens von Alexandrien (gestorben 215) formulierte dies so: *Die Wanderung, die über die Wandelsterne hinausführt, leitet zum Himmel, zur achten Bewegung und zum achten Tag*. Diesen Schritt hatte für ihn Jesus in der Karwoche mit dem Ostersonntag als achtem Tag vorgeführt: *Wen Christus wieder zum Leben gebiert, der wird in die Achtheit versetzt*. Dieselbe Bedeutung des Übergangs von der »Sieben« zur »Acht« war architektonisch schon im siebenstufigen babylonischen Turm vorgebildet, auf den als achter Turm (nach Herodots Beschreibung) das »Heiligtum des Gottes« gebaut war. In der hebräi-

schen Großrhythmik war das siebte Jahr ein saatloses Sabbatjahr, dem im achten Jahr die Neusaat folgte (3. Buch Mose, 25,22). Salomos Tempel wurde während sieben Jahren gebaut, im achten Jahr geweiht (1. Könige, 6,38).

Der Schritt von der »Sieben« in die »Acht« steht für die Erlösung des Menschen. Im buddhistischen Denken gab es vier »erhabene Wahrheiten«, die in einem achtfachen Weg zur Erlösung vom ewigen Kreislauf der Wiedergeburt führen. Christliches Gegenstück dazu sind die acht Seligpreisungen der Bergpredigt als Weg zur Seligkeit beziehungsweise Erlösung – ähnlich auch die acht Kostbarkeiten des Konfuzianismus. Acht Speichen hat das Glücksrad der Göttin Fortuna. Acht Menschen überlebten in Noahs Arche die Sintflut (1. Petrusbrief, 3,20). Acht ist die Zahl der Errettung, des Neubeginns und der Wiedergeburt. Taufbekken haben deshalb seit altersher oktogonale Form. Ebenso viele Altäre und Kirchen. Architektonisch stellt die »Acht« außerdem den Übergang der regelmäßigen Vielecke zur Vollkommenheit des Kreises dar.

Vollkommenheit, Ganzheit und Errettung als Ausdruck der »Acht« haben diese Zahl auch in bezug zur Heilkunst treten lassen: *Es ist eindrucksvoll, mit welcher Konsequenz durch die Jahrhunderte und Jahrtausende hindurch der Charakter der Acht als einer Bringerin der Heilungskräfte, des Verjüngenden, Erquikkenden, Aufbauenden und Schöpferisch-Machenden festgehalten worden ist.*[80] Der Caduceus (Stab des Merkur oder des Hermes) ist Sinnbild des Heilens und weist in den Windungen der beiden Schlangenkörper die Gestalt der Acht-Zahl auf (vgl. Abb. S. 176).

In den meisten Interpretationen der »Acht« ist ihre Herkunft als doppelte »Vier« enthalten. War die »Vier« bereits die als Doppelpolarität abgeleitete Ordnung der physischen Welt (vier Elemente, vier Grundrichtungen ...), so ist dieser Aspekt in der »Acht« verstärkt: Die »Acht« ist sozusagen der Weltplan; die Windrose mit ihren acht Himmelsrichtungen ist die physische Totalität. In der Zahlengestalt der »Acht« findet sich die Doppel-»Vier« als Doppelquadrat ausgedrückt:

Besondere Bedeutung kommt der »Acht« als Kubikzahl zu. Unter den Zahlen bis »Zwölf« gibt es mit »Vier« und »Neun« zwei Quadratzahlen (2^2 und 3^2), aber nur die »Acht« als Dreierpotenz (2^3). Sie ist daher die am stärksten aus einer Einheit aufgebaute Zahl (2mal 2mal 2) und vermag Archetyp des Stabilen zu sein. Die Nähe der Acht zum Quadrat findet man auch in der mathematischen Besonderheit, daß jede Quadratzahl einer ungeraden Zahl ein Vielfaches der »Acht« und einen Rest von »Eins« ergibt, was sich durch die Formel $x = y$ mal $8 + 1$ ausdrücken läßt. Ebenso unterscheiden sich alle Quadrate ungerader Zahlen durch ein Vielfaches von »Acht«.

Auch in der Musiktheorie kommt die »Acht« mehrfach in bedeutsamer Rolle vor. In der Tonleiterfolge wird nach dem siebten Ton (oft: dem »Leitton«) die Oktave (lateinisch die »Acht«) als die höhere Seinsweise des Grund- oder Ausgangstones erreicht. Die Oktave ist das Stabile, das Erreichte, die Ruhe, die Erlösung, die Wiedergeburt des Grundtones auf einer neuen Seins-Ebene. Die »Acht« in der Tonleiter verweist auf den

Ursprung als Erfüllung dessen, was im siebenfachen Entwicklungsgang vorbereitet worden ist. Die Oktave in der Musik geht ebenso auf die »Zwei« zurück, wie sich die »Acht« mathematisch als 2^3 darstellen läßt: Die Zweiteilung der Seite, also die harmonische Relation 1 : 2, ergibt den Oktavton. Die musikalische Oktave verweist damit auf die grundlegende Zweiteilung, auf die Ur-Teilung, sie ist Ur-teil. *Anfang des Alls ist Eins geteilt durch Zwei*, so lautet ein fundamentaler Satz von Pythagoras, der auch im *»Timaios«* von Platon für die Entstehung der »Weltseele« bemüht worden ist. Die »Musik« als der wohl umfassendste Strukturplan der Welt weiß um die Identität von Oktavtönen und macht sinnlich klar: Die »Zwei« führt zur »Acht«; die »Zweiteilung« ergibt die »Achtheit« – die »Oktave«.

Die Teiltöne 1–8 der Naturtonreihe über dem Ton C

Rhythmisch kommt die »Acht« in der Musik als Periodenzahl vor: Beeinflußt von dem 1 : 4-Verhältnis zwischen Atem und Herzschlag hat sich in vielen Musikkulturen die 8- oder 16schlägige Periode und speziell in der abendländischen Musik die 8taktige Periode ausgebildet: Einem Vordersatz (Frage) von vier Takten folgt als symmetrisches Pendant ein Nachsatz (Antwort) von ebenfalls vier Takten, was als abgeschlossene Zeitgestalt empfunden wird.

Der periodische Charakter der »Acht« ist zum Beispiel auch in der Atomphysik belegt, wo die Elemente im Periodensystem nach einer Achterstruktur jeweils zur Gruppe der stabilen (durch die »Acht« charakterisierten) Edelgase führen. So wie die Zweiteilung einer Saite in der Musik die »Oktave« ergibt, so finden sich die Zahlen »Zwei« und »Acht« als Anordnungszahlen der abgespaltenen Elektronen der periodisch geordneten Elemente.

Element	Nr.	abgespaltene Elektronen
H	1	= 1
He	2	= 2
Li	3	1 + 2 = 3
Be	4	2 + 2 = 4
B	5	3 + 2 = 5
C	6	4 + 2 = 6
N	7	5 + 2 = 7
O	8	6 + 2 = 8
Fe	9	7 + 2 = 9
Ne	10	8 + 2 = 10
Na	11	1 + 8 + 2 = 11
Mg	12	2 + 8 + 2 = 12
Al	13	3 + 8 + 2 = 13
Si	14	4 + 8 + 2 = 14
P	15	5 + 8 + 2 = 15
S	16	6 + 8 + 2 = 16
Cl	17	7 + 8 + 2 = 17
Ar	18	8 + 8 + 2 = 18
K	19	1 + 8 + 8 + 2 = 19
Ca	20	2 + 8 + 8 + 2 = 20
		(und so weiter . . .)

Die Neun: Die »Neun« ist der Archetyp der vollzogenen Wandlung, der Vergeistigung, des ewigen Lebens, der allumfassenden und überindividuellen Liebe. Zeigte sich die »Eins« erst richtig in der Entfaltung über die »Zwei« in der »Drei«, so kommt sie in der »Neun« als Potenzierung der »Drei« zum tiefsten Ausdruck. Die Ur-Eins wird in der »Neun« als das Heilige, das Göttliche, das Überirdische oder das Vergeistigte erkennbar. Etymologisch hat der Begriff »Neun« etwas mit »neu« zu tun (vergleiche auch englisch »nine«-»new«, französisch »neuf«-»neuf«, italienisch »nove«-»nuove«): Mit der »Neun« fängt etwas Neues an, nachdem mit der »Acht« eine Periode vollendet worden ist; die

»Neun« ist sozusagen die »Eins« oder der erste Zählschritt in der durch die »Acht« eröffneten Bewußtseinsstruktur.

Qualitativ läßt sich die Zahl »Neun« mehrfach interpretieren. Als »8 + 1« kommt das Neuartige zum Ausdruck. Als »4 + 5« zeigt die »Neun« sich als Totalität, indem physische Welt (»Vier«) und Mensch (»Fünf«) sich verbinden. Als »3 × 3« zeigt sich die »Neun« als Potenzierung der göttlichen Trinität. Die solcherart gelesene »Neun« zeigt göttliches Mysterium, in dem alles Ich-hafte des Menschen ausgelöscht ist.

Daß die »Neun« eine Art neue »Eins« hinter der »Acht« ist, auch: daß die »Neun« als doppelte Dreifaltigkeit auf die Ur-Eins verweist, läßt sich mathematisch wundersam belegen: Jede Zahl, die mit »Neun« multipliziert wird, ergibt in ihrer Quersumme wiederum eine »Neun« (zum Beispiel ergibt 2 × 9 = 18 die Quersumme 1 + 8 = 9; oder 5 × 9 = 45 die Quersumme 4 + 5 = 9). Das Rechnen mit Quersummen ist vor allem in der spirituellen Arithmetik üblich. Hier gilt zum Beispiel: Jede mehrstellige Zahl ist durch »Neun« teilbar, wenn man zuvor von ihr die eigene Quersumme subtrahiert (17 minus Quersumme 8 = 9 : 9 = 1; 35 minus Quersumme 8 = 27 : 9 = 3; 41 minus Quersumme 5 = 36 : 9 = 4). Die »Neun« ist also auf dieselbe Weise unzerstörbar wie die »Eins«. *Womit immer wir die Neun multiplizieren oder potenzieren, sie bleibt in ihrer Substanz stets erhalten. Sie wird deshalb auch der Horizont der Zahlen genannt, die Zahl, in die alle anderen münden und hineinführen. Sie wirkt ähnlich der Null: 0 mal x = 0, wie ein Fokus, der alles in sich aufnimmt. Die Neun bildet die höchste Kraft im Menschen. Sie zu erlangen heißt reine göttliche Liebe auszudrücken. Hier ist das Ego ausgemerzt, der persönliche Wille mit dem göttlichen verschmolzen. Hier hat der Mensch seinen Sieg über alle seine Schwächen und niederen Impulse erlangt. Er hat die Ernte heimgebracht. Sind bis zur Acht hin Rückfälle, Verstöße gegen die göttliche Ordnung, Mißbrauch der geistigen Kräfte mit der Konsequenz schwersten Karmas möglich, so erlangt der Mensch in der Neun die Fülle ewigen Lebens.*[81]

Wie beim Ruf »Alle Neune« des Kegelspiels scheint die »Neun« für eine Totalität zu stehen. Eine Fülle von Redensarten und Sprichwörtern quer durch die Kulturen bestätigt dies. Bei Beschwörungen und Verwünschungen spielt die »Neun« (oder auch das »dreimal drei«) eine große Rolle. Im Faktum, daß unser dezimales Zahlensystem neun Zahlzeichen kennt, liegt diese Assoziation der »Totalität« selbst begründet. Die Anordnung der neun Zahlen in drei Ebenen entspricht dabei der Dreiteilung menschlichen Seins in drei Schichten »Körper – Seele – Geist«:

1	2	3	Körper
4	5	6	Seele
7	8	9	Geist

Neunhaft hat sich im Unterbewußten des Menschen deshalb das Seiende strukturiert. Die arabische und die chinesische Mythologie kennen neun Himmelssphären (vergleichbar den sieben Sphären der christlichen Mythologie). Den neun Sphären entspricht auch die neungliedrige Hierarchie der Engel, die auf Dionysius Areopagita und Thomas von Aquin zurückgeht: Die erste Hierarchie besteht aus Thronen, Cherubinen und Seraphinen; die zweite Hierarchie aus Offenbarer, Weltenkräften und Weltenlenker; die dritte (und dem Menschen am nächsten stehende) Hierarchie aus Engeln, Erzengeln und Urkräften. Die »Weiße Göttin« der Kelten hatte neun Priesterinnen, die jeweils dreifach ihrem Erscheinungsbild »Jugendlich – Mutter – Tochter« zugeordnet waren. Die griechische Mythologie weist neun Musen als Schutzgöttinen der Kunst auf: Erato, Euterpe, Kalliope, Klio, Melpomene, Polyhymnia, Terpsichore, Thalia und Urania.

Die Zehn: Die »Zehn« ist die erste der zweistelligen Zahlen. Sie ist eine um die »Null« zum Höheren erweiterte »Eins«. In der mystischen Arithmetik, wo Zahlenqualitäten vor allem durch Quersummenbildung ermittelt werden, sind 1, 10, 100 oder 1000 weitgehend identisch. Dennoch gibt es nennbare Unterschiede: War die »Eins« die Einheit oder das Göttliche schlechthin, so wird mit der »Zehn« eine dem Menschen verstehbare Brücke zum göttlichen Willen geschlagen. Im Mythos gibt es daher die christlichen »Zehn Gebote«, die (ebenfalls) »Zehn Gebote« des Buddha (fünf für die Mönche, fünf für die Laien), die zehn Bücher der Rigweda. Die jüdische »Kabbala« mit dem zehnfach gegliederten »otz chiim« (dem Lebensbaum) ist einer der uralten und in seiner Totalität faszinierenden Zugänge zum göttlichen Wesen.

Die »Zehn« tritt dem Menschen vor allem als Anzahl seiner Finger an den zwei Händen entgegen. Die »Zehn« ist deshalb eine archaische Zählgrenze und der Grund, weshalb sich weltweit das dezimale Zählsystem so zwingend durchgesetzt hat. Sprachlich geht das Wort »zehn« auf das althochdeutsche »ze-hand« (zwei Hände), das lateinische Wort »decem« auf das indogermanische »de-km(t)« (zwei Hände) zurück. Man findet die Einheit »Zehn« deshalb oft im Kontext des bloßen Zählens oder Gliederns; zum Beispiel beim »dezimieren« (wenn in der römischen Legion jeder Zehnte exemplarisch bestraft oder sogar getötet wurde, oder beim »Dekan« (dem Aufseher eines Zeltes mit jeweils zehn Soldaten).

Das Göttliche der »Zehn« ist nur schwer in Worte zu fassen. Eine Möglichkeit, die Qualität dieser Zahl dennoch auszuformulieren, liefert die »Tetraktys« der Pythagoräer. Diese erkannten, daß in den ersten vier Zahlen (in der »Vier«, musikalisch in der »Quarte«) die Weisheit der »Zehn« beschlossen liegt. Die »Vier« beinhaltet als Zahlenqualität nämlich nicht nur das Wesen der physischen Welt, sondern auch das Wesen der »Eins«, der »Zwei« und der »Drei«. 1 + 2 + 3 + 4 = 10 läßt sich auch als ein gleichseitiges Dreieck darstellen:

•

• •

• • •

• • • •

In diesem Gebilde findet sich vier Schichten des Seienden: oben (in der »Eins«) das Göttliche, dann (in der »Zwei«) die polare

Welt der geistigen Erscheinungen (die Geisteswelt), sodann die dynamische Wirkung des Geistigen (in der »Drei«), schließlich unten (in der »Vier«) die materielle und physische Welt.

Die Elf: Die »Elf« ist eine dem Menschen unbegreifliche Zahl. Ihre archetypische Qualität erschließt sich schwerer als die Qualität der »Zehn«. Man hat die »Elf« deshalb auch als »stumme Zahl« bezeichnet. Sie steht zwischen den gewichtigen Zahlen »Zehn« und »Zwölf«, die in Natur und Kultur ausgiebig manifestiert sind. Daher haftet der »Elf« etwas Eigenbrötlerisches, ein »Sich-Absondern« an. In der Tat hat man insbesondere in der mittelalterlichen Exegese die »Elf« vorrangig als Symbol der »Sünde« interpretiert. Die Musik spiegelt diesen Sachverhalt, indem der elfte Oberton (von C aus berechnet) der Tritonus »fis« ist: Der Tritonus wurde wegen seines starken Dissonanzgrades immer als »diabolus in musica« bezeichnet.

»Elf« ist eine Primzahl. Anders als die Primzahlen »zwei», »drei«, »fünf« und »sieben«, die innerhalb der vom Menschen in seiner persönlichen Entwicklung nachvollziehbaren Sukzession von »eins« bis »acht« liegen, ist die individuelle Qualität der »Elf« nur schwer nachzuempfinden. Arithmetisch gibt es drei Deutungen: Als »10 plus 1« beinhaltet die »Elf« ein Überschreiten des Zehnhaften, was zum einen als »Sünde«, zum anderen aber auch als »Neubeginn« oder »Neusaat« gesehen worden ist. In der Interpretation »12 minus 1« hat die »Elf« etwas Mangelndes und weist auf die Perfektion der »Zwölf« hin. Mit dem Unterton des »Es ist fünf vor zwölf!« ist ein Aufruf zur Umkehr, zum Buße-Tun oder zum rettenden Handeln impliziert. »Elf« ist hier eine Art Hinleitung zur »Zwölf« (wie schon die »Sieben« zur »Acht« hingeleitet hatte). Eine dritte Interpretation der »Elf« ist ihre Herkunft aus 5 + 6. »Elf« als die Zahl des *Tao* wurde in dieser Art abgeleitet:

1 3 [5] 7 9

2 4 [6] 8 10

Zahlenbild 9: *Zahlenbilder zehn, elf, zwölf (dritte Generation) (vgl. S. 274)*

»Elf« ist die Summe von »Fünf« und »Sechs«, die das Zentrum der Yang-Reihe und der Yin-Reihe sind. Oder auch: »Elf« ist die *Summe* von »Fünf« und »Sechs«, die einmal die Summe (2 + 3) und einmal das *Produkt* (2 × 3) der männlichen Zahl »Drei« und der weiblichen Zahl »Zwei« bilden.

In der anorganischen Natur ist die »Elf« nirgendwo sichtbar dokumentiert. In der Pflanzenwelt findet man diese Zahl bisweilen in Blattstrukturen wieder. Elf Tage beträgt die Differenz zwischen Mondjahr und Sonnenjahr in unserem zeitlichen Rhythmusgefüge. Am bedeutsamsten ist jedoch der zeitliche Aspekt als Rhythmus der Sonnenfleckentätigkeit. Diesen Elf-Jahres-Rhythmus hat man in okkulter Tradition als Puls der Sonnenenergie empfunden. Da der Christus-Mythos stets als solaren Ursprungs erkannt wurde, ist die Zahl »Elf« mit Christus (der 33 Jahre alt geworden sein soll) in Verbindung gebracht worden. In den numerologischen Systemen haben daher die »Elf«, aber auch die »Zweiundzwanzig« sowie die »Dreiunddreißig« eine positive Bedeutung und werden »Meisterzahlen« genannt.

Die Zwölf: Die Totalität des Räumlichen, Zeitlichen, des Geistigen und des Körperlichen wird von der »Zwölf« versinnbildlicht. In der Natur manifestiert sich diese Zahl – anders als die unsichtbare »Elf« – in mannigfacher Weise. Da gibt es die zwölf Kanten eines Würfels. Da gibt es den 1904 von Minkowski nachgewiesenen Sachverhalt, daß bei »Kugelpackungen« die maximale Anzahl kongruenter Kugeln, die eine Kugel gemeinsam berühren, zwölf beträgt.[82] Da findet man in der neuesten Atomphysik die »Quarks« als Einzelteile der subatomaren Hadronen, die in zwölf Erscheinungsformen (in vier Arten zu je drei »Farben«) erscheinen. Die »Zwölf« kommt in der Natur unter anderem deshalb so zahlreich vor, weil sie vielfach teilbar ist und Symmetrien ausbildet: 6 + 6, 3 + 3 + 3 + 3, 4 + 4 + 4, 2 + 2 + 2 + 2 + 2 + 2, 4 + 2 + 2 + 4, oder 2mal 6, 4mal 3.

Das Zwölfersystem (Duodezimalsystem) konnte sich aufgrund dieser mathematischen Vielfältigkeit und aufgrund der Tatsache, daß die »Zwölf« im Winkeltotal von 360° des Kreises (30mal 12 = 360) aufgehoben ist, gegen das Dezimalsystem durchsetzen:

Das Dutzend als »Zwölf«, das Gros als zwölf Dutzend, Hundertzwanzig als Großhundert, die Teilung der Minute in sechzig Sekunden, oder die Teilung des Schillings in 12 Pence zeugen noch heute von der Verbreitung des Zwölfersystems. Der Archetyp der Totalität, der durch die »Zwölf« verkörpert wird, beruht vor allem auf der Verbindung 3mal 4 = 12, in welcher die »Drei« (der Geist) und die »Vier« (das Körperlich-Physische) aufgehoben sind. Die Diskrepanz zwischen der abstrakt-geistigen »Drei« und der konkret-materiellen »Vier« charakterisiert das gesamte abendländische Denken und durchzieht als Problem z. B. nahezu alle Schriften von C. G. Jung: In der »Zwölf« ist dieses Problem weitgehend gelöst.

In archaischer und mythischer Überlieferung ist die Zwölfzahl immer angegeben, wenn es sich um Entitäten handelt. Da ist in der Bibel zum Beispiel von den zwölf Stämmen Israels die Rede, obwohl historisch hierfür nie eine sachliche Veranlassung gegeben war. Andernorts gab es zwölf Perserstämme, zwölf Etruskerstädte, zwölf Stämme der Araber. Die griechische Antike verehrte zwölf (paarweise geordnete) Götter, Herkules vollbrachte zwölf Heldentaten. Die Bibel – um Beispiele aus der abendländischen Mythologie zu nehmen – weist zahlreiche Zwölfheiten auf: Zwölf Steine hob Josua aus dem Jordan und lud sie in die Bundeslade, das Priestergewand Aarons hatte zwölf Edelsteine, da gibt es zwölf Quellen, zwölf Wasserbrunnen, zwölf Fürsten. In der Apokalypse des Johannes gibt es eine visionäre Stadt mit zwölf Toren, zwölf Engeln, zwölf Grundsteinen aus zwölf Edelsteinen. Die Maße der Stadt sind mit 12 000 Stadien beschrieben. 12mal 12 000 Heilige dürfen darin wohnen. Der Rosenkranz beim christlichen Gebet hat 5mal 12 Perlen, wobei hier die göttliche Zwölfzahl mit der menschlich-sinnlichen Zahl »Fünf« (die ja auch die Rose kennzeichnet) kontrastiert. Die Handbinden bei ägyptischen Mumien wurden rituell zwölfmal gefaltet. Homer berichtet in der *»Ilias«*, daß Achilles bei der Leichenfeier des Patrokles zwölf edle Trojanerjünglinge schlachten ließ. In der nordischen Mythologie flossen zwölf Flüsse in den Weltenabgrund Ginnungagap.

Die »Sieben« und die »Zwölf« treten in besonderem Maße als »Zeitzahlen« auf. Beide sind dadurch verbunden, daß sie die »Drei« und die »Vier« miteinander verbinden: 3 + 4 = 7; 3 mal 4 = 12. Die »Sieben« steht eher für entwicklungshafte und weiterführende Zeitstrecken. Die »Zwölf« steht für den geschlossenen Zeitlauf. Zwölf Jahre dauert ein Umlauf des Planeten Jupiter. Vor allem aber ist der Tierkreis zwölffach strukturiert: Der Mond wandert zwölffach als »Monat« durch die zwölf Stationen des Tierkreises. Der Tierkreis selbst gliedert sich wieder in die vier Elemente Feuer, Erde, Luft und Wasser, denen jeweils drei Tierkreiszeichen im kreuzartigen Gegenüber zugehören. Da die »Zwölf« auch die Symbolzahl des geschlossenen Kreises ist, ist auch der Gesamttag mit seinen zwölf Tagstunden und seinen zwölf Nachtstunden solcherart strukturiert.

Die Musik konkretisiert die Symbolik der »Zwölf« wiederum in faszinierender Form. Zwölf Töne sind im temperierten Tonsystem die Ganzheit der Töne. Bereits im alten China kannte man die zwölf Lü (Töne), die den einzelnen Monaten beziehungsweise Tierkreiszeichen zugeordnet waren. Die babylonischen Astrologen und Priester teilten den Tierkreishintergrund in sieben helle und fünf dunkle Tierkreiszeichen ein. Dies entspricht genau der musikalischen Zwölfgliederung: Sieben Töne machen die Skalen (das Tonmaterial) der tonalen und vom Menschen konkret nachempfindbaren Musik aus; fünf Töne vervollständigen die »Sieben« zum Total der zwölf Töne, wobei diese chromatischen fünf zusätzlichen Töne für das menschliche Empfinden unfaßlich und recht unbegreiflich bleiben. Noch deutlicher formuliert: Musik, welche die siebenstufige Skala benutzt, bleibt für den Menschen so faßlich wie die Qualität der Zahlen »Eins« bis »Sieben«, die immer auf die konkrete Erlebniswelt des Menschen (auf seine innere, äußere und ihn umgebende Natur) bezogen werden können. Musik, welche die zwölfstufige Skala und die daraus abgeleiteten komplexen Akkordbildungen benutzt, bleibt für den Menschen so unfaßlich wie die spirituellen und nahezu abstrakten Qualitäten der Zahlen von »Acht« bis »Zwölf«.

Joseph Matthias Hauer (1883-1959), der noch vor Arnold Schönberg die Komposition mit den zwölf chromatischen Tönen entdeckte, sprach von der siebentönigen tonalen Musik als »Naturnachahmung« und wußte mit der zwölftönigen Musik die Totalität, das Chaos und das Übermenschliche angesprochen. Er errechnete aus den zwölf Tönen 479 001 600 Kombinationsmöglichkeiten, die er jedoch nicht intellektuell (motivisch-thematisch wie bei Schönberg), sondern nur noch kontemplativ und unbewußt rezipieren wollte. Zum Hören solcher Musik empfahl er einen abgedunkelten Raum, warme Temperatur, lockere Kleidung – nur meditierend war die unfaßliche »Zwölf« zu erfassen.

Beziehungen zwischen den Zahlen

Zahlen sind Persönlichkeiten, Zahlen sind Schwingungsmuster des Urgrunds als eines universalen Energiefeldes. Zahlen sind rhythmische Gliederungen der Ur-Eins. In der Individualität einer Zahl verkörpert sich eine bestimmte Qualität (eine bestimmte Form der Energiebündelung), die wir als »Archetypen« in uns tragen und die wir mit dem inneren Wahrnehmungsstrom (also eher unbewußt als rational-bewußt) erkennen können.

Zahlen sind aber keine isoliert-individuellen Einzel-Wesen. Ihre spezifische Qualität erschließt sich nicht nur aus ihrer nachweislichen Eigenbedeutung, sondern auch aus dem Beziehungsgefüge zu den anderen Zahlen. Beispielsweise resultiert die Qualität der »Zwölf« als Symbol des abgeschlossenen Ganzen auch aus der Nachbarschaft zu den Primzahlen »Elf« und »Dreizehn«, welche den Charakter der »Zwölf« noch deutlicher hervortreten lassen. Die Qualität der »Zwölf« beruht außerdem auf ihren vielfältigen Verwandtschaftsbeziehungen, wie zum Beispiel zur »Zwei«, »Drei«, »Vier« und »Sechs« als ihren Teilern oder zur »Vierundzwanzig« oder »Sechzig« als ihren Vielfachen.

Die Individualität einer Zahl bestimmt sich auch durch Beziehungen zu anderen Zahlen, die unserem bloß quantitativen Umgang mit den Zahlenwesen nicht angemessen scheinen: Teilersummenbildung und Quersummenbildung sind in der mystischen Arithmetik schon immer ein wichtiger Zugang zum Wesen einer Zahl gewesen. Die Teiler einer Zahl ergeben in der Summierung eine neue Zahl, die entweder kleiner, größer als oder aber identisch mit der Ausgangszahl ist. Die »Acht« ist zum Beispiel durch »eins«, »zwei« und »vier« teilbar, was summiert die »Sieben« ergibt, also eine (wie meist üblich) kleinere Zahl mit einer markanten Qualität. Die »Zwölf« hingegen ergibt eine über sie selbst hinauswachsende Teilersumme $1+2+3+4+6=16$, wodurch sie sich besonders auszeichnet. Die »Sechs« ist mit ihrer Teilersumme $1+2+3=6$ identisch, was in der griechischen Antike als »arithmos teleios« (»abgeschlossene Zahl«), als Vollkommenheit gewertet wurde; diese Qualität haben nur noch wenige andere Zahlen wie 28, 496, 8128, 33 550 336.

Die Quersummenbildung (auch »Involvieren« genannt) ist geläufiger als die Teilersummenbildung: So verbirgt sich in der Zahl »Zwölf« die dreieinige »Drei« $(1+2=3)$, was zum Symbolwert der »Zwölf« erheblich beiträgt. In der »Elf« hingegen verbirgt sich die »Zwei« $(1+1=2)$, deren eher negative Bedeutung (die »Zwei« ist Trennen, Absondern, Entzweien) auch auf die Qualität der »Elf« einwirkt.

Verwandtschaft durch Multiplikation und Teilung

Verwandtschaftsbeziehungen von Zahlen, die sich durch Multiplikation ergeben (wobei die Zahlen wechselseitig ein »Teiler« oder ein »Vielfaches« sind), sind eindeutig und dem menschlichen Geist als qualitative Verbindung einsichtig. So steckt in der »Vier« die Qualität der »Zwei«; in der »Zwölf« die Qualität der »Sechs«. Meist sind solche Ordnungsprinzipien in der Natur als Ordnungsmuster leicht erkennbar. Im Wahrnehmen von Teilen, die in größeren Einheiten enthalten sind, kann der Mensch an der kosmischen Harmonie An-Teil nehmen. Solche Ordnungsmuster sind elementare Mit-Teilungen. Das wollte Buddha in seiner berühmten »Blumenpredigt« sagen, als er seiner Zuhörerschaft wortlos eine Blume hinhielt.

Es ist aufschlußreich, sich einige der Zahlen über »zwölf« in ihrer Eigenschaft als Vielfache der einstelligen Zahlen zu vergegenwärtigen:

Die »Vierzehn«: Die in Mythos und Märchen überlieferte Bedeutung der »Vierzehn« geht ganz auf ihre Herkunft als Doppel-Sieben zurück. Die »Sieben« gehört, wie gesagt, dem Prinzip des

Mondes mit seinen Irregularitäten an, die aber durch die Symmetrie des Zweifachen in der »Vierzehn« gemildert sind, so daß diese Zahl als gütig und helfend empfunden worden ist: 14 Götter geleiteten im babylonischen Mythos Nergal helfend in den Untergrund; 14 »unschuldige Märtyrer« gibt es in der Schia; in einem alten Volkslied heißt es *Abends, wenn ich schlafen geh', Vierzehn Englein um mich stehn.* Der halbe Mond-Monat von 14 Tagen wird vor allem auch mit dem Symbol des Vollmondes in Verbindung gebracht, der in der Monatsmitte mit seiner Fülle und Rundheit meist als »gütig« empfunden wurde.

Die »Fünfzehn«: Die »Fünfzehn« enthält als Teiler die »Drei« und die »Fünf«. Da zudem die Summe der Zahlen »Eins« bis »Fünf« die »Fünfzehn« ergibt ($1+2+3+4+5=15$), hat die »Fünf« ein bedeutendes Gewicht. »Fünf« ist die Zahl der menschlichen Individualität. Dies meint die 15. Tarotkarte, die äußerlich zwar den »Satan« darstellt, im Wesen (als Anagramm verschlüsselt) jedoch den indischen Weisen »Sanat« Kumera meint, der dem Menschen das Feuer als prometheisches Zeichen seiner Individualität und seines Selbstbewußtseins gab.

In der dreifachen Anrufung der »Fünf« steckt auch ein heiliger Aspekt: Deshalb war in der babylonischen Mythologie die »Fünfzehn« die Zahl der Göttin Ischtar, der man den Planeten Venus (mit seiner charakteristischen Fünfheit) zuordnete. Ninive war die der Göttin Ischtar geweihte Stadt und hatte fünfzehn Tore. In der christlichen Mythologie gibt es die »Fünfzehn Geheimnisse des Rosenkranzes«, die in je drei Fünfergruppen (den freudenreichen, schmerzhaften und glorreichen Rosenkranz) geteilt waren. Die der Ischtar und Venus zugeordnete Zahlenqualität findet sich hier also auf die Marienverehrung übertragen.

Die »Sechzehn«: Die »Sechzehn« ist ein Vielfaches von »zwei«, »vier« und »acht«. Dabei dominiert bisweilen die »Vier«, da 4 mal 4 die Quadratzahl »sechzehn« ergibt. Durch ihre Teiler erhält die Zahl die Qualität des Klaren, Gegliederten und des Messens. So ist die verfeinerte Version der »Windrose« nicht nur acht-, sondern sechzehnteilig. Antike Maße gehen auf die »Sechzehn« zurück: Der Römer zum Beispiel kannte die Maßeinheit

»Fingerbreit«, wovon vier eine »Handbreit« und wiederum vier Handbreiten einen »Fuß« ergaben – der sechzehn »Fingerbreit« enthielt. In Indien wurde die Rupie in 16 Annas geteilt. Die indische Frau trug 16 Schönheitszeichen und 16 Schmuckstücke. Die indische Musik hat als häufigste Schlageinheit den *tīntāl* mit seinen 16 (allerdings asymmetrisch aufgegliederten)Schlagzeiten. So wie nach der »Acht« mit dem »neu« der »Neun« eine Zählgrenze gegeben war, so läßt sich sprachlich in einigen romanischen Sprachen nach der »Sechzehn« als Doppel-Acht eine Zählgrenze feststellen: Vergleiche im Französischen den Übergang von *seize* zu *dix-sept*, oder im Italienischen von *sedici* zu *dicia-sette* (aber span. »diez-y-seis« nach »quinze«).
Die »Achtzehn«: Die »Achtzehn« ist ein Vielfaches von »Zwei«, »Drei«, »Sechs« und »Neun«. Da die Quersumme $(1+8=9)$ den Charakter der Doppel-Neun unterstützt, darf das Neunhafte dieser Zahl, sozusagen ein potenzierter göttlicher oder geistiger Aspekt, als die zentrale Qualität angenommen werden. Die Leseart der »Achtzehn« als 3mal 6 führt zu einer ähnlichen Qualität, indem die geistige »Drei« mit der vollkommenen »Sechs« hier vervielfacht wird. Im *»Schmone Esre«* (dem Achtzehnbitten-Gebet), dem Hauptgebet des jüdischen Gottesdienstes, kommt dieser religiös-geistige Aspekt der »Achtzehn« zum Tragen; ebenso wie im Orden der »Tanzenden Derwische«, in dem die Initiation in mehreren achtzehntägigen Rhythmen (Küchendienst, Meditation, Hilfskraftarbeit...) und mit achtzehnfach strukturierten Dingen (Leuchter, Verszahl des Textes) erfolgte. Astral ist die Zykluszahl »Achtzehn« als Periode der Wiederholung von Sonnen- und Mondfinsternissen bekannt (vergleiche dazu das Kapitel *»Sieben Jahre und siebenunddreißig Jahre«*, S. 126ff.): Auch hier geht es um »Geistiges«, da dieser astrale Rhythmus im Unterbewußtsein des Menschen als Aufforderung zur Vergeistigung und zur sukzessiven Loslösung von materiellen Werten wirkt.
Die »Zwanzig«: Die »Zwanzig« ist weniger dem Mythos als der Ratio verhaftet, da sie vielfach in Maß- und Zählsystemen vorkommt. Der Grund hierfür liegt in der Ableitung von »2mal 10«

– gleich Hände und Füße – als primitiver Zählgrundlage. »Zwanzig« war in der Tat eine alte Zählgrenze, was der Ausdruck »quatre-vingt« (viermalzwanzig) für »Achtzig« treffend belegt. Maßeinheiten gehen vielfach auf diese Zahl zurück. Der »Ries« war ein Bündel von 20 Einheiten. »Steige« oder »Stiege« bezeichnete 20 Stück. Ein englisches Pfund teilt sich in 20 Schilling zu je 12 Pence. Die englische Maßeinheit »score« geht auf die 20 Kerben im Holz beim Schafezählen zurück. Eine »Schneise« benennt einen Stock, an dem 20 Hühner, Fische oder sonstige erlegte Tiere aufgehängt sind.

Der denkerisch-quantitative Aspekt der »Zwanzig« geht auf ihre zwei wichtigsten Teiler zurück. Die »Zehn« ist die durch die Fingerzahl vorgegebene »Zähl-Qualität«. Die »Zwei« ist der Archetyp des Unterscheidens, des Trennens und der primitivsten Stufe der Kognition.

* * *

Die Rückführung der Qualitäten mehrstelliger Zahlen auf die Qualitäten ihrer Teiler ließe sich in langer Liste fortsetzen. Besonders intensive Zusammenhänge gibt es bei den Potenzzahlen, wenn zum Beispiel Quadratzahlen (16, 25, 36, 49, 64, 81 ...) oder Kubikzahlen (27, 64, 125, 216, 343 ...) vorliegen. Es übersteigt den in diesem Buch gegebenen Rahmen, in die komplexen Beziehungsgefüge zwischen solchen Zahlen einzusteigen. Dennoch soll ein Beispiel für viele stehen – die fortgesetzte Potenzierung der »Zwei« – die sogenannte »geometrische Reihe«.

Was beim fortgesetzten Potenzieren der »Zwei« erfolgt, ist aus der »Schachbrett-Wette« bekannt, die nach mythischer Überlieferung ein Kaiser gegen seinen Untertanen verlor: Der Kaiser hatte nämlich in den Wunsch eingewilligt, auf jedem Feld des Schachspieles eine Einheit von Getreidekörner zu verdoppeln: zuerst 1 Korn, dann 2 Körner, 4 Körner, 8 Körner, 16 Körner, 32 Körner, 64 Körner, 128 Körner, 256 Körner, 512 Körner ... Was hier realisiert wurde, war das Urprinzip des Lebens, die fortgesetzte Teilung der Zellen eines Organismus. Es war auch das Urgesetz der Musik: die Bildung der Oktave (der Verdoppelung des Grundtones) durch das Teilungsverhältnis 1:2 einer Saite oder einer klingenden Pfeife... Der Kaiser mußte die Wette natürlich verlieren, weil bis zum 64. Feld des Schachbrettes (also bis zur 64. Potenz) die Zahlenmenge explodierte, so daß ein Menschenleben nicht gereicht hätte, um die Getreidekörner abzuzählen. Wenn wir uns die Zahlenfolge einmal anschauen (die vom Computer nur bis zur 50. Potenz ausgerechnet worden ist), so lassen sich interessante Schlüsse über die Zahlen ziehen:

1. Potenz von 2 =	2
2. Potenz von 2 =	4
3. Potenz von 2 =	8
4. Potenz von 2 =	16
5. Potenz von 2 =	32
6. Potenz von 2 =	64
7. Potenz von 2 =	128
8. Potenz von 2 =	256
9. Potenz von 2 =	512
10. Potenz von 2 =	1024
11. Potenz von 2 =	2048
12. Potenz von 2 =	4096
13. Potenz von 2 =	8192
14. Potenz von 2 =	16384
15. Potenz von 2 =	32768
16. Potenz von 2 =	65536
17. Potenz von 2 =	131072
18. Potenz von 2 =	262144
19. Potenz von 2 =	524288
20. Potenz von 2 =	1048576
21. Potenz von 2 =	2097152
22. Potenz von 2 =	4194304
23. Potenz von 2 =	8388608
24. Potenz von 2 =	16777216
25. Potenz von 2 =	33554432
26. Potenz von 2 =	67108864
27. Potenz von 2 =	134217728
28. Potenz von 2 =	268435456
29. Potenz von 2 =	536870912
30. Potenz von 2 =	1073741824
31. Potenz von 2 =	2147483648
32. Potenz von 2 =	4294967296
33. Potenz von 2 =	8589934592

34. Potenz von 2 =	17179869184
35. Potenz von 2 =	34359738368
36. Potenz von 2 =	68719476736
37. Potenz von 2 =	137438953472
38. Potenz von 2 =	274877906944
39. Potenz von 2 =	549755813888
40. Potenz von 2 =	1099511627776
41. Potenz von 2 =	2199023255552
42. Potenz von 2 =	4398046511104
43. Potenz von 2 =	8796093022208
44. Potenz von 2 =	17592186044416
45. Potenz von 2 =	35184372088832
46. Potenz von 2 =	70368744177664
47. Potenz von 2 =	140737488355328
48. Potenz von 2 =	281474976710656
49. Potenz von 2 =	562949953421312
50. Potenz von 2 =	1125899906842624

Fortgesetzte Potenzierung der Zahl »zwei« bis zur 50. Potenz (2^{50}).

Die Zahlenfolge verdeutlicht zum einen, wie sich scheinbar beziehungslose Zahlengrößen zu einem dichten Feld zusammenfügen, wenn sie aus einer »Urzahl« (quasi durch »Zellteilung«) geboren werden. Zum anderen weist die Zahlenkolumne Ordnungen auf, über die sich lange nachsinnen läßt: Die letzte Zahlenspalte enthält (von oben nach unten gelesen) zum Beispiel den Rhythmus »2–4–8–16«. Die vorletzte Zahlenspalte enthält (ebenfalls von oben nach unten gelesen) einen 23gliedrigen Rhythmus, der mit der Folge »1–3–6–2–5 . . .« beginnt. Besonders auffällig ist, daß sich die Ausgangszahlen »2–4–8« (die einstelligen Urzahlen) auf anderen »Seinsstufen« analog wiederfinden lassen: Man begegnet ihnen wieder auf der Stufe der vierstelligen Tausender als »2048-4096-8192«, auf der Stufe der siebenstelligen Millionenzahlen als »2097152-4194304-8388608« oder gar der dreizehnstelligen als 2199023255552-4398046511104-8796093022208«.

Das ist bedenkenswert: Vielleicht machen wir uns den Umgang mit Zahlen und Proportionen zu leicht? Vielleicht dürfen wir in der uns zugänglichen Wirklichkeit gar nicht nach einer idealen 2:4-Relation suchen, sondern nur nach einer 2048:4096-Relation. Das Lebendige ist immer verästelt, ungeregelt, irrational und... chaotisch! Die Urzahlen »eins« bis »zwölf« sind vielleicht überhaupt nicht auf den Menschen oder das Lebendige anwendbar! Diese einfachen Zahlen sind in der Schöpfung schon vergeben: Gott hatte die »Eins«, Adam und Eva die »Zwei« und die »Drei«...? Unsere Kennziffern heißen heute vielleicht 982517486977775 oder 6524378691442323325.

Mit den urbildlichen Proportionen wie 1:2 oder 2:3 läßt sich nur das »Ideal« eines Individuums oder eines Lebendigen, längst nicht mehr das »Wirkliche« erfassen. Wer den Archetypus der einstelligen Zahlen erspüren will, der muß vielleicht erst einmal in die Wirnisse der realen Konkretion des Materiellen hinabsteigen. Zu leicht erliegt man der 1:2- oder 2:3-Ordnungsideologie, da sie doch so »positiv« und angenehm ist. Das gelebte Leben zeigt vielleicht nie eine Oktavrelation 4:8, sondern nur jene höhere Potenz 4194304:8388608..., die wir nicht erkennen wollen. Ordnungsideologen sollten dann und wann einige Stunden Beobachtungen in der Wirklichkeit anstellen – etwa in der Bretagne zusehen, wie das Meer gegen die Klippen brandet und simultan sich sowohl Ordnung wie Chaos entfalten. Weniger aufwendig mag es sein, sich im 2001-Geschäft den prächtigen Bildband *»Der Heimatplanet«* (1989) zu kaufen und sich in die Bilder aus Astronautenperspektive hineinzuversetzen: Was sich aus der erdgebundenen Alltagsperspektive nur als ungeordnetes Chaos begreifen läßt (etwa vorbeiziehende Wolkenberge oder ein Gewitter), das hat von höherer – gleichsam objektiverer – Warte aus gesehen seine Ordnung und Richtigkeit. Die Erde erscheint als Sinn-erfüllte Kugel, im schwarzen Raum hängend, auf der sich eine Luftschicht nach verstehbaren Regeln bewegt und kräuselt..., das scheinbare Chaos (wie zum Beispiel die unverständliche Zahl 8388608 aus der Tabelle der Zweier-Potenzen) wird aus der Distanz betrachtet zur einsichtigen Form einer Ordnung höherer Komplexität.

Zahlenbild 10: Zahlenbilder vierundzwanzig und fünfundzwanzig (zweite Generation) (vgl. S. 274f.)

Teil IV: Das Gerade und das Krumme

Das »Gerade« und das »Krumme« sind zwei elementare Seinsqualitäten der Welt. Tiefsinnig wird das im chinesischen *»Tao«* formuliert, wenn dort die Reihe der geraden Zahlen (das von der weiblichen »Zwei« ausgehende Yin-Prinzip) der Reihe der ungeraden Zahlen (dem von der männlichen »Drei« ausgehenden Yang-Prinzip) gegenübergestellt wird. Das »Gerade« und das »Krumme« müssen – wenn ein stabiler Zustand herrschen soll – im Gleichgewicht stehen. Synonyme dafür sind auch: das »Apollinische« und das »Dionysische« (um ein Begriffspaar Nietzsches zu gebrauchen), das »Berechenbare« und das »Unberechenbare«, »Ordnung« und »Chaos«, das »Rationale« und das »Irrationale«, das »Bewußte« und das »Unbewußte«, »metrón« und »ekstasis«. Ausgewogenheit und Gleichgewicht spielen im Taoismus eine zentrale Rolle. Davon kann in der westlichen oder europäisch-neuzeitlichen Kultur nicht gesprochen werden. Um es hart zu formulieren: Die Welt des Abendländers ist eine »begradigte« Welt; seine Kultur ist eine »Begradigungskultur«; das »Krumme« hat er weitgehend verdrängt, zu dessen »Schatten« werden lassen. Das »Krumme« paßt nicht zu seiner Flußbegradigung, Flurbegradigung, zur Städte-Quadratur, zu den geraden Eisenbahnschienen und Autobahnen – zu Ordnung, Pünktlichkeit, Sauberkeit und zu den automatisierten Bewegungen von Menschen mit »begradigten« Köpfen.

Das »Krumme« ist unberechenbar. Symbol mag hier die Zahl Pi (π) mit ihrer irrationalen Ziffernfolge 3, 14159 . . . sein, die zur Berechnung des »krummen« Kreises notwendig ist. Die Teilung einer Strecke der Länge »eins« durch die gerade Zahl »zwei« ergibt 0,5 . . ., was uns als Ergebnis befriedigt. Die Teilung einer

Strecke der Länge »Eins« durch die ungerade Zahl »Drei« ergibt aber $0{,}33333\overline{3}\ldots$, und das erschreckt den berechnenden und planenden Abendländer. Planung ist Planieren, Plätten, Begradigen, Eliminieren des Krummen. Dabei ist vieles weit krümmer, als wir es in unserer Vorstellung zulassen: Erdboden und Meeresspiegel sind keine Ebenen, sondern bereiten als gekrümmte Flächen dem Geographen und Kartographen beim messenden Erfassen erhebliche Schwierigkeiten. Auch das All und der leere Raum sind – wie uns die relativistische Physik belehrt – nicht linear, d. h. gerade ausgedehnt, sondern ein gekrümmter Raum.

Die begradigte Welt des Abendlandes

Wie in unserer massenmedialen Musik mit Zeit–Rhythmus–Zahl umgegangen wird, das dokumentieren aufs eindrücklichste die Begradigungstendenzen des westlichen Kulturkreises (s. u. S. 207): So gibt es in unserer typischen Radio-Musik fast nur noch den begradigten Takt, den 4/4- oder 2/4-Takt. Wer heute als Komponist einem Schallplattenproduzenten oder einem Filmregisseur ein Musikstück im 3/4-Takt anbietet, der gilt schon als »Opa«. »Dreier« sind out! »Walzer« ist out! Es regiert der gerade und symmetrische »Zweier« (oder seine Vielfachen), der maschinell, mechanisch und computerhaft klar seinen Rhythmus stampft. Alle anderen ungeraden Taktarten – außer dem »Dreier« – sind schon längere Zeit aus dem musikalischen Erlebnisbereich geraten. In Bayern gab es in der Volksmusik noch vor wenigen Jahrzehnten den »Zwiefachen«, der ein Tanz im »Fünfer«-Rhythmus (zusammengesetzt aus 3 + 2) war. »Fünfer« oder »Siebener« hatte noch Béla Bartók bei seinen musikethnologischen Studien in den Balkanländern überall gefunden. Arabische, afrikanische und indische Musik kennen sogar periodische Schlagzeitenfolgen von elf, dreizehn und fünfzehn Schlägen. Allgemein gilt, daß Volksmusik – als eine nicht von Intellekt und schriftlicher Ordnung durchdrungene Musik – selten glatte Zahlenverhältnisse, stereotype Rhythmik und eine geglättete Zeitstruktur aufweist. Originäre Volksmusik ist »krumm«. Gegenüber der Fülle »krummer« Strukturen dieser ursprünglichen Musikformen ist die Reduktion des 11er-, 10er-, 7er-, 5er- oder 3er-Taktes auf das maschinelle Hin und Her des begradigten Taktes in unseren Schlagern, Hits, Rocksongs und anderen kommerziellen Hintergrundmusiken eine Verarmung. Auf die Jahreszahl 1322 als

Markstein der musikalischen Begradigung wurde schon im Abschnitt *»Musik als Spiegel des Umgangs mit ›Zeit‹«* (S. 55 ff.) verwiesen. In Philippe de Vitrys Traktat *»Ars nova«* (1322) wurde erstmals in der abendländischen Musiktheorie die binäre Teilung der musikalischen Einheiten zugelassen. In der »Ars antiqua« (und allgemein in der früheren Musik) hatte es nur die ternäre Teilung gegeben. Jeder Notenwert konnte nur in drei untergeordnete Werte gegliedert werden:

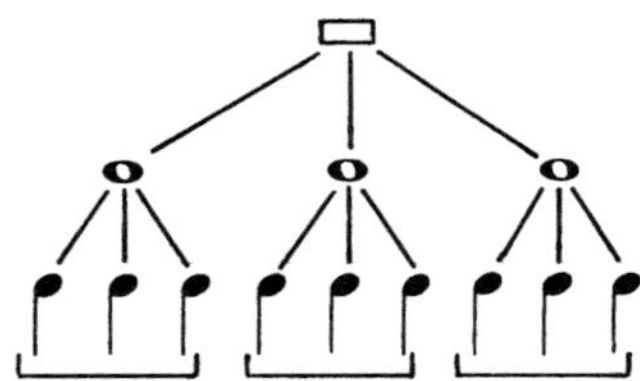

In der »Ars nova« wurde als Novität die binäre Teilung sowie die Mischung aus Zweier- und Dreier-Rhythmen zugelassen:

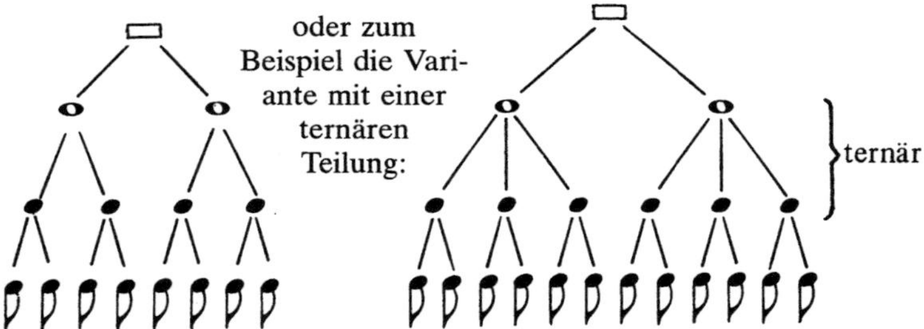

Diese Umstellung der Musik auf die geraden Notenwerte darf als konkreter Beginn der abendländischen Neuzeit gewertet werden. Der Siegeszug des »Geraden« über das »Krumme« (des Denkens über das Fühlen; des Apollinischen über das Dionysische; des Statischen über das Fluide; des Meßbaren und Begreiflichen über das Unmeßbare und Unbegreifliche) hatte begonnen.

Seit diesem Markstein in der Entwicklung neuzeitlichen Denkens ist zu beobachten, wie die ungeraden gegenüber den geraden Zahlen zunehmend ins Hintertreffen geraten. Die ungeraden Zahlen, die in Mythologie, Religion, Volksglauben und in Kunstwerken bislang so dominant und individualistisch bestimmend waren, mußten der geraden Zahl wegen deren leichterer Berechenbarkeit weichen. *Für Plato hatten alle graden Zahlen üble Vorbedeutungen, und bei Vergil heißt es »Numero deus impare gaudet«, »An der ungraden Zahl erfreut sich der Gott«, ein Gedanke, der aufgenommen ist in dem islamischen Traditionsspruch: »Wahrlich, Gott ist eine ungrade Zahl«, ›witr‹ (nämlich Einer), und liebt die ungrade Zahl«. Und auch Shakespeare stellt fest: »There is luck in odd numbers« – die ungrade Zahl bringt Glück. Die Vorliebe für ungrade Zahlen führte dazu, daß rituelle Handlungen, Gebete, Beschwörungen in ungraden Zahlen vorgenommen wurden und oft noch werden: man vollzieht einen Zauber dreimal oder siebenmal und wiederholt ein Gebet oder das Amen dreimal. Der Arzt oder Medizinmann pflegte früher mit Vorliebe Pillen in ungrader Zahl zu geben, und Zauberknoten mußten in ungrader Zahl geknüpft sein. Wie der Talmud zahlreiche Beispiele für die Verwendung ungrader und Ablehnung grader Zahlen bietet, so heißt es im Islam, daß der Prophet Muhammed das Fasten mit einer ungraden Zahl von Datteln gebrochen habe.*[83] Man kann sagen: Die geraden Zahlen verkörpern Symmetrie, Ordnung und Rationalisierbarkeit. Sie sind dem menschlichen Verstand zugänglich. Die ungeraden Zahlen verkörpern das Asymmetrische und weit weniger Rationalisierbare. Sie übersteigen weitgehend den menschlichen Verstand und verweisen auf das All-Eine, das Unbewußte oder Allumfassende, das dem Verstand sowie dem Bewußten als das Größere übergeordnet ist.

Eng verbunden mit der Vorliebe für gerade Zahlen im technisch-wissenschaftlichen Zeitalter ist der Glaube an Gesetze und Regeln. In der »Regel« und im »Geraden« steckt nämlich als Gemeinsamkeit das Prinzip der »Wiederholung« beziehungsweise der »Reproduktion«. Individualität scheut jedoch die Reproduktion und will unverwechselbar sein. Individualisten scheuen das »Gerade«: Der französische Schriftsteller Théophile Gautier entwickelte seine Parole des »zigzag« gegen die Begradigungskultur. In *»Auf der Suche nach der verlorenen Zeit«* läßt Marcel Proust die Großmutter sich weigern, »geraden Weges nach Balbec zu reisen«. Der Filmemacher und Autor Herbert Achternbusch führt einen fast manischen Kampf gegen das Begradigte: Im Essay *»Alexanderschlacht«* kritisiert er die angepaßten Zeitgenossen, die fähig sind, *sich mit einem Motor zu vergleichen, in einem Pop-Rhythmus gehen sie auf.* Achternbusch weiß, daß in den Köpfen nur selten die Wahrnehmungsvoraussetzungen für seinen »krummen« Stil gegeben sind, *weil meine schlängelnden Filme nicht in ihre begradigten, in ihre sanierten Gehirne passen, sie ecken in ihren gestreßten Gehirnen an, da kriegen sie Kopfschmerzen.*[84]

Künstler und authentische Kunst haben Angst vor der Diktatur des Geraden; denn jede massenmedial reproduzierte Kunst (die beim Vervielfältigt- und Verbreitet-Werden quasi mit dem Faktor »zwei« multipliziert wird) verliert ihre Aura von einmaliger »Kunst«. Kunst verträgt keine Wiederholung. Aus diesem Grunde zerstörten die alten Maya ihre Gußformen, nachdem diese einmal ihrem Zweck der Herstellung eines Kunstwerkes gedient hatten.

Die Welt des Krummen als das Ursprüngliche ist das Größere und Stärkere. Das weiß zum Beispiel die moderne Wahrnehmungspsychologie, wenn sie nachweist, daß es zwei eckige Figuren braucht, um eine kreisrunde Figur ähnlichen Umfanges aufzuwiegen. Das Runde wiegt mehr als das Gerade.[85]

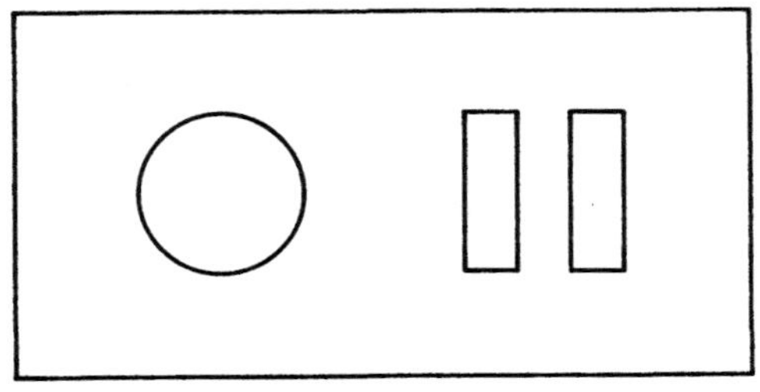

... daß alles Leben krummlinicht ist

Immanuel Kants Feststellung, *... daß alles Leben krummlinicht ist*, dürfte einer seiner tiefsinnigsten Sätze sein. Leben ist Abweichung vom Geraden. Leben ist Veränderung einer idealtypisch vorgezeichneten Entfaltungsform zeitlicher und räumlicher Art. Die idealtypische Form wird jedoch nie konkretisiert. Sie existiert bloß in Annäherungen und unendlichen Varianten. Leben charakterisiert sich durch das Ausdifferenzieren von stets Neuem. Das gilt selbst für den Organismus der Planeten, obwohl dieser aus der mikrokosmischen Perspektive menschlicher Vernunft dem Nicht-Organischen und Nicht-Lebendigen zugerechnet wird: Die Himmelsrhythmen sind trotz aller Periodizität und Annäherung an ganzzahlige Verhältnisse durch eine Vielzahl kleiner Abweichungen geprägt, so daß eine Konstellation von Erde, Mond, Sonne, Planeten und Fixsternen sie nie mehr identisch wiederholen kann und sich stets eine neue Konstellation ausbilden muß. Dieses Prinzip der Abweichung von Wiederholung und der Vermeidung identischer Strukturgefüge gilt um so mehr für das, was wir in der Tier- oder Pflanzenwelt als »Leben« bezeichnen: Es gibt keine zwei identischen Organismen oder (neutral gesprochen) Rhythmen, denn jedes Leben konkretisiert sich als spezifische »Abweichung«.

Im Bereich der Kristalle und Mineralien, in dem größtmögliche Ordnung und identische Strukturen charakteristisch sind, sprechen wir von »toter« Materie. »Leben« im menschendefinierten Sinne beginnt dort, wo Unberechenbarkeit in Erscheinung tritt. Dabei gilt als Faustregel, daß Leben um so unberechenbarer wird, je höher es entwickelt ist. Sinnbild der Unberechenbarkeit und »Krummlinichtkeit« des Lebens ist das Sonnenlicht, das in seiner Doppelnatur als Energie- und Helligkeitsspender die Grundlage jeder Entwicklung irdischen Lebens ist: Das Licht der Sonne trifft zu keiner Minute des Jahres in identischer Qualität auf die Erde. Es verändert sich ständig. Jeder Tag des Jahres zeigt die Sonne in einer anderen Umlaufhöhe. Jede Stunde des Tages trifft das Licht mit einem anderen Neigungswinkel auf die Luftschichten der Erdatmosphäre, um sich dann jeweils anders zu brechen. Ziehende Wolken und Luftmassen in verschiedenen Wärmefeldern machen das Licht zur flexiblen und in ständiger Veränderung sich befindender Größe. Der kausale Zusammenhang ist schwer zu durchleuchten: Ist »Leben« auf der Erde entstanden, weil die Lebensquelle »Licht« die Qualität des Sich-ständig-Veränderns aufweist? Oder hat das ständig sich verändernde Sonnenlicht dem »Leben« die Qualität des »Krummen« und der steten Veränderung als spezifische Qualität des Lebendigen eingeprägt? Auf jeden Fall scheint klar zu sein, daß das Kunstlicht nie das Sonnenlicht ersetzen kann. Kunstlicht mit seiner gleichförmigen Abstrahlung ist lebensfeindlich: Ein lebendiger Organismus, der einer starren und gleichförmigen Rhythmik ausgesetzt ist, wird in der organisch notwendigen Entfaltung seiner unberechenbaren und »krummlinichten« Tendenzen gehindert.

Statt Rhythmus: Takt

Der Rhythmus ist das Elastische und sich stets Erneuernde. Der Takt ist das Gesetzmäßige und Regelhafte. Der Rhythmus ist konkret und körperlich. Der Takt ist abstrakt und eine denkerische Leistung des Menschen. Die Verwechslung von Rhythmus und Takt ist die Verwechslung von Leben und Denken, von Konkretem und Idealisiertem. In der Periodik des Rhythmischen liegt zwar das Moment von »Wiederholung« beschlossen – es ist jedoch eine Wiederholung von Ähnlichem und nicht von Identischem. Rhythmus ist eine Form der Wiederholung, die Neues schafft. Auch der Takt beinhaltet »Wiederholung« – jedoch die Wiederholung von Gleichem. Der Takt reproduziert identische Glieder. Sinnbild des Taktes ist die vom Menschen geschaffene Maschine: Nicht ohne Grund ist vom »Zweitakt-Motor« oder vom »Viertakt-Motor« die Rede.

Die Musik der europäischen Neuzeit (um wieder einmal die Musik als Tiefengrammatik unseres abendländischen Bewußtseins zu strapazieren) kommt mit der puren Körperlichkeit des Rhythmus nicht zurecht. Sie benötigt zu seiner Realisierung den abstrakt gliedernden und messenden Takt. Am konkreten Fall erörtert: Die Frage, ob es in der Musik Mozarts den Rhythmus ♩. ♪ ♩ gibt, läßt sich ohne den Bezug zu dessen Stellung im Taktgefüge nicht beantworten. So gibt es diesen Rhythmus in der folgenden Form bei Mozart nicht (oder allenfalls selten):

In einer anderen metrischen Plazierung ist der Rhythmus allerdings eine sehr häufige Wendung:

Fazit: Unser messendes Bewußtsein vermag einen Rhythmus nicht »pur« aufzufassen, sondern nur in bezug auf das Ordnungssystem des Taktes. Das ist vor allem in der musikalischen Moderne, wo Komponisten sich von den rigiden Ordnungsstrukturen des Taktes sich zu lösen versuchten, sehr deutlich geworden. Wenn der französische Komponist Olivier Messiaen in seine Orchesterwerke Hindu-Rhythmen wie oder einen von indischer Rhythmik abgeleiteten Rhythmus wie übertrug, so mußte er diese Rhythmen (obwohl sie körperhaft für sich allein bestehen können) zum Zwecke der Synchronisation aller Orchesterinstrumente in einen Takt einzwängen. Aus strukturell klaren Rhythmen wurden hierbei in der Taktnotation komplex erscheinende Figuren:

Die Fesselung des körperlichen und lebendigen Rhythmus' an das abstrakte Ordnungsgefüge des Taktes ist kennzeichnend für das abendländische Bewußtsein. Sehr treffend wird das Akzentgefüge (das »eins, zwei, drei, vier«) des Taktes in der Musik auch Akzentgitter genannt. Taktierende Musik ist Musik »hinter

Gittern«. Friedrich Nietzsche nannte dieses Gebundensein an ein vorgegebenes Metrum *»in Ketten tanzen«*. Die in der abendländischen Musik seit etwa 1600 wesenhafte Dialektik von Rhythmus und Takt ist kein bloß für die Musiktheorie bedeutsames Problem. Sie ist Sinnbild für die abendländische Auffassung von »Zeit« und »Leben«: Zuerst kommt ein abstraktes und mechanisch vorgegebenes Zeitraster (der »Takt«), dann kommt das Leben beziehungsweise der Rhythmus (als körperlich gelebte Zeit). Erst kommt der Fahrplan, dann die Menschen. Erst wird die Woche durch Terminkalender und Stundenpläne in Raster eingeteilt, dann wird die Woche real gelebt. Erst kommt der Lehrplan, dann das Lernen. Erst die Verkehrsregeln, dann der Verkehr. Das Leben des abendländischen Menschen ist durch die Taktordnung begradigt. Über Wochen und oft Jahre hinaus ist das Leben durch präzise Zeitraster, Termine und das »Links, zwei drei, vier« des Taktes reguliert. Diese begradigte Zeitordnung ist dem wirklichen Leben mechanistisch vorgegeben und nimmt keine Rücksicht auf eine naturzeitliche oder individuelle Periodik. Ladenöffnungszeiten, Zugfahrpläne, S-Bahn-Anschlüsse, Bürozeiten, Sprechstunden ... sind hierzulande montags wie freitags und sommers wie winters meistens gleich.

»Zeit« als Kreis und Spirale

Die »Zwei« begründet als Urform des Yin-Prinzips die Reihe der geraden Zahlen. Ihr weiblicher Charakter ist keine dubios-mystifizierende Zuschreibung, sondern findet ihr naturwissenschaftliches Analogon, daß ein weibliches Chromosom die Form xx besitzt und damit (im Unterschied zur männlichen Form xy) symmetrisch und »zwei«haft ist. Geometrisches Sinnbild der »Zwei« ist die Gerade als Verbindung zweier Punkte.

Die »Drei« begründet als Urform des Yang-Prinzips die Reihe der ungeraden Zahlen. Das rollende und wirbelnde »r« und der sprachliche Stamm »dr« in dem Wort »Drei« verweisen auf die Verwandschaft zu »Dreh«, »Drill«, »Wirbel«, »Kreis«. Der Schritt in die »Drei« ist der Übergang von der statisch auseinandergefalteten Polarität der »Zwei« in den Urtyp der Bewegung . . . in »Wirbel« und »Kreis«. Das weiß auch der Kinderreim des *Einmal hin, einmal her. Rundherum, das ist nicht schwer*. Die »Drei« ist durch ihre Urtümlichkeit eine machtvolle Zahl. *Wie der Schiffskreisel die Fähigkeit hat, das Schlingern des Schiffes aufzufangen, so ist dem Tanz die Macht gegeben, die Gewalten der Doppelung zu binden. Warum? Weil er die unmündigste aller Menschentaten darstellt, wie der Kreisel die unmündigste aller Bewegungen, die Drehung um die eigene Achse, ausführt – darin liegt seine Urgewalt.*[86] Die Kreisform und das Wirbeln um die eigene Achse sind die erste Andeutung einer »Gestalt« in der Natur – was die galaktischen Gaswirbel als Frühformen von Sonnen und materiellen Formen bestätigen. »Eins« und »zwei« sind bloße Zahlen. Sie sind noch gleichsam abstrakt. Erst mit der Kreisform der »Drei« beginnt die Zahlenreihe sich gestalthaft zu konkretisieren. Kreisform und auch die Eiform sind deshalb

Zahlenbild 11: Die Verteilung aller rationalen Zahlen oder musikali-

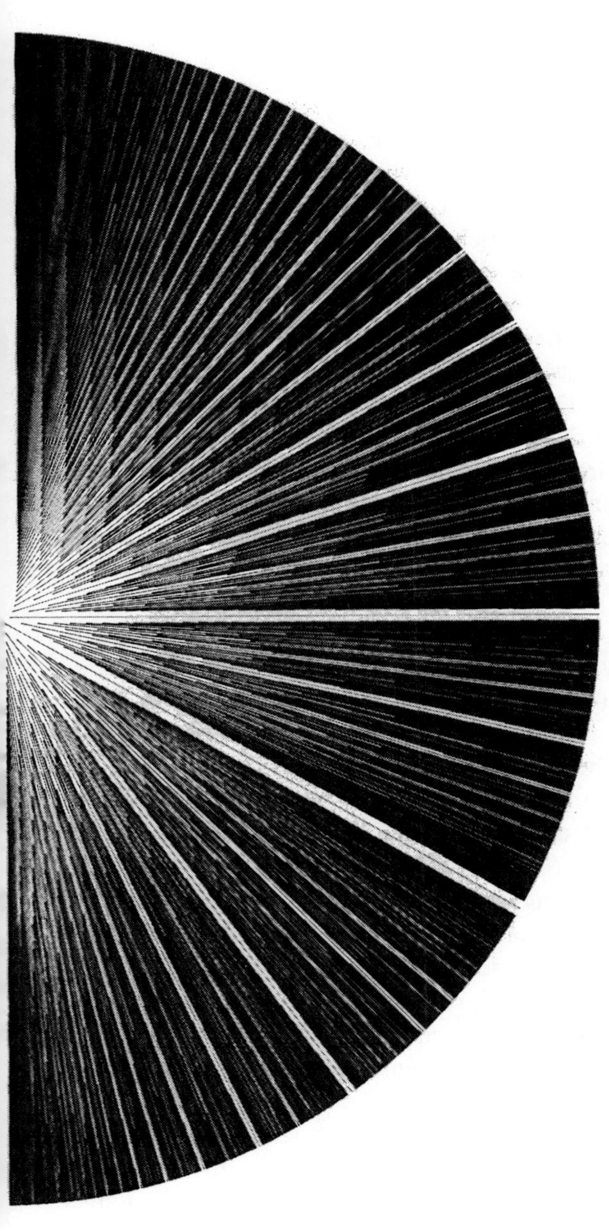

schen Intervalle in Kreisform (vgl. S. 275 f.)

Symbole der Ur-Frühe und des Anfänglichen. Gleichzeitig sind sie aber auch Ausdruck des Vollkommenen: Kreis, Kugel, das Runde, das Rotundum, das Ei ... verkörpern bei allen Völkern das Vollkommene. Auch das Unbewußte und die Seele sind (nicht nur in der neuplatonischen Philosophie) immer wieder in Kugelgestalt – oft in Form sphärisch sich übereinanderlagernder Kugelhüllen – dargestellt worden.

Die Zeitauffassung des neuzeitlich-europäischen Menschen ist die lineare Zeitauffassung: »Zeit« wird hier als Gerade ... als »Zwei« empfunden. Da die »Zwei« aber abstrakt (gleichsam unwirklich) ist, haftet der linearen Zeitauffassung stets etwas Verlusthaftes, Defizitäres an. Lineare Zeit ist immer bruchstückhaft und unvollkommen, denn eine Gerade kann nur als Segment (nicht in ihrer unendlichen Ausdehnung von Ewigkeit zu Ewigkeit) wahrgenommen werden. Symbol solch bruchstückhafter und vergänglicher Zeit ist der erigierte Penis ... die Gerade. In Mythen ist der Phallus Sinnbild der Vergänglichkeit, der momentanen Zeit. Das, was bleibt, ist die Vulva – das Runde, der Kreis. Die Vulva ist Sinnbild der zyklischen und ewigen Zeit. Der Kreis ist geschlossen und symbolisiert den »Unus Mundus«, die eine Welt, die unendliche Bewegung.

Da im westlichen Denken mit seinem ausgeprägten Bewußtsein von Fortschritt und historischer Weiterentwicklung die lineare Zeitauffassung (also die »Gerade«) favorisiert wird, muß zur Erreichung eines stabilen Gleichgewichts von »gerade« und »krumm« – von Ying und Yang – die zyklische Zeitauffassung (also der »Kreis«) wiedergefunden werden. Das Sinnbild des »Kreises« ist aus unserem begradigten Alltag – beispielsweise in der Architektur oder als Element der Wohnungseinrichtung – fast verdrängt worden. In den magischen und mythischen Kulturen war der Kreis (oder Halbkreis) überall gegenwärtig – von den frühesten Felszeichnungen, als Gestaltungselement der Kultstätten, Tempel, in Grundrissen, in Bauwerken, bis hin zu den Bewegungsmustern des Tanzes, dem Reigen, als ornamentales Muster von Kunstwerken, Kleidung oder Teppichen, als Form von Schmuck ... Es gilt: Mit zunehmender Säkularisierung des abendländischen Bewußtseins (was einen Verlust des Aufgehobenseins in der Ewigkeit bedeutete) ging der »Kreis« als Sinnbild des Ewigen und Vollkommenen verloren.

In der Zeitmessung war bis vor kurzem der Kreis noch ein wesentliches Element. Das Zifferblatt der Uhr war dem Europäer sozusagen ein »Mandala«, dessen Ganzheitssymbolik ihn zumindest unterbewußt den allumfassenden Charakter des Zeitlichen verspüren ließ: Die »Drei« und die »Vier« verbinden sich auf dem Zifferblatt zur »Zwölf«; die zwölfmal fünf Rasterstriche der Minuteneinteilung ergeben die »Sechzig« als eine starke (weil integrative) Zahlenpersönlichkeit. War schon das regelmäßige Sechseck (etwa der Bienenwaben und Schneekristalle) eine vollkommene Anordnung der Materie (bevor mit dem Siebeneck das konkret Räumlich-Materielle verlassen werden mußte), so ist das regelmäßige Zwölfeck als ein Doppel-Sechseck noch weit vollkommener. Dem Auge bietet sich das Zwölfeck als unmißverständliche Annäherung an die Kreisform dar:

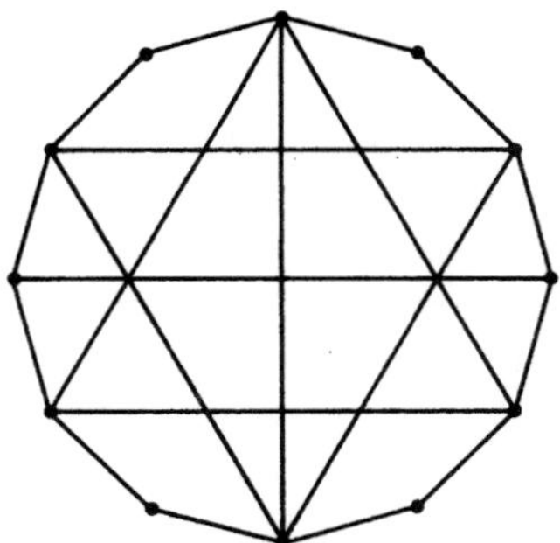

Heute ist das kreisförmige Mandala des Uhrenzifferblattes mit seiner anschaulichen Anordnung der zwölf Grundzahlen durch die prosaische Ziffernfolge der digitalen Zeitanzeige ersetzt worden. Ein inneres Bild der Vollkommenheit und ein archaisches Gleichnis des Zeitlichen ging dem Menschen damit verloren. Als abstrakte Ziffer, die sich an Verstand und Bewußtsein richtet, hat die »Zahl« mit der Digitaluhr sogar eine Aufwertung erfahren.

Doch als archetypisches Wesen, das im Unbewußten ein Weltverstehen erzeugt (durch intuitives Andeuten zahlenqualitativer Zusammenhänge), hat die »Zahl« mit der Digitaluhr ihre Wirkungskraft verloren.

Die »Zeit« als zwölffach gegliederter Kreis tritt uns nicht nur in der Stundenordnung von Tag und Nacht (also im Zifferblatt der Uhr als deren räumlichem Bild) entgegen, sondern auch im Jahreskreis der zwölf Monate (Mondumläufe) und im Tierkreis der Gestirne: hier zum einen, indem die Sonne einmal im Jahr die zwölf Bilder des Zodiaks durchwandert, zum anderen, indem der Frühlingspunkt (der sich jährlich vor dem Fixsternhintergrund minimal verschiebende Sonnenstand bei Frühlingsanfang) in 25 920 Jahren – dem Weltenjahr oder Platonischen Jahr – einmal durch den Tierkreis wandert. Die zwölffach strukturierten Rhythmen der Zeit sind relativ stabil. Das mag (neben der Ableitung des Stabilen aus der Vollkommenheit des Kreises) an der Reduktion der »Zwölf« auf die stabil strukturierende »Sechs« liegen. Diese ist nicht nur als $6 + 6 = 12$ im Tag oder im Jahr enthalten, sondern auch in den 25 920 Jahren des »Weltenjahres«: Multipliziert man die Zahlen »eins« bis »sechs« mit sich selbst ($1 \times 2 \times 3 \times 4 \times 5 \times 6$) und dieses Produkt dann mit 6×6, so ergibt sich genau diese Anzahl von Jahren.

Unsere Zeiterfahrung scheint somit bedeutend von den Zahlen »Sechs« und »Sieben« bestimmt zu sein. »Sechs« ist (vor allem bei ihrer Erscheinung in der »Zwölf«) Repräsentant des Stabilen, Geordneten und des Kreises (in dessen Gradeinteilung und Winkelsumme von 360° die »Sechs« mehrfach enthalten ist). »Sieben« ist die Zahl der Natur, in der die räumliche und materielle Anordnung verlassen wird (vergleiche nochmals die Nicht-Konstruierbarkeit des Siebenecks) und eine Transzendenz – die Rückführung des Seins in das dem physischen Menschen Unbegreifliche – erfolgt: Sie strukturiert die Woche (als siebenfache Zwölfheit); sie strukturiert auch die in menschlicher Physis wie Psyche nachweisbare Periodik von sieben Jahren (ebenfalls als siebenfache Zwölfheit). Die »Sieben« tritt unserem Empfinden nicht als Kreisform, sondern eher ihrem »Stufencharakter« oder ihrer »Entwicklungshaftigkeit« gemäß als lineare Folge entgegen. Versinnbildlicht man sich aus den Elementen der »Zwölf«/»Sechs« (Kreis) und der »Sieben« (lineare Sukzession ins Transzendente) unsere Zeiterfahrung von Minuten, Stunden, Tagen, Wochen, Monaten, Jahren, Siebenjahres-Perioden, so läßt sich eine imposante Weltenuhr des menschlichen Lebens imaginieren: Sechzig Minuten (Kreisform) komplettieren sich zur Stunde, die zwölffach einen Tag und eine Nacht ergibt (Kreisform). Dieser Doppelkreis ergibt in seiner siebenfachen Sukzession die Woche. Die Woche ihrerseits ist im Monat aufgehoben, der in zwölffacher Anordnung das Jahr (Kreisform) ergibt. Dieser Jahreskreis ergibt in seiner siebenfachen Sukzession den Siebenjahres-Zyklus.

Das Zusammenwirken der stabil-vollkommenen »Zwölf«/»Sechs« (des Prinzips der Sonne) und der transzendent-irrationalen »Sieben« (des Prinzips des Mondes) ist auch im »Kreis« selbst gegeben – was die symbolische Auffassung von »Zeit als Kreis« um so sinnträchtiger macht: Neben die Offensichtlichkeit der »Zwölf«/»Sechs« bei der Kreisdarstellung (Gliederung durch dreifache Quaterninät, Winkelsumme von 360 Bogengraden als viermal neunzig Grad usw.) tritt die verborgene Wirkungskraft der »Sieben«: Die irrationale Zahl π, die notwendig ist, um Kreis oder Kugel berechnen zu können, enthält die »Sieben« als Näherungswert, was Archimedes intuitiv erfaßte, als er die Zahl π mit $\frac{22}{7}$ (also mit $3 + \frac{1}{7}$) optimal angenähert hatte. Fazit: Mit der angenäherten »Siebtelung« läßt sich der Kreis berechnen. Die Kreisfläche beträgt $F = \pi r^2$; der Kreisumfang beträgt $U = 2\pi r$ (wobei mit »r« jeweils der Radius als Halbmesser des Kreises bezeichnet wird). Das Vollkommene – also der Kreis – läßt sich nur unter Einbeziehung einer angenäherten »Sieben« (also des Unbegreiflichen) berechnen. Das ist eine tiefe Erkenntnis, die das Wesen des Kreises mit dem Wesen der Zeit zuinnerst verbindet.

Das »Krumme«, »Unbegradigte«, »Irrationale« oder »Unfaßliche« tritt dem Menschen gerade dort entgegen, wo er Vollkommenheit und größtmögliche Einfachheit vermutet. Das

»Krumme« ist nicht nur das Gegenstück zum »Geraden« im Sinne der abstrakt-denkerischen Polarität. Das »Krumme« ist vielmehr im »Geraden« enthalten. Die Pythagoräer, die zunächst meinten, die Welt auf einfachste Zahlenstrukturen zurückführen zu können, packte größtes Entsetzen, als sie merkten, daß die Diagonale eines Quadrates der Seitenlänge »eins« nur als irrationale Wurzel aus »zwei« darstellbar ist:

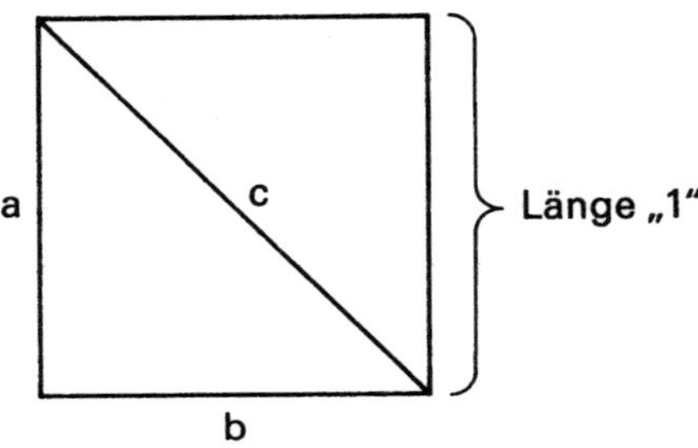

Nach dem pythagoräischen Satz $a^2 + b^2 = c^2$, daß das Quadrat über der Hypotenuse c des rechtwinkligen Dreiecks gleich der Summe der beiden Quadrate über den Katheten a und b ist, ergibt sich für die Diagonale eines Quadrates der Seitenlänge »eins«: $c = \sqrt{a^2 + b^2}$ entspricht $c = \sqrt{1 + 1}$.

Die »Zeit« als Spirale

Bei genauer Betrachtung bildet »Zeit« – als Ineinandergreifen verschiedener Himmelsrhythmen – keinen geschlossenen Kreis, sondern nur eine kreisähnliche Figur: Die 12er- und 7er-Perioden von Minuten, Stunden, Wochen, Monaten und Jahren sind nur optimale Annäherungen, die jedoch nie exakt mit den realen Himmelsbewegungen von Erde, Sonne und Mond übereinstimmen. Kalendermachen war stets die Kunst des Glättens und Begradigens: Man versuchte die irrationalen Beziehungen der Himmelskörper (als der wesentlichen Zeitgeber) dem gesellschaftlichen Bedürfnis nach Regelmäßigkeit und Berechenbarkeit des Zeitablaufs zurechtzubiegen. Besonders auffällig sind die Mondumläufe mit ihrer »ungefähren Siebenhaftigkeit« ein Moment, das eine Geschlossenheit zeitlicher Perioden (zum Beispiel des Jahreskreises) verhindert. Aber auch der Sonnentag mit seinen zweimal zwölf Stunden läßt sich mit dem Sonnenjahr und seinen 365 Tagen nicht ohne Rest verrechnen: Mit Schaltjahren und Schalttagen muß diese Differenz immer wieder ausgeglichen werden. Ebenso ist der Kreislauf der siebentägigen Woche nie ohne Rest im Kreislauf des Monats enthalten. Wochentag und Monatsdatum alternieren deshalb ständig: Lag der Geburtstag, der 25. Mai, im einen Jahr auf einem Montag, so liegt er im folgenden Jahr auf einem Dienstag, ... bei einem Schaltjahr sogar auf einem Mittwoch.

Da die Konstellation zweier Himmelskörper sich zwar mit Ablauf einer Periode aus dem gemeinsamen Vielfachen wiederholt, jedoch in bezug auf einen dritten Himmelskörper eine wiederum längere Zeitspanne braucht, um nunmehr das gemeinsame Vielfache der drei Himmelsbewegungen zu erreichen – um also eine gemeinsame Periode auszubilden – kurz: da mit der Einbeziehung jeden neuen Himmelskörpers im großen Uhrengetriebe des Universums eine identische Konstellation von Himmelskörpern immer weniger erreicht wird, bleibt der »Kreis« der Zeit immer offen. »Zeit« ist zwar periodisch, beinhaltet jedoch immer das elastische Moment einer minimalen Differenz. Geometrisches Symbol dieses Sachverhalts ist die »Spirale«. Sie ist eine gekrümmte Linie, die wie der Kreis zwar Umläufe um einen festen Punkt macht, jedoch keine Schleife mit sich selbst bildet und deshalb sich in unendlicher Linienführung ausdehnt. Die einfachste Spirale ist die von Archimedes beschriebene »Archimedische Spirale«: Ein gleichmäßig auf einer Geraden schreitender Punkt und ein gleichmäßiges Drehen dieser Geraden sind ihre Konstituenten.

Die Spirale leistet etwas fast Unmögliches: Sie verbindet die Qualität der Geraden mit der des Kreises. Sie beinhaltet das Zyklische, Kreisende, Wirbelnde, aber auch das linear Fortschreitende alles Evolutionären. War der »Wirbel« das noch stationäre Bild aller Urbewegung, so ist die »Spirale« das Bild der sich zeitlich weiterentwickelnden Urbewegung. Wir finden sie als

Prinzip der anfänglichen Entwicklung, in den Spiralnebeln des Makrokosmos ebenso wie in der spiraligen Doppelhelix der die Erbmasse transportierenden Gene bei der Entstehung des Lebens: »Zeit« als eine dreidimensionale, in den unendlichen Raum sich hineinstreckende Spirale ist eines der schönsten Sinnbilder dieser nahezu undarstellbaren Thematik!

»Null« – die Mitte des Kreises

Dreißig Speichen umgeben die Nabe eines Rades:
Das Loch in der Mitte macht es brauchbar.
Forme Ton zu einem Gefäß:
Der leere Raum darin macht es brauchbar.
Füge Türen und Fenster in ein Zimmer:
Die Öffnungen machen es brauchbar.
Daher kommt Besitz aus dem, was ist.
Brauchbarkeit aber aus dem, was nicht ist.
Laotse: aus dem *»Tao Te King«*

Symbolisiert der Kreis (oder auch die spiralige Drehung) die Kraft und Fülle kontinuierlicher Bewegung, so repräsentiert der Kreismittelpunkt, aus dem alle Bewegung zu kommen scheint, die Ruhe und Bewegungslosigkeit. Zu den elementaren Paradoxien gehört, daß das Zentrum des Kreises als des großen Symbols von »Zeit« selber zeitlos – weil bewegungslos – ist. Durch die positive Qualität, gleichsam die Mitte des Zeitkreises zu sein, haftet der »Zeitlosigkeit« nichts Negatives oder Defizientes an. Im Gegenteil: »Zeitlosigkeit« ist viel eher eine gesteigerte oder maximal verdichtete Erscheinungsform des Zeitlichen. Diesem paradoxen Aspekt wird das nächste Kapitel des Buches gewidmet sein. Unter den Zahlen entspricht die Zeit- und Bewegungslosigkeit des Kreismittelpunktes der »Null«. Und auch hier gilt wieder: Obwohl die »Null« für das Nichts und die Leere steht, ist sie die Zahl der Fülle und des Überflusses. In unserem Kulturkreis, wo die Zahlen zu quantitativ aufgefaßten Ziffern verkommen sind, ist die »Null« tatsächlich bedeutungslos geworden. In anderen Kulturkreisen blieb die »Null« als verdichtetste Form des Seienden anerkannt: »sunyata« bezeichnet im Indischen beispielsweise »die Leere, welche die Fülle ist«; im Buddhismus gilt das Erreichen des »nirwana« als Ziel eines erfüllten Lebens.

Daß sich als Gestalt der »Null« die Kreisform eingebürgert hat, deutet auf den archetypischen Ursprung und die tiefe Bedeutung dieser Zahl hin. »Null« und »Kreis« scheinen Symbole des Vollkommenen und Göttlichen zu sein. Historisch hat sich die Gestalt der Null aus der altindischen Zahlengestaltung entwickelt, in der alle Zahlen durch eine Variante der in einem Kreis eingelagerten Kreuzform dargestellt wurden:

=1 2 3 4

Das Zahllose und das Nichts wurden dann durch den puren Kreis ohne das eingelagerte Kreuz visualisiert. Der Begriff der »Null« entstand später in der lateinischen Sprache als Kurzform von »nulla figura« (»keine Ziffer«). Als lautlichen Archetypen finden wir hier wieder die verneinende Energie des »n«, die vor das »ullus« (»ein beliebiges Etwas«) gesetzt worden ist. Ernst Jünger hat darauf hingewiesen, daß die Geschichte der »Null« wie die der Entwicklung der »Hemmung« bei der Räderuhr parallel verliefen und sogar beide mit dem Namen des Gelehrten Gerbertus (gestorben 1003 als Papst Sylvester II.) zusammenhingen. Die Kenntnis der »Null« zählte für Jünger *zu den Revolutionen, die tiefer eingreifen als materielle Erfindungen wie die des Schießpulvers oder der Dampfmaschine, obwohl sie weniger auffallen. Vergleichbar wäre ihr die Einführung der Hemmung in die Uhrenwelt. In der Tat wirkt hier wie dort ein ähnliches Prinzip. Bei der Null ist es die Leere, die mit einem besonderen Zeichen in die Zahlenreihe einrückt, und bei der Hemmung die Pause, die den Gang des Zeigers unterbricht. Die Hemmung gliedert den ununterbrochenen Zeitfluß, im Gegensatz zu den Elementaruhren, die mit Licht, Wasser und Sand messen.*[87]

Die »Null« steht für die Zwischenräume, die Pausen, das Nichtfaßliche, den Schlaf, das Schweigen, die Stille, das Nichtstun, das Warten ... Das sind alles Qualitäten, die in unserer auf Betriebsamkeit, Aktivität, Tat und Kommunikation ausgerichteten Zivilisation wenig geschätzt werden. Der kreative und zeugende Aspekt der »Null« ist in der einseitig quantitativen Auffassung der Zahlen verlorengegangen, weil die »Null« hier wertlos wurde: $1 + 0 = 1$ ... oder 0mal $5 = 0$ ... Die »Null« scheint nichts zu sein und nichts zu bewirken. In der Reihe der Zahlen ist die Qualität der »Null« am besten zu erkennen, wenn man sie als Gegenspieler zur »Eins« auffaßt: Gegenstück zur »Eins« ist nicht die Folge der Zahlenreihe oder die Vielheit, da diese ja die »Eins« als Teiler sowie als kleinstes Element fortgesetzter Addition in sich tragen. Gegenstück zur »Eins« als Zahlhaftes und Vorhandenes ist die »Null« als das Zahllose und Nicht-Vorhandene. Die »Null« ist die Urfinsternis vor dem Schöpfungsbeginn, in der alles enthalten, aber noch in keiner Weise sichtbar oder konkretisiert ist. Die »Null« ist sozusagen die Urmutter, das große Dunkle, die Urhöhle, der Kreis ohne Anfang und Ende. Die »Eins« ist der Lichtstrahl, der das große Dunkle durchbricht und etwas Anfängliches sichtbar und konkret werden läßt. »Null« und »Eins« verhalten sich wie »Kreis« und »Gerade« oder wie das »Ur-Empfangende« und das »Befruchtende«. Das Umfassendere von beidem ist jedoch die »Null« – die Urfinsternis. Sie enthält alles zu Zeugende und Künftige in sich. In den *»Upanischaden«* heißt es deshalb: *Brahman ist Leben. Brahman ist Freude. Brahman ist die Leere. Freude, wahrhaftig, ist das gleiche wie die Leere. Die Leere, wahrhaftig, ist das gleiche wie die Freude.*

Die »Null« als Urmutter der Zahlenreihe ist wie die Pause vor dem Musizieren, wie das Meditieren vor dem Kreativsein oder das Schweigen vor dem Reden. Es gilt als Faustregel: Je intensiver die Pause, das Meditieren oder das Schweigen, desto beeindruckender das Musizieren, das Kreativsein, das Reden. Wer nur redet und lärmt, ohne sich in der »Null« der Stille zu sammeln, der wird kaum Beeindruckendes und Tiefsinniges schaffen. Stille kann dröhnen wie ein Orkan, weil in der Stille die Fülle des Kommenden liegt.

Auf die »Zeit« kann linear angewandt werden, was für die »Zahl« gilt: So wie die »Null« das Zahllose vor der Zahl ist, so ist die »Zeitlosigkeit« das, was der »Zeit« vorausgeht. Das »Zeitlose« enthält deshalb in sich auch die Fülle des Kommenden, die Urkraft aller potentiell darin enthaltenen Rhythmen und Bewegungsmuster, die Entwicklungsmöglichkeiten aller Lebensformen. Im »Zeitlosen« – dem bewegungslosen Mittelpunkt des ewig bewegten Zeitkreises – liegt deshalb ein Göttliches, dem die Menschen (oft suchtartig und ein ganzes Leben lang) auf die Spur zu kommen versuchen. Viele zivilisatorische Verhaltensmuster und Freizeitbetätigungen – etwa Musikhören, Skifahren, Vergnügen auf dem Rummelplatz, Alkohol- oder Drogenkonsum, Geschwindigkeitsrausch per Auto oder Flugzeug, Kino-Erleben, Sexualverhalten – sind nichts anderes als Versuche, die »Zeitlosigkeit«, und damit einen Funken des entschwundenen Göttlichen, wiederzufinden. Davon aber mehr im nächsten Teil...

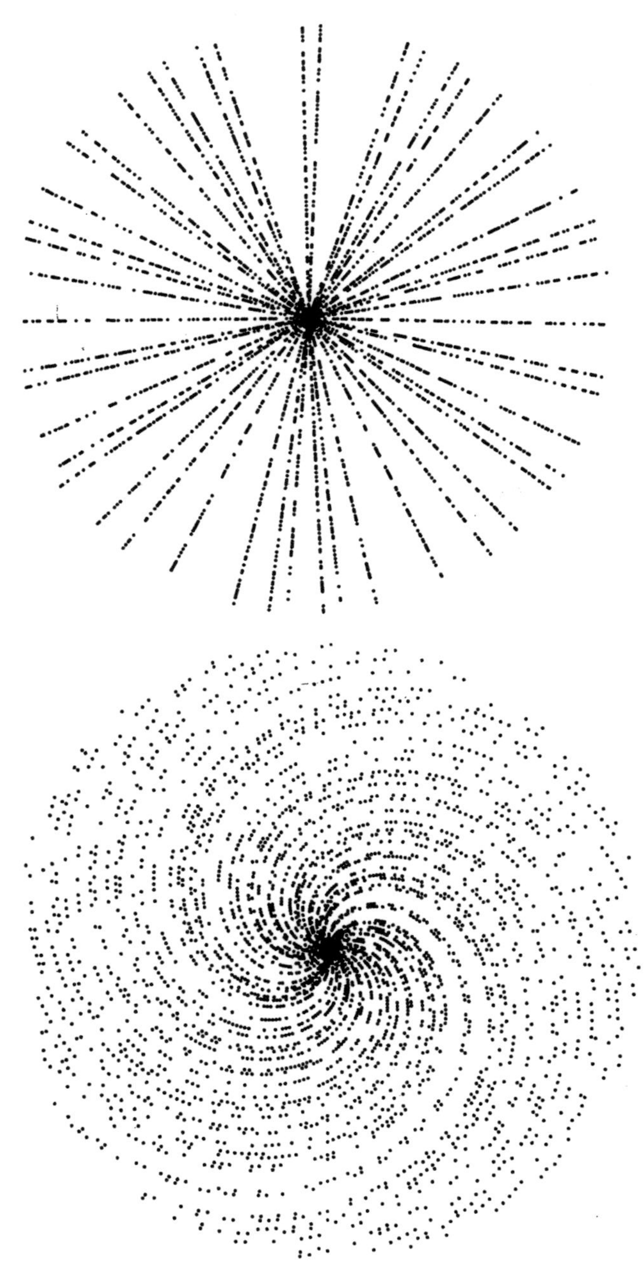

Zahlenbild 12: Die Verteilung der Primzahlen bis 30 000 aus der Sicht der Zahlen 210 und 211 (vgl. S. 276 ff.)

Teil V: Zeit und Zeitlosigkeit

Wem Zeit ist wie Ewigkeit
Und Ewigkeit wie die Zeit,
Der ist befreit
Von allem Streit.
Jakob Böhme (1575–1624)

So wie das Wesen der »Zahl« sich zuinnerst erst im Verstehen des »Zahllosen« – nämlich der »Null« – erschließt, so gibt die »Zeit« ihr Geheimnis erst im Verstehen des »Zeitlosen« preis. Das »Zeitlose« erlebt der Mensch in verschiedenen Situationen: in der Kindheit mit ihren Spielen und Abenteuern; beim Musikhören und dem Sich-Versenken in die auditive Welt; bei allem intensiven Leben, Handeln oder Erleben; in der mystischen Erfahrung und Meditation. Das Gemeinsame all dieser Situationen ist ihre »Unbewußtheit« und das Fehlen der Selbst-Reflexion. Daraus läßt sich folgern: »Zeit« ist eine menschliche Bewußtseinsleistung. Das Erfahren von »Zeit« scheint ein corticales Phänomen zu sein, das Verstand, Messen, Vergleichen, Selbst-Wahrnehmung, Zählen, Befragen, Teilen und Einteilen, kurz: Denken vorausetzt. Zeit ist ein Produkt der Reflexion, das uns in dem Moment entgleitet, in dem das Reflektieren durch Handeln, Lebendigkeit und sinnenhafte Hingabe an Gegenwartsreize abgelöst wird. Das Reflektieren und die »Zeit« lassen wir uns nur allzugerne entgleiten, um ins »Zeitlose« abzudriften, dem etwas vom paradiesischen Zustand anhaftet: In der »Zeitlosigkeit« gibt es weder Teilung noch Zahl oder Zählen, noch Reflexion als »Ich«-Leistung des Bewußtseins; in der »Zeitlosigkeit« gibt es kein Vorher – Nachher oder kein kausal-logisches »Wenn – Dann« und keine Abgrenzung der sukzessiv geordneten Wahrnehmungspartikel. Statt Abgrenzung bietet die »Zeitlosigkeit« die Teilhabe an allem, die Teilhabe am »Unus Mundus« als dem zeitlos präexistenten Strukturfeld der Welt, die Teilhabe am zeitlosen Ausgebreitetsein der kollektiven Psyche beziehungsweise des kollektiven Unbewußten. Dieses Angekoppeltsein an die

Ganzheit der Welt läßt das »Zeitlose« als Paradies erscheinen, demgegenüber die »Zeithaftigkeit« oder das »Zeiterkennen« dem reflektierenden Subjekt seine Ich-Haftigkeit... und damit sein Abgetrenntsein und seine Isolation zu verspüren gibt. Die Ausbildung eines »Ichs« (und damit die Absonderung von der Welt als dem Nicht-Ich) und die Ausbildung der bewußten Zeitwahrnehmung sind die beiden Seiten derselben Medaille...

Die Sehnsucht nach Gegenwart

Das »Paradies« der Zeitlosigkeit ist die Gegenwart, das pure »Jetzt«. Eine Gegenwart, die von keiner Vergangenheit überschattet wird und die auch keine Angst vor einer Zukunft kennt, weil »Vergangenheit« und »Zukunft« in einer intensiv erfahrenen Gegenwart überhaupt nicht existieren.

Was überhaupt ist »Gegenwart«? Die »erlebte Gegenwart« (auch psychologische Gegenwart, subjektive Zeit, Ichzeit) ist eine Größe, die je nach Situation und Erlebnisfähigkeit variabel ist. Für das menschliche Zeiterleben ist nur diese variable Größe der »erlebten Gegenwart« von Bedeutung, denn rein erkenntnistheoretisch – wie es erstmals bereits von Aristoteles formuliert wurde – ist »Gegenwart« immer eine Größe der Ausdehnung »Null«:

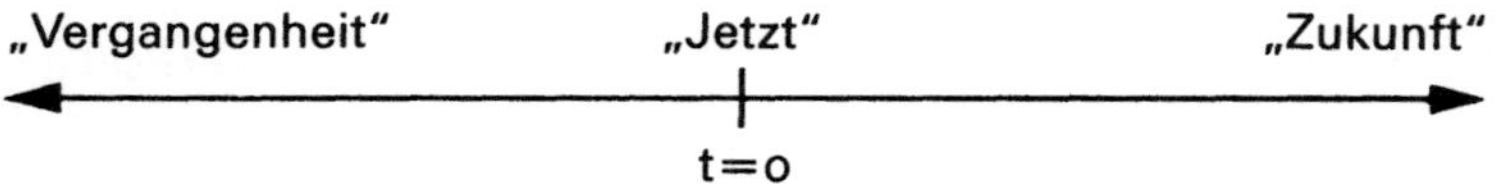

In der physikalischen Zeit oder in der erkenntnistheoretischen Interpretation von »Zeit« ist die Gegenwart immer nur ein »Jetztpunkt« ohne jede Ausdehnung.

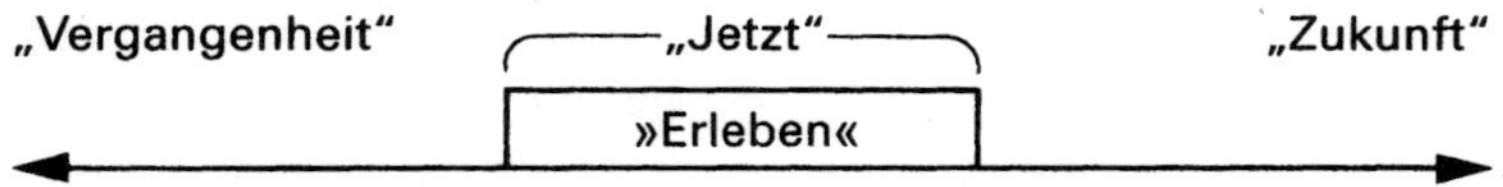

In der erlebten Zeit ist die »Gegenwart« (das »Jetzt«) eine Größe, die von der Intensität von Situation und Erlebnisfähigkeit abhängt.

Im »Erleben« ist das »Leben« beziehungsweise das »Lebendigsein« enthalten. Deshalb läßt sich folgerichtig sagen: »Leben ist Gegenwart.« Da die Erkenntnistheorie und die Physik kein »Leben« enthalten, sondern abstrakt sind, enthalten sie beide konsequenterweise keine meßbare Gegenwart. Je intensiver »Leben« (mit allen damit verbundenen Gefühlswerten) stattfindet, um so mehr ist die Gegenwart zu spüren. In Beispielen erläutert: Stellen wir uns vor, wir wären Zeugen eines Banküberfalls: »Warnschuß. Schreie und Befehle. Alle Bankkunden erstarren vor Schreck. Eine Pistole im Anschlag. Geldübergabe. Waffengesicherter Rückzug. Geiseln werden wieder losgelassen. Ende mit Zuschlagen der Türe.« Erst dann – nach womöglich vier bis fünf Minuten weichen Angst und Spannung einem Bewußtwerden der Situation – und einem Zeitgefühl: Wir waren während der ganzen Handlung »zeitlos«, weil vor Schreck »unbewußt«. Dasselbe gilt auch für emotionale Höhepunkte: Während eines intensiv erlebten Naturereignisses (ob Sonnenuntergang oder ob ein purzelbaumschlagendes Kaninchenpaar auf der Waldwiese) sind wir ganz der Situation hingegeben; während eines atemberaubenden Fußballduells mit unabänderlichem Hinarbeiten auf einen Volltreffer sind wir ganz von unseren Sinnen – damit vom lebendigen Erleben – gefangen. Bei einer wilden Fahrt auf der Achterbahn ist man so vom Erleben der Geschwindigkeit, des eigenen Schwergewichts, der abrupten Höhen- und Richtungswechsel gefesselt, daß man erst auf der Zielgeraden eine innere Zäsur macht und jenes »So, das war's jetzt!« fühlt, mit dem eine psychologische Gegenwart abgeschlossen und gleichsam in die Vergangenheit entlassen wird. Das Goethesche *Verweile doch, du bist so schön* war nichts anderes als ein »Ja« zu intensivem Leben, zum Erspüren des eigenen Lebendigseins. Das eigene Lebendigsein darf hierbei nicht mit einem bloß äußeren Tun oder einem womöglich hektischen Sportgebaren verwechselt werden. Es muß von innen kommen. Deshalb gilt auch: Je mehr die lebendigen Sinnesempfindungen in die Tiefe der eigenen Psyche gelassen werden, um so bedeutungsloser wird das Gefühl sukzessiv fortschreitender Zeit. Im Mittelpunkt des rotierenden Kreises herrscht Bewegungslosigkeit. In der Mitte der Zeitspirale herrscht Zeitlosigkeit. Im Begriff »meditieren« (von lateinisch: »medium« = die Mitte) liegt das Wissen verborgen, daß ein Erleben der Sinnenfülle aus der eigenen Mitte intensivstes Erleben – und zeitloses Erleben – darstellt. Umgekehrt gilt, daß man ein mittelpunktfernes Leben als Zustand empfindet, wo Zeit und Raum sehr bewußt und oft in quälender Eintönigkeit sich erstreckend wahrgenommen werden.

Das Zeitlos-Sein durch intensive Lebendigkeit ist deshalb ein Weg zur eigenen Mitte. Das kann bei der Entwicklung der kindlichen Persönlichkeitsstruktur (aber auch bei der Heilung autistischer oder stark psychotischer Menschen) leicht nachvollzogen werden: Spiele und Tätigkeiten mit intensivem Körpergefühl wie Purzelbaumschlagen, Kettenkarussellfahren, Schaukeln, Rutschen, Kopfstandmachen, Ballspiele, Hüpfen ... sind wichtige Bausteine einer Identitätsfindung, weil (wegen der Analogie von Körper und Geist) das Erspüren des eigenen Körpers mit dem Auffinden der psychischen Zentren parallel verläuft.

Die Kindheit war pure Gegenwart

In nahezu jeder Biographie war »Kindheit« jener Lebensabschnitt, der von unbedingtem Lebendigsein, von intensivem Erleben, von Spielen und Handeln, von bedingungslosem Hinhören und Hinschauen, von überwältigenden Sinnesempfindungen und starken Gefühlen (Lachen und Weinen sind hier die ständig präsenten Polaritäten des emotionalen Lebens) – von »Zeitlosigkeit« erfüllt war. Das Kind muß Zeit noch nicht abstrakt überdenken können. Es erlebt »Zeit« in seiner Körperlichkeit und in einer von außen körperlich vorgegebenen Rhythmik. Ein Kind hat immer »Zeit«, weil es in seiner Zeitlosigkeit den abstrakten Rohstoff »Zeit« noch gar nicht kennt.

Der erwachsene Mensch, der völlig dem kausalen »Wenn – Dann« der logisch sich aneinanderreihenden Zeitpunkte und Fristen ausgeliefert ist, empfindet die »Zeitlosigkeit« seiner Kindheit deshalb als Paradies. Kindheit – das war Lebendigsein ohne den omnipräsenten Zeitmaßstab, ohne die erschreckende Zentrifugalkraft des Zeitlichen, ohne das Wissen um einen Tod am Ende der eigenen Zukunft. Kindheit – das war ein Leben im »Jetzt« als Glückseligkeit. Diese Artikulation des »Glückes« soll nicht suggerieren, daß Kindheit nur von positiven Elementen durchsetzt war. Das Glückhafte jenes Paradieses lag vielmehr darin, daß die negativen Elemente (sozusagen das Weinen) sofort von den positiveren Eindrücken (sozusagen dem Lachen) ersetzt werden konnten, weil Erinnerung und Gedächtnis von Vergangenem noch ohne Konsequenz, kausale Folgerung und Reflexion des Zukünftigen sind. Das kindliche Paradies der Zeitlosigkeit hat etwas mit der dumpfen Seligkeit des Tieres zu tun: noch ganz im Instinktiven schwimmend, gehalten von den Außenkräften der Natur und deshalb mit der »Welt« identisch, noch ohne das »Ticken« einer unerbittlich auf das Auseinandergefaltetsein von Vergangenheit und Zukunft hinweisenden Uhr... *Kinderland*, so formulierte C. G. Jung, war jene *Zeit, wo sich das rationale Gegenwartsbewußtsein noch nicht von der historischen Seele, dem kollektiven Unbewußten, getrennt hat*[88].

Die Zeitlosigkeit der Kindheit ist auch eng mit dem Vorherrschen des Lustprinzips verbunden. Völlige Hingabe an die Lustgefühle vermittelten paradiesische Allmacht und Unsterblichkeit. Das Realitätsprinzip wird vom Kleinkind schon früh als Konfrontation mit der »Zeit« eingestuft: Schon beim Warten auf die mütterliche Brust werden Rhythmus und Zeitdauer zum erstenmal zur »Frustration«. Daß Lustempfindung in Zeitlosigkeit stattfindet, Unlustgefühle jedoch mit Warten und einem Wahrnehmen (meist langsam) verstreichender Zeit verbunden sind, dürfte ein Zusammenhang sein, der sich schon früh ins kindliche Erfahrungsspektrum einprägt: »Zeit« tritt dem Kind als Ordnung, Zeitplan, Aufschieben einer lustvollen Tätigkeit, als Vernünftigsein... eben als Realitätsprinzip entgegen.

Das Paradies der kindlichen Zeitlosigkeit wirkt als lustvolle Oase lange in der menschlichen Psyche nach. »Lust« bleibt das Auflösen des vernünftigen Ichs in die Freiheit eines puren »Jetzt«, das keine Verantwortung gegenüber dem Vergangenen und dem Künftigen hat. Das pure »Jetzt« ist der »Uroboros« – das große Ur-Runde der mütterliche Ur-Schoß, das Ur-Loch, das große Dunkle. Der »Uroboros« – dargestellt im Bild der sich in den Schwanz beißenden Schlange als Ur-Kreis oder Ur-»Null« – kennt noch keine Gegensätze wie etwa Männlich – Weiblich (Vater und Mutter sind hier noch in ungetrennter Kombination enthalten), noch keine Zahl oder Zeit, noch nicht einmal einen »Anfang«. Der »Urorboros« ist der Ort vor allem »Anfang«, das noch In-Sich-Geschlossene. Erich Neumann in seiner *»Ursprungsgeschichte des Bewußtseins«: Die Tendenz des Ich, sich ins Unbewußte rückaufzulösen, nannten wir den uroborischen Inzest. Er entspringt der Tendenz des Ich-Keimes, in das ursprüngliche Stadium des Unbewußten, aus dem es aufgetaucht ist, wieder zurückzukehren. Diese Rückkehr ist – auf einer Stufe in der das Ich noch schwach ist und kein Eigenbewußtsein hat – lustvoll, wie die positiv betonte Symbolik der uroborischen Phase beweist, für die der Säuglingszustand und der Schlaf typisch ist. Lustvoll heißt hier: Aufhören der im Ansatz vorhandenen spannungsbedingten Ich- und Bewußtseinswelt... Das Stadium des Uroboros und des uroborischen Inzestes ist die tiefste und früheste Phase der Ich-Geschichte. Die Fixierung an sie und die Rückkehr zu ihr spielt im Leben des durchschnittlichen Menschen eine wichtige, in dem des Kranken eine entscheidend negative und in dem des schöpferischen Menschen eine ebenso entscheidend positive Rolle. Es hängt von der Höhe und Stärke der Bewußtseinsentwicklung und von der Entwicklungsphase des Ich ab, ob der uroborische Inzest regressiv zerstörend oder progressiv-schöpferisch ist.*[89]

Die Droge »Zeitlosigkeit«

Unter den Suchtformen der westlichen Industriegesellschaft ist die Sucht nach dem Zeit-Vergessen und nach dem Zeitlos-Sein die bedeutsamste. »Zeitlosigkeit« – nicht etwa Alkohol oder Marihuana – ist die Droge Nr. 1. »Zeitlosigkeit« ist der ersehnte

Zahlenbild 13: Die Verteilung der Primzahlen bis 10 000 aus der Sicht der Zahlen 200 bis 228 (vgl. S. 278)

uroborische Zustand, der durch den Rausch von Alkohol, Drogen oder orgiastisch ausgelebter Sexualität erzeugt wird. In einer Gesellschaft, in der das Apollinische und das Dionysische, die Arbeit und das Spiel, die Pflege des Bewußten (Denken, Messen, Berechnen) und des Unbewußten (Träumen, Leben von Riten und Bräuchen) ausgewogen sind, sind Rausch und uroborische Zeitlosigkeit positive Zustände, die gleichsam als »Normalität« zu einer ausgelebten Polarität gehören. In einer Gesellschaft jedoch, die einseitig rational orientiert, leistungsbewußt, von einer Dominanz des Denkens, Messens, Lernens, Planens und Kontrollierens durchsetzt ist – in einer solchen Gesellschaft werden Rausch und uroborische Zeitlosigkeit zu Ersatz von Verdrängtem und kommen mit ihren regressiv zerstörerischen Tendenzen zur vollen Wirkung.

Es ist erstaunlich, in welchen Formen sich die Droge »Zeitlosigkeit« manifestieren kann, wenn man sein Augenmerk einmal von den klassischen Drogen und ihren Möglichkeiten der Rauscherzeugung wegrichtet: Musikhören, der Konsum von Filmen und Videos, sportliche Betätigungen, das Reisen oder Fahren mit schnellen Autos, Flugzeugen oder Schiffen, der gesamte Komplex der massenmedialen Unterhaltungs- und Show-Industrie, die elektronischen Freizeitspiele (vom Spielautomaten bis zu Flipper- und Videospielen) – sie alle bieten als Ersatz für eine aus innerer Mitte kommende Lebendigkeit äußere Ablenkung, »Zeit-Vertreib« – eben: »Zeitlosigkeit« als einen vorgeblich paradiesischen Zustand an. Gehen wir diese »unbekannten« Drogen und ihre Suchtformen einmal durch:

- Musik: Im Abschnitt über *›Die Rhythmen des Menschen‹* wurde schon darauf hingewiesen, daß unsere alltägliche Wahrnehmung einer »Normalzeit« vom Koordinatensystem aus Herzschlag und Atem mit einem durchschnittlichen Tempo von etwa 72 Schlägen pro Minute ausgeht: Das ist der Puls unserer alltäglichen Realität. In dem Maße jedoch, wie uns die Realität mit ihren Selbstentfremdungsmechanismen und ihrem Leistungsdruck oder ihrem permanenten Zwang, rational und kontrolliert zu sein, suspekt wird, in dem Maße versucht der Mensch aus dem

Gefängnis der »Normalzeit« zu entkommen. Dafür ist Musik ein probates Mittel. Es gibt hier die traumhaft langsamen und rhythmuslos gleitenden Passagen etwa in einem Adagio von Bruckner oder Mahler, in dem Psychedelic Rock von Pink Floyd, in den endlosen Berieselungen der esoterischen Entspannungsmusiken ... Es gibt aber auch die Übersteigerung des Normalzeitlichen durch rasante und sinnenübersteigende Tempi: etwa in den Prestosätzen der romantischen Musik (wo erstmals in der Musikgeschichte der Geschwindigkeitsrausch zum kompositorischen Kriterium wurde), in den schnellen Disconummern, in Fast-Beat und rasantem Bebop, in Metall Speed (und wie die Stilrichtungen alle heißen mögen). Das Ziel solchen Musikhörens ist immer dasselbe: heraus aus der »Zeit« des Alltags (aus dem Tempo von Puls, Atem, Gehen und Sprechen), hinein in eine faszinierende Welt gedehnter oder gestauchter Zeit. Die Wege zu diesem Ziel sind typologisch und klassenspezifisch unterschiedlich: Da gibt es den Disco-Freak, der sich per Walkman von der Außenwelt akustisch abschottet und nur noch im irrwitzigen Computertempo seiner Maschinenmusik lebt. Da gibt es den Jazz-Fan, der sich sein Involvement in schnell und virtuos gespielten Instrumentalsoli holt. Man findet den Esoteriker, der sich an seinem CD-Player mit langgezogenen Synthesizertönen und viel digital erzeugtem Nachhall betäubt. Man findet aber auch den finanziell gutgestellten Bildungsbürger, der es sich leisten kann, im philharmonischen Konzert sich eine vom Dirigenten endlos gedehnte Bruckner-Sinfonie oder eine fünfstündige Wagner-Oper »reinzuziehen« (um den Jargon der Walkman-People zu benutzen). Es ist kein Zufall, daß sich das Virtuosentum (und damit das äußerliche Spiel in forciert rasanten Tempi) im 19. Jahrhundert parallel zur fortschreitenden Industrialisierung und Verstädterung Europas ausbildete: Mit zunehmender Entfremdung seiner Arbeit benötigte der Mensch zur Wiederherstellung seiner strapazierten Arbeitsfähigkeit die Droge Geschwindigkeitsmusik.

- Filme und Videos: Den marktgängigen Filmen der Action-, Horror- und Crime-Scene ist gemeinsam, daß sie (zu ihrer ohnehin manifesten Realitätsferne) durch ständige Spannung und Erzeugung von starken Gegenwartsreizen aus der Zeitlichkeit des alltäglichen Lebens entführen. Eine Analyse der filminternen Zeitstrukturen kann eine Fülle von raffinierten Manipulationsmitteln benennen. Da gibt es bevorzugt bewegungsintensive Motive als Objekt der Kamera (Verfolgungsjagden, Schlägereien, Autofahrten, Stunt-Szenen aller Art), wobei die bewegten Teile oft in Großaufnahme – also sehr aufputschend – abgefilmt sind. Da gibt es schnelle Schnittfolgen, bei denen Einstellungsdauern von 12 frames (also von einer halben Sekunde) durchaus gängig sind. Eine Einstellungsfolge »Kinnhaken-Großaufnahme, Hand-Reaktion der Umstehenden – Taumeln – Zweiter Kinnhaken« kann in einer Dauernfolge von beispielsweise »1 sec. – 1,5 sec. – 2 sec. – 1 sec. – 0,5 sec.« ablaufen. Dabei werden die optischen Rhythmen in der Regel durch akustische Akzente (Stereogeräusche und Synchronpunkte der computergefertigten Filmmusik) unterstützt, was das Zeitempfinden des Kinozuschauers wie in einem Totalangriff auf die Sinne zu manipulieren vermag. »Induzierte Bewegung« heißt in der Wahrnehmungspsychologie das Phänomen, daß beim Anschauen einer Fremdbewegung durch optische Fließmuster auf der Netzhaut der Eindruck einer selbstausgeführten Bewegung entsteht: Das Phänomen ist vom Aufenthalt im stehenden Zug am Bahnhof bekannt, wenn man – induziert durch das Anfahren des Nachbarzuges – sich selbst in Bewegung glaubt und erst nach einigen Schrecksekunden feststellt, daß der eigene Zug ja noch steht... »Induzierte Bewegung« – sei es das wahnwitzige Rasen oder das unendlich sanfte und langsame Gleiten – ist das Phänomen, mit dem man den Kinobesucher nicht nur zeitlos macht, sondern ihm zudem eigene Lebendigkeit suggeriert. Amerikanische Filmproduzenten sind Perfektionisten im Erzeugen einer rauschhaften Meta-Realität, in die sich der Kinobesucher nur allzugerne fallen läßt. Kamerabewegungen, Schnitt und Filmmusik sind hier gänzlich auf das Erzeugen von induzierter Bewegung ausgerichtet. Dabei ist als Merksatz festzustellen: je realitätsfremder die Zeitstrukturen, um so kassenträchtiger der Film. Der deutsche Autorenfilm – realistisch, politisch aufklärend, reflektierend, intellektuell – ist das genaue Gegenstück solcher zeitmanipulierender amerikanischer Kassenknüller: Hier wird der Filmbetrachter in seiner Normalzeit und im Gefüge seiner alltäglichen Zeitstrukturen belassen; als »Ausstiegsdroge« ist deshalb der deutsche Autorenfilm selten benutzt worden.

- Sport: Viele Sportarten vermitteln durch die gesteigerte Bewegung eine gesteigerte Lebendigkeit, wobei der erhöhte Herzschlag auch das Gefühl einer außeralltäglichen Zeitbefindlichkeit provoziert. Sportliche Betätigung, die der Körper-Geist-Balance dient, ist sicher von großem Wert. Die suchthaften Varianten sind jedoch bald dingfest zu machen: Da gibt es die mechanisierten oder motorisierten Sportarten (vom Motorboot-Fahren bis zu Auto- oder Motorradrennen), bei denen die eigene Körperbewegung für die Erzeugung rauschhafter Geschwindigkeiten nicht mehr notwendig ist (und das streßverursachende Adrenalin durch die eigene Muskelarbeit gar nicht mehr abgebaut werden kann); da gibt es die Sportarten, bei denen mit großem technischem Aufwand Phasen des zeitlosen Schwebens und Gleitens von narkotischem Reiz erzeugt werden (Fallschirmspringen, Drachenfliegen, Gleitschirmfliegen); da gibt es die dubiose Gemeinde der sportfanatischen Fernsehzuschauer, welche die eigene Körperlichkeit und damit das eigene Lebendigsein an dritte Personen delegieren und sich durch »induzierte Bewegung« und die Spannungsmomente des Wettkämpfens pseudo-mobil und »zeitlos« machen. Besonders bei letzterer Variante der Droge »Sport« sind die regressive Tendenz und der Suchtcharakter leicht zu erkennen.
- Massenmediale Unterhaltung: Ausdrücke wie »Kurzweil« oder »Zeitvertreib« zeigen klar, worum es bei den meisten Formen kommerzieller Unterhaltung (vor allem in der durch die Kombination von Bild und Ton gleichsam »totalitären« Unterhaltung des Fernsehens) geht: »Zeit« soll vertrieben werden; »Zeitlosigkeit« soll hergestellt werden. In den Massenmedien wird Zeitlosigkeit vor allem durch Zeitbeschleunigung, ständige Betriebsamkeit, Ablenkung und Informationsdichte erzielt. Durch die »Reizüberflutung« kommt der Konsument nicht mehr

dazu, Sinneseindrücke oder Informationen zu verarbeiten und mit seiner inneren Welt in Beziehung zu bringen: Die Unterhaltung bleibt äußerliches Flitterwerk und circensischer Schnick-Schnack. An der Gestaltung der Fernsehnachrichten, die längst der Thematik »Unterhaltung« untergeordnet sind, kommt dies deutlich zum Ausdruck: Mit schnellen Schnittfolgen von 2–3 Sekunden und indem optisch ansprechende sowie bewegungsintensive (allerdings oft informationsarme) Motive bevorzugt werden, wird dem TV-Zuschauer in den Nachrichtensendungen eine Realität vorgeführt, die beschleunigt, abwechslungsreich, kurzweilig – eben »unterhaltend« ist. Die wirkliche »Zeit« der Realität kommt uns im Vergleich mit der massenmedial verdichteten Zeit langweilig vor: Hat jemand beispielsweise eine Freikarte für den Besuch von Olympischen Spielen erhalten, so wird er »live« vor Ort über die spärliche Abfolge von sportlichen Ereignissen enttäuscht sein – da ein Speerwurf, nach drei Minuten noch ein Speerwurf, nach sechs Minuten das 100-m-Rennen . . . Am Bildschirm ist es viel unterhaltsamer und ansprechender: Da sorgt die Bildregie dafür, daß (von 30 Kamerateams aufgenommen) eine unablässige Folge bewegter Highlights in reizhafter Großaufnahme (mit Interviews und Tabellen in womöglichen Kurzpausen) zum sinnenstrapazierenden Medienereignis wird.

Die politischen Folgen der beschleunigten Zeit in der massenmedialen Unterhaltung sind fatal. Längst hat sich der Zuschauer an Schnittrhythmen von wenigen Sekunden gewöhnt, woraus er sich – in Art der Schlagzeilen der Boulevardpresse – sein »Bild« der Realität macht. Schnelle Bilder, flotte Musik, hurtiger Kommentar sind mit so großer Reizintensität zu einem Spektakel zusammengefügt, daß statt einer Verarbeitung des Rezipierten nur noch die passive Konsumentenhaltung und damit eine permanente Entpolitisierung übrigbleibt. Das Abschalten des Fernsehgerätes wird als Möglichkeit nicht mehr bedacht, denn längst ist der Konsument süchtig geworden nach der beschleunigten Zeit und der »netten« Betriebsamkeit. Er verschafft sich dadurch einen Hauch jener verlorengegangenen Zeitlosigkeit und Erlebnisdichte seiner Kindheitstage.

Die Zeitbeschleunigung und das »Zeitlos-Machen« der Fernsehkonsumenten dadurch, daß man sie ständig starken Reizen aussetzt, sind in neuerer Zeit durch die Kommerzialisierung der Fernsehunterhaltung noch verstärkt worden. Aus Konkurrenzgründen müssen die Sendungen noch unterhaltsamer, noch kurzweiliger und abwechslungsreicher sein. Die »Reize« unterliegen dabei einer Inflation: War noch vor Jahren ein »Kinomord« aufregend und wirkte als innere Erschütterung in Träumen und im Gefühlsklima der nächsten Tage nach, so benötigt ein Mord inzwischen schon kräftige Horrormusik und detaillierte Großaufnahmen als Intensivierung, damit eine bleibende Emotion beim Zuschauer haften bleibt. Neil Postman hat die beschleunigte Welt der Massenmedien treffend als »Guckuck-Welt« apostrophiert. Alles gerät durch den Guckkasten des Fernsehgerätes ins Blickfeld und verschwindet wieder, ohne das Gefühl von Identifikation mit dem Gesehenen oder Handlungsbereitschaft als Konsequenz auslösen zu können: »Und jetzt« kommt Werbung, »und jetzt« kommt die Meldung vom Golfkrieg, »und jetzt« kommt das Wetter von morgen, »und jetzt« kommt Musik, »und jetzt« kommen die Sportnachrichten ... *Kein Mord ist so brutal, kein Erdbeben so verheerend, kein politischer Fehler so kostspielig, kein Torverhältnis so niederschmetternd, kein Wetterbericht so bedrohlich, daß sie vom Nachrichtensprecher mit seinem »und jetzt ...« nicht aus unserem Bewußtsein gelöscht werden könnten*[90]. Guido Aristarco erinnerte zum Beispiel daran, daß als erster Reflex auf die Nachricht von der Ermordung John F. Kennedys ein Werbespot der Firma *Kleenex* folgte, daß auf den Film *»Die Endlösung«* (im Vorfeld der Serie *»Holocaust«*) nach einer denkbar knappen Pause die Quizsendung *»Alles oder Nichts«* folgte: *Das Wechselbad des Fernsehens ist der nachhaltigen Emotion nicht förderlich. Im Bildermüll der Programme ertrinkt das Gefühl für Wertigkeiten und Proportionen, am Ende hebt sich alles auf*[91] – auch die Zeit.

- Elektronische Freizeitspiele: Bei den Spielcomputern der Spielsalons oder den heimischen Videospielen ist das Herstellen von »Zeitlosigkeit« dadurch, daß Zeit mittels Beschleunigung des Lebenstempos vertrieben wird, am deutlichsten zu fassen. Nicht nur am Arbeitsplatz, sondern auch in seiner Freizeit unterwirft sich der moderne Massenmensch dem Zeit-Diktat des Computers. Dieser reagiert und rechnet bekanntlich unerbittlicher als das menschliche Gehirn – und hat in Art einer Revolution, der nur die Erfindung des Buchdrucks gleichkommt, die zwischenmenschliche Kommunikation und Interaktion in ein rasantes Tempo getrieben. Von der »Schockapperzeption« sprach Walter Benjamin in seiner Schrift *»Das Kunstwerk im Zeitalter seiner technischen Reproduzierbarkeit«*: Der Mensch in der Industriegesellschaft hat sich in der Arbeitswelt immer härteren »Schocks« auszusetzen, worauf er nüchtern und rational (ohne in ein Panikgefühl zu verfallen) zu reagieren hat. Diese Schocksituationen und die damit verbundene Beschleunigung seines Arbeitstempos hat er in der Freizeit zu lernen. Da läßt sich eine lückenlose Dokumentation des Ineinanderwirkens von Freizeit und Arbeit herstellen: Mit der Massenindustrialisierung der Arbeit in den zwanziger Jahren ging zum Beispiel eine Mechanisierung der Ästhetik (in Musik, Tanz und Malerei deutlich erkennbar) parallel; in den fünfziger Jahren waren Flipperautomaten und ähnliche Spielgeräte die Maschinen, die den Menschen in der angeblichen »Freizeit« für das schnelle Reagieren am Fließband konditionierten. Und heute – im Zeitalter der Computertechnologie mit ihrer Vervierfachung des Arbeitstempos – wird der Mensch in den Spielsalons mit Computerspielen, mit Videospielen, aber auch mit der Computermusik der Discos für die Adaption der beschleunigten Zeitstrukturen dressiert. Durch die permanenten Schocks ist er so mit dem Reagieren-Müssen beschäftigt, daß er »Zeit« so wenig wie sich selber noch wahrnehmen kann . . .

»Zeit« als Syntheseleistung des Gehirns

Raum und Zeit sind Denkweisen, die wir benutzen. Raum und Zeit sind nicht Zustände, unter denen wir leben. Albert Einstein

Wenn heftige Sinneseindrücke oder -reize einwirken, wenn erlebt oder intensiv gelebt wird, wenn Schocksituationen zum unmittelbaren Reagieren zwingen, dann ist der Mensch, wie dargelegt, »zeitlos«. Nur wenn er im Akt der Selbstreflexion sich seiner selbst oder seiner Lebenssituation bewußt ist (wenn er sich gleichsam »denkt«), vermag er seine Zeitlichkeit als Eingebundensein in ein »Vorher – Nachher« oder in ein kausales »Wenn – Dann« zu erkennen. »Zeit« scheint vornehmlich eine Leistung des Großhirns zu sein. Das erkennende Feststellen von Zeitdauer, Reihenfolge, Gleichzeitigkeit und dem »Jetzt«-Moment (dem Augenblick) scheint wie die musikalische Fähigkeit, Rhythmen zu erzeugen oder wiederzugeben, *eng mit der intakten Funktion der Sprachzentren der Großhirnrinde verknüpft zu sein. Diese sind bei mehr als 99 Prozent der Rechtshänder und etwa der Hälfte der Linkshänder in der linken Großhirnhemisphäre lokalisiert. Rechtshändige Patienten, die an einer Sprachstörung (Aphasie) infolge einer Schädigung ihrer dominanten, linken Großhirnrinde leiden, haben erhebliche Schwierigkeiten, einen einfachen Rhythmus richtig nachzuklopfen.*[92] Zeit, Rhythmus und Zahl sind Phänomene, die aufs engste mit dem Denken des Homo sapiens zusammenhängen. Zeitlosigkeit gehört ins Umfeld von Ganzheitlichkeit, Unbewußtem, Intuition, Akausalität – und steht damit in Opposition zu Zeitbewußtsein, selektivem Bewußtsein, Diskursivität, Intellekt, Kausalität. Daß die Synthetisierung von »Zeit« durch das Gehirn mit den intellektuellen Fähigkeiten des Menschen zu tun hat, ist durch die klassenspezifischen Unterschiede beim Umgang mit der Zeit einsichtig: Die soziologisch als »Unterschichten« bezeichneten Gruppen sind weniger zukunftsorientiert sowie historisch reflektierend als Mittel- und Oberschicht. Das Planen und Organisieren von Zukunft (mit Inkaufnahme einer unbequemen Gegenwart zum Beispiel durch eine längere und anstrengendere Schulausbildung) fehlt dem Bewußtsein der Unterschicht häufig: Das Leben in der Gegenwart mit einem spontanen Ausbalancieren von Lust- und Frustrationsgefühlen ist leichter zu realisieren als das Ertragen der Spannung zwischen langfristiger (durch ein fernes Ziel motivierter) Triebunterdrückung und Hingabe an potentielle Lustausübung. »Zeit« zu bestimmen und zu planen ist eine denkerische Leistung, die auch geübt sein muß. Der Soziologe Norbert Elias: *Zeitbestimmen beruht demnach auf der Fähigkeit von Menschen, zwei oder mehr verschiedene Sequenzen kontinuierlicher Veränderungen miteinander zu verknüpfen, von denen eine als Zeitmaßstab für die andere(n) dient. Es ist eine Leistung der intellektuellen Synthese, die alles andere als einfach ist. Denn die Bezugssequenz kann substantiell sehr verschieden von der Sequenz sein, für die sie als Zeitmaßstab gebraucht wird.*[93]

Erwachsenwerden heißt: »Zeit« erlernen . . .

Im selben Maße, wie sich in der Kindesentwicklung Denken, Vernünftigsein und Ich-Abgrenzung ausbilden, wird die Größe »Zeit« zu einer bewußten Erfahrung. Bei der Selbstbeobachtung, die mit der Entwicklung eines »Ich« immer parallel geht, lernt das Kind mit »Zeit« umzugehen, weil jede Wahrnehmung und jedes Tun in einer spezifischen Weise zeitlich strukturiert sind.

Schon das Neugeborene hat schnell die Periodizitäten des Genährtwerdens zu lernen. Dies geschieht jedoch noch instinkthaft und nicht als bewußtes Zeiterleben. Beim Warten nimmt es aber schon wahr, daß mit dem Verstreichen von Zeit meistens das Realitätsprinzip wirksam wird, von dem sich das Lustprinzip (das eher einem zeitlosen Dösen zugeordnet ist) deutlichst abhebt. Die Arm- und Beinbewegungen des Säuglings sind zunächst ungeordnet, ziellos und ohne erkennbaren Rhythmus. Sie werden im Laufe des ersten Lebensjahres gerichtet und rhythmisch. Die Tatsache, daß in diesem Alter die Impulsbewegungen geordnet werden, ist sehr bedeutsam, weil dieser Akt als erste Konfrontation mit Rhythmik und Motorik nicht nur den Spracherwerb vorbereitet, sondern allgemein das Einfinden in zeitliche Vorgänge erleichtert. Beim Spracherwerb werden dann nicht nur die Feinmotorik trainiert, sondern auch erste Zeitbegriffe (»morgen«, »bald«) eingeübt. Jean Piaget, dessen Untersuchungen des Zeiterwerbs in der kindlichen Entwicklung nach wie vor beispielhaft sind, hat mehrfach nachgewiesen, daß die Begriffe zur Beschreibung des Zeitablaufs vor allem der räumlichen Vorstellungswelt entstammen. Die Länge der Zeit wird zum Beispiel konkret nach der Länge eines zurückgelegten Weges bemessen; das Alter wird mit der Körpergröße identifiziert[94]: Werden in derselben Zeitspanne ein kurzer und ein langer Weg zurückgelegt, so bezeichnet ein Kind die für den längeren Weg benötigte Zeit als »länger«.

»Zeit« und rhythmische Vorgänge – dies lernt das Kind recht bald – haben etwas mit Zahl und Zählen zu tun: »Wenn die vierte Kerze brennt, dann kommt das Christkind«; »wenn der Zeiger noch dreimal einen Kreis gemacht hat, dann gibt es Abendessen«; »noch zweimal schlafen, dann fahren wir zur Großmutter«. Das Moment des Kausalen und der Reihenfolge ist in solchen Redewendungen typisch enthalten. Meistens sind es sequentielle Mahnungen der Typologie »Wenn du ..., dann darfst du« oder »erst mußt du ..., bevor du ...«. Die Zukunft ist gegenüber der Vergangenheit die weit bedeutsamere Zeitperspektive des Kindes, weil in der Erwartung des Kommenden meistens eine besondere Motivation liegt. Die zukunftsorientierten Begriffe überwiegen deshalb im kindlichen Vokabular. Erst mit der »Ich«-Ausbildung im 3./4. Lebensjahr werden Erinnerungen und der Verweis auf Vergangenes wichtig, um einen Erfahrungshintergrund festzulegen, vor dem sich die Spezifität des eigenen »Ichs« plastisch abheben kann. Mit etwa fünf Jahren vermag sich das kindliche »Ich« innerhalb der Periodik der Wochentage zu orten. Deren Folge wird dauerhaft jedoch erst im 6. Lebensjahr bewußt, wenn auch zwischen »übermorgen« und »vorgestern« differenziert wird. Im 7. Lebensjahr wird die Uhrzeit erlernt. Auch erschließt sich in diesem Alter der Jahresrhythmus mit einem Wissen um die Charakteristik der Jahreszeiten und der Folge der zwölf Monate.

Vom 7. bis zum 10. Lebensjahr beginnt die Zukunft aus ihrer phantasieumwobenen Diffusität herauszutreten und realistisch, sogar planbar zu werden: Berufswünsche werden formuliert; auch lernt das Kind, sich als potentiellen Erwachsenen zu sehen und spätere Verhaltensmuster zu antizipieren. Das »Ich« des Kindes hat sich dann soweit von der erlebnishaften Umwelt herausgelöst und in beobachtende Distanz gesetzt, daß Raum und Zeit ziemlich objektiv imaginiert werden können. Die Zeitdauer wird zur abstrakten Größe, die losgelöst von dem, was sich während solcher Dauer ereignet, geschätzt und gewertet werden kann: Das Kind vermag zum Beispiel zu sagen, daß die Karussellfahrt »fünf Minuten« gedauert habe. Allgemein gilt: Mit zunehmendem Bewußtsein und Ausbildung des Denkens (der diskursiven Weltwahrnehmung) wächst ein quantitatives raum-zeitliches Koordinatensystem, dem sich die sich zunehmend verdinglichende (und damit ihren psychischen Charakter verlierende) Welt zuordnen läßt.

Wenn ein funktionsfähiges Gedächtnis und die Erinnerungsfähigkeit ausgebildet sind, ist der kindliche Zeiterwerb abgeschlossen. Mit dem Bewußtsein, die Auswahl des Erinnerten individuell bestimmen zu können, ist das »Ich« konsolidiert. Es erfährt vor seinem eigenen Erinnerungshintergrund die Differenzierung zu den anderen »Ichs«. Es kann im individuellen Erinnern seine Singularität innerhalb der Welt memorieren. Durch die Möglichkeit des Speicherns im Gedächtnis wird »Zeit« zum komplex geschachtelten Gefüge: So gibt es (mit den Worten Augustins gefaßt) beispielsweise *die Gegenwart des Vergangenen, die Gegenwart des Gegenwärtigen und die Gegenwart des Zukünftigen*. Mit Gedächtnis und Erinnern vermag sich der Mensch auch gegen die Zeit zu wehren. Vergänglichkeit kann relativiert werden: Einstige »Jetzt«-Punkte lassen sich memorieren, werten und in ihren möglichen Konsequenzen bedenken. Veränderungen können rückwirkend festgestellt werden. Mögliche Veränderungen in der Zukunft können überdacht werden.

Zeit und Seele

Der Zusammenhang zwischen Seelenleben und Zeiterleben beziehungsweise zwischen »Ich«-Findung und Zeit-Findung ist schon oft hergestellt worden. Einer der frühesten Belege ist die Feststellung Augustins im 11. Buch seiner *»Bekenntnisse«*, ... *daß die Zeit in der Seele* sei. Vor solchem Hintergrund ist das für unsere Zivilisation typische »Ich habe keine Zeit« wenig schmeichelhaft: Es ist das offene Eingeständnis der »Seelenlosigkeit« oder der Verdrängung des Psychischen. »Seelenlos« ist nahezu synonym mit »herzlos«. In der Tat ist seit Urzeiten das Herz als leibliches Organ der Seele angesehen worden. Sehr deutlich finden wir dies in den altägyptischen Mumifizierungsriten ausgedrückt, wo das Herz sorgfältig präpariert wurde, das durch die Nasenöffnung herausgezogene Gehirn aber – das Organ des Denkens und Willens – achtlos weggeworfen wurde. Auch hier ist der Zusammenhang von Seele und Zeit dokumentiert: Das Herz ist mit seinem pulsierenden Schlagen der wichtigste biologische Zeitgeber, dem viele körpereigene Rhythmen angekoppelt sind und von dem sowohl unser Gefühl der »Normalzeit« wie unsere emotionale Befindlichkeit reguliert werden.

Ein weiterer Zusammenhang besteht auch zwischen Seele und Zahl. Musik – die innerlichste und damit »psychischste« aller Kunstformen – ist von Leibniz in einem Brief von 1712 mit einem berühmten Satz definiert worden *Musica est exercitium arithmeticae occultum nescientis se numerare animi* – Musik als verborgene Betätigung von Arithmetik, »indem die Seele unbewußt zählt«. Leibniz betonte hier nicht, daß das musikalische Denken mit vielerlei Zahlenstrukturen und kombinatorischem In-Beziehung-Setzen zu tun habe. Er betonte vielmehr, daß beim Musikhören unbewußt »gezählt« werde (zum Beispiel, wenn das

Ohr eine Terzrelation 4:5 von einer Quintrelation 2:3 sinnlich zu unterscheiden weiß), ... daß die Seele eine zählende ist. Von Gottfried Herder ist ganz ähnliches formuliert worden: *Nicht wir zählen und messen, sondern die Natur, das Clavichord in uns spielt und zählet.* Der Charakter des Seelischen ist der des Ablaufs, des Fließenden, des zeitlich Sukzessiven. Das sukzessive Moment der Zahlenfolge und die Seele als sich ständig Wandelndes, innere Bilder Durchschreitendes, sind sich sehr verwandt. Seelisches ist Energie. Ein Energiestrom, der als »Ich«-Wärme (konstante Körpertemperatur) der höher entwickelten Lebewesen sogar physikalisch faßbar ist. Ein Energiestrom, der durch Zahl und Zeit gegliedert wird: Schon in seinem Frühwerk betonte C. G. Jung, daß die psychische Energie sich in Vorgängen manifestiert, die sich vorzugsweise rhythmisiert zeigen.

Auch historisch stehen die Entwicklung eines Seelen-Erlebens und die eines Zeitbewußtseins in engem Konnex. Jean Gebser hatte darauf hingewiesen, daß in der Literatur die Erschließung des seelischen Innenraums in den ersten lyrischen »Ich«-Gedichten der Troubadours um 1250 zur gleichen Zeit erfolgte wie die Erfindung der Räderuhr (1283 wurde im Palasthof von Westminster die erste öffentliche Uhr angebracht).[95] Die Sichtbarmachung des Seelischen und die Sichtbarmachung der Zeit waren konstitutive Elemente der europäischen Neuzeit.

In den tieferen Schichten hat das Psychische jedoch eigene Zeitgesetze. Die Zeit des Traumes korreliert beispielsweise selten mit der Zeit des Wachbewußtseins. Träume können bisweilen in Art der äußeren Realität zeitstrukturiert sein, sie besitzen aber oft akausale Reihenfolgen der Zeitverdichtung und -dehnung, sie können sogar Zukünftiges vorwegnehmen. Daß in einer Nacht geträumt wird, was eigentlich erst als Anschluß an den Traum der folgenden Nacht zu träumen wäre, ist hierbei weit verbreiteter als das Phänomen, daß in Trauminhalten eine real sich ereignende Zukunft vorausgesagt wird. Ganz allgemein gilt: Je tiefer man in das Seelische eindringt, desto zeitfreier wird das Seelische. Unter dem persönlichen Unbewußten, weit unter dem »Ich«, liegt dann die tiefste Schicht: das kollektive Unbewußte der Archetypen –

die »reine Natur«, wie C. G. Jung betonte. Hier im Zentrum des Psychischen, wo auch das »Selbst« angesiedelt ist, haben auch die Archetypen der Zahlen ihren quantitativ-sukzessiven Charakter verloren und sind zu rein qualitativ wirksamen Ur-Bildern geworden; hier gibt es kein zeitliches Nacheinander mehr, sondern nur noch »Zeitlosigkeit«.

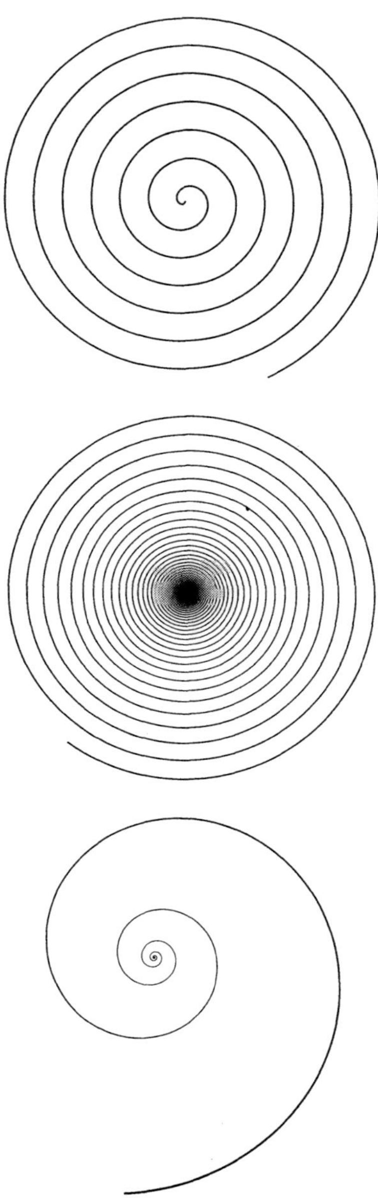

Zahlenbild 14: Archimedische und logarithmische Spiralen (vgl. S. 279)

Die Zeitlosigkeit des »Selbst«

Willst eine Welt du schaun' / in einem Korn von Sand /
In einer wilden Blume / einen Himmel sehn,
So fasse die Unendlichkeit / in einer Hand /
Und laß in einer Stund' die Ewigkeit vergehn.« /
William Blake (1757–1827)

In der Tiefenpsychologie läßt sich die Form der »Kugel« als Symbol des Psychischen verwenden: Dem Wachbewußtsein entsprechen die leicht zugängliche Oberfläche und die äußere Schicht der Kugel. Analog dazu gehört das »Ich« zur Peripherie – das Ich als eine deutlich eingegrenzte Sektion von Eigenschaften, Energien und Verhaltensmustern, mit denen sich die Persönlichkeit bewußt identifiziert. Die ausgegrenzten – also verdrängten – Energien liegen tiefer, sozusagen unter dem »Ich«. Das Innere der Kugel ist das dem Menschen Unbewußte. Je tiefer ein Inhalt in der Kugel verborgen ist, um so bewußtseinsferner, zeitloser und naturhafter darf er eingeschätzt werden. Das persönliche Unbewußte ist dasjenige, dessen Spitzen bis an die Oberfläche der Kugel reichen. Das unpersönliche (transpersonale oder kollektive) Unbewußtsein ist dasjenige im tiefen Inneren der Kugel. Die Mitte der Kugel wird von einem autonomen Zentrum gebildet, das zeitlos (und weder vom »Ich« noch vom Bewußtsein beeinflußbar) in sich ruht: das »Selbst«. Im »Selbst« als der Kugelmitte ist wie in einem Brennpunkt die Ganzheit – sowohl das individuell Persönliche wie auch das kollektiv Naturhafte – zentriert.

Im »Selbst« vermag der Mensch »Ewigkeit« zu erfahren. »Ewigkeit« ist weder ein historisches Phänomen noch ein Zustand in fernster zeitlicher Ferne – sozusagen am unerreichbaren Ende der Zeit. »Ewigkeit« ist dort, wo Zeit- und Bewegungslosigkeit herrscht – im Mittelpunkt von Kreis oder Kugel: »Ewigkeit« gibt es im Inneren jedes Menschen als Zustand des Befreit-Seins von »Zeit«. In seiner Autobiographie notierte C. G. Jung über ein Todeserlebnis, das er hatte: *Man scheut sich vor dem Ausdruck »ewig«, aber ich kann das Erleben nur als Seligkeit eines nicht-zeitlichen Zustandes umschreiben, in welchem Gegenwart, Vergangenheit und Zukunft eines sind. Alles, was in der Zeit geschieht, war dort in eine objektive Ganzheit zusammengefaßt. Nichts war mehr in der Zeit auseinandergelegt oder konnte nach zeitlichen Begriffen gemessen werden.*[96] Mit seinem unmerklichen Umsteigen auf ein lineares Zeitbewußtsein hat der westliche Mensch das »Ewige« eliminiert – nicht mit willentlicher Säkularisierung und rational-philosophischer Negation von Religiösem. Im zyklischen Zeitbewußtsein, in dem Zeit als »Kreis« aufgefaßt wird, bleibt das »Ewige« als Zentrum des Kreises folgerichtig erhalten.

Das Erlebnis des »Ewigen« im eigenen »Selbst« ist in allen Kulturen immer als Erlebnis des Göttlichen aufgefaßt worden. Vor allem in der Mystik (ob des Westens oder des Ostens) wird Gott durch das Eingehen in ein raumfreies und zeitfreies Innen gesucht: Fritjof Capra hat darauf hingewiesen, daß das intuitive Wissen der Mystiker um die gegenseitige Durchdringung (auch Aufhebung) von Zeit und Raum der Vierdimensionalität der relativistischen Atomphysik entspricht. Selbsterfahrungs- und Meditationstechniken beinhalten als Weg in das Erleben der Zeitlosigkeit immer das Still-Werden, das Auslöschen oder konsequente Nach-innen-Führen von Außeneindrücken, das Sich-Null-Machen. Endlose rhythmische Wiederholungen (zum Beispiel von Sprechformeln, musikalischen Motiven oder Körperbewegungen) sind dabei oft kreisende Elemente, die auf das übergeordnete Phänomen »Kreis« oder »Kugel« hinweisen. Vor allem das diskursive Denken, das mit seiner Kausalität stets das Getrenntsein in ein »Vorher« und ein »Nachher« bedeutet, ist beim Aufsuchen der Kreismitte mit ihrer Zeitlosigkeit hinderlich: Das Denken führt von der »Null« weg. Das Denken führt zur Konsekutio der Zahlen.

Das Erlebnis der Zeitlosigkeit wird in der Mystik auch »Erleuchtung« genannt. Es ist im Wesen eine nicht-intellektuelle Erfahrung des Seins: Die Gegenwart mit all ihren Sinneseindrükken wird nicht reflektierend-denkerisch verarbeitet, sondern – wie die Lichtstrahlen durch ein Brennglas – auf einen einzigen Punkt gebündelt und in dieser dichten Konzentration erlebt. Ursache und Wirkung sind in dieser punktuellen Verdichtung ebenso außer Kraft gesetzt wie Vergangenheit und Zukunft oder wie Logik und A-Logik. Paradoxien – etwa daß das Lange kurz ist oder daß das Obere das Untere ist – hören hier auf, paradox zu sein. In der Zen-Philosophie bedeutet Erleuchtung »Satori« oder »Buddhaschaft«, Einblick in die ursprüngliche und ewige Natur des Menschen. »Erleuchtung« ist nach C. G. Jung *ein »Durchbruch« eines in der Ichform beschränkten Bewußtseins in die Form des »nicht-ichhaften Selbst«. Diese Auffassung entspricht dem Wesen des Zen, aber auch der Mystik des* Meister Eckhart: *In der Predigt über »beati pauperes spiritu« sagt der Meister: »Als ich aus Gott heraustrat, da sprachen alle Dinge: Es gibt einen Gott! Nun kann mich das nicht selig machen, denn hierbei fasse ich mich als Kreatur. Aber in dem ›Durchbruche‹, da ich ledig stehn will im Willen Gottes, und ledig auch von diesem Gotteswillen, und aller seiner Werke, und Gottes selber – da bin ich mehr als alle Kreaturen, da bin ich weder Gott noch Kreatur: ›ich bin was ich war und was ich bleiben werde‹, jetzt und immerdar!« ... Der Meister schildert hier wohl ein Satori-Erlebnis, eine Ablösung des Ich durch das Selbst,* dem »Buddha-Natur«, also göttliche Universalität zukommt.[97] Für die Mythologie des westlichen Menschen hatte C. G. Jung das Christussymbol (vergleichbar dem östlichen Buddha) als das höchstentwickelte und differenzierteste Symbol des zeitlosen »Selbst« herausgearbeitet.

Das Erleben von »Selbst« und »Zeitlosigkeit« ist nicht ungefährlich. Es bietet zwar göttliches Entzücken (oder ist schlicht: lustvoll), wenn beim Erleben des ewigen »Jetzt« die Spannungen des »Vorher – Nachher« oder die Konflikte und Gegensätze schwinden, doch wird das Tagesbewußtsein, das beim täglichen Kampf in der äußeren Welt mit seinem Differenzieren, Messen und Kontrollieren notwendig ist, sehr leicht vom Unbewußten überflutet. Permanentes Leben im zeitlosen innerpsychischen Raum ist eine Gefahr für das »Ich« ... bis hin zum »Ich«-Verlust.

So ist zum Beispiel die Nahtstelle zwischen Mystik und Schizophrenie äußerst brüchig. Im ekstatischen Zustand des Mystikers finden sich dieselbe Überflutung mit Sinneseindrücken und inneren Bildern sowie eine die Zeitstrukturen außer Kraft setzende innere Erregung und Emotionalität wie beim Schizophrenen. Das beim mystischen Erleben dominante Glücksgefühl geht möglicherweise schnell in ein psychotisches Glücksgefühl über, das unmittelbar in Angst und Alptraum umschlagen kann. Beides entspricht dem archaisch-primitiven Erleben oder Weltauffassen des magischen Menschen (des primitiven Eingeborenen oder des zwei- bis dreijährigen Kindes). Folgerichtig wird in der Psychologie die Schizophrenie auch als Rückfall in Denk- und Erlebensgewohnheiten früherer Entwicklungsstadien gewertet. Schizothyme Persönlichkeiten stehen mit der äußeren Realität in schwerem Konflikt, da sie ständig ihren zeitlosen inneren Bildern (Phantasien) ausgeliefert sind. Vor allem beim Autismus wird sehr deutlich, daß die Flucht in die Zeitlosigkeit des »Innen« eine Flucht aus der Realität darstellt. Typisch für Äußerungen von schizophrenen oder autistischen Personen ist das Moment des Zeit-Anhaltens, des Stillstands und der Bewegungslosigkeit.

Zeitlosigkeit vermag auch realitätsfremd und lebensunfähig zu machen. Innenreisen und Tagträume befreien auf der individuellen Ebene, sie lösen den Menschen jedoch von den Anforderungen der Realität und aus der sozialen Zeit. *Dort realisieren sich unsere Wünsche so, wie sie gerade aufkommen; eine gefährliche Freiheit, sobald die Tagträumerei zur Gewohnheit wird und zur Entfremdung führt oder sogar zum Bruch zwischen Individuum und Gesellschaft. Toxische Einflüsse und – auf einer anderen Ebene – mystische Ekstasen sind ebenfalls Mittel, sich von der Zeit zu lösen: Sie führen uns ein in die Euphorie der Ewigkeit. Diese außergewöhnlichen Erfahrungen sollten uns nicht täuschen. Die Sicherheit des normalen Menschen besteht nicht darin, sich von der Zeit zu befreien. Der Zeitdruck ist eine Einschränkung, aber auch der Rahmen, in den unsere Persönlichkeit integriert ist. Fehlt uns dieser Rahmen, so verlieren wir gewissermaßen die Orientie-*

rung. Die Abfolge unserer Aktivitäten wird durch nichts mehr aufrechterhalten: Wir sind mit uns selbst allein.[98]

Kunstschaffen und künstlerische Tätigkeit beziehen ihre Wahrheit aus der zeitlosen Stimmigkeit der inneren Bilder und des »Selbst«. Musiker, Maler oder Dichter müssen in jenes nur der Intuition zugängliche Innen des Ganzheitlichen, Zeitlosen, Akausalen und Unbewußten »hinabsteigen«, wenn sie »schöpfen« wollen. Der kreative Prozeß hat deshalb große Ähnlichkeit mit einer aktiven Traumarbeit. Gleiches gilt auch für die Entdekkungen auf dem Gebiet der Wissenschaften: Die großen mathematischen, physikalischen oder chemischen Gesetze und Formeln wurden – wie in den einschlägigen Biographien faszinierend nachzulesen ist, nie »gedacht«, sondern sind intuitiv gefunden worden, ... sind »ein«-gefallen aus dem Raum des Zeitlosen. Deshalb lebt der kreative Mensch in derselben Gefahrenzone wie die schizoide Persönlichkeit: Kunst zwingt dazu, *mit dem Urfeuer direkter Offenbarung und schöpferischen Leidens* (C. G. Jung) in Berührung zu kommen. Genie und Wahnsinn liegen nach alter Tradition nahe beisammen.

Musik als Überwindung von »Zeit«

Musik ist nicht eine Kunstform, die der Zeit unterworfen ist. Musik stellt vielmehr zeitlichen Kontext her. Sie artikuliert »Zeit«. Bereits beim Hören einer Melodie wird einsichtig, daß Musik Zeit zu überwinden vermag: Die einzelnen Töne der Melodie werden als zeitliche Figur und als Zeitgestalt verdichtet. Hermann Hesse schrieb in einem Brief über die Musik: *Sie ist, so scheint mir, philosophisch formuliert: ästhetisch wahrnehmbar gemachte Zeit. Und zwar Gegenwart.* Beim Musikhören oder Musizieren fallen klangliche Gegenwart, Klangerinnerung und Erwartung zu einer Zeitform zusammen, deren Zeitlosigkeit einen gewissen Glückseindruck herstellt. Musizieren und Unsterblichkeit sind aufgrund dieser Zeitlosigkeit in Mythologien oft im Zusammenhang zu finden.

Die abendländische Kunstmusik, die mit den Werken Bachs, Beethovens, Mozarts, Brahms, Bruckners oder Mahlers gezeigt hat, daß Musik auch »Logik«, »Durchführung«, kausale Formentwicklung und einen hohen Grad selbstbezogener Reflexion enthält, steckt in einem Dilemma: Zum einen fordert sie den analysierenden Hörer, der sukzessive Entwicklungen, Rückbezüge, formale Prozesse und zeitlich-rhythmische Proportionen bewußt erkennt; zum anderen will sie als pure Gegenwart und Lautlichkeit eines »Jetzt« gehört werden. Beide Zugangsweisen – das analytisch-formale Hören und das jetztbezogene Stimmungshören – stehen in einem Widerspruch. Der romantische Literat Wilhelm Heinrich Wackenroder hat dies am 5. 5. 1792 in einem Brief verdeutlicht: *Wenn ich in ein Konzert gehe, find' ich, daß ich immer auf zweierlei Art die Musik genieße. Nur die eine Art des Genusses ist die wahre: sie besteht in der aufmerksamsten*

Beobachtung der Töne und ihrer Fortschreitung in der völligen Hingabe der Seele in diesen fortreißenden Strom von Empfindungen; in der Entfernung und Abgezogenheit von jedem störenden Gedanken und von allen fremdartigen sinnlichen Eindrücken ... Die andere Art, wie die Musik mich ergötzt, ist kein wahrer Genuß derselben, kein passives Aufnehmen des Eindrucks der Töne, sondern eine gewisse Tätigkeit des Geistes, die durch die Musik angeregt und erhalten wird.

Hingabe an zeitlose Gegenwart des Klanges wurde in der musikalischen Romantik (grob: im 19. Jahrhundert) favorisiert. Strukturelles Hören (Erkennen der motivischen und formalen Bezüge, rationales Gliedern) war vor Wackenroders Zeit in der Musik des Barock oder der Wiener Klassik noch eher gefragt. Nach 1800 begann die reine Gegenwart des Klanges, der »Laut« zu dominieren. »Laut« kennt keine Entwicklung oder Form. »Laut« ist der reine Klang als Verkörperung des So-Seins: Ein Gong gibt einen Laut. Eine Trommel gibt einen einzigen Laut. Jedes Wesen hat seinen Laut (s. S. 146). Im »Laut« wurde die Natur wieder in die Musik eingeführt. Das Artifizielle und von Experten Überformte der Kunstmusik begann zu schwinden: Vor allem in der Sinfonik des 19. Jahrhunderts mit ihrer Unmittelbarkeit des sinnlichen Orchesterklangs trat der strukturelle Charakter der Musik zunehmend zurück, um der »Lautlichkeit« als dem eigentlichen Bedeutungsträger Platz zu machen. Sehr typisch ist diese Entwicklung zum Beispiel in Carl Maria von Webers Oper *»Der Freischütz«* zu fassen: Die Hörner dort (etwa das Hornquartett in der Ouvertüren-Einleitung) glänzen nicht durch instrumentale Virtuosität oder künstlerische Kombinatorik der Stimmenanordnung. Nein – die Hörner müssen einfach so sein, wie Hörner eben klingen ... die Hörner sind hier der »Laut« des Waldes. Durch das primäre Lauschen auf den »Laut« ist die Musik der Romantik in weiten Teilen zu einer Musik geworden, die sich rhythmuslos oder zumindest im zerdehnt langsamen Tempo in harmonischen Flächen ausbreitet.

Während des Erklingens einer Melodie, eines Motivs oder einer musikalischen Phrase ist der Mensch »zeitlos«, wenn die Interpretation packend ist. Als Faustregel darf gesagt werden: Je intensiver, leidenschaftlicher, vollkommener, faszinierender, je ursprünglicher aus der Tiefe kommend der musikalische Vortrag ist, um so mehr wird der Zuhörer in »Zeitlosigkeit« versetzt. Solche Zeitlosigkeit erfolgt in Sinneinheiten beziehungsweise Formabschnitten. Prototyp ist hier die achttaktige Melodie der klassisch-romantischen Musik, die aus einem Vordersatz (meistens vier Takten) besteht, der durch einen Nachsatz (ebenfalls meistens vier Takte) ergänzt wird, wobei beim Erklingen des Vordersatzes schon eine Erwartungshaltung erzeugt wird, die der symmetrisch korrespondierende Nachsatz zu erfüllen hat.

Thema aus W. A. Mozarts »Jupitersinfonie« mit den korrespondierenden Viertakteinheiten von Vordersatz und Nachsatz

Während einer solchen Phrase entführt uns die Musik in »erlebte Gegenwart«. Wir lauschen der Melodie, erwarten bestimmte Töne und Rhythmen, werden vom Klang des Instruments magisch angezogen . . . und erst in der abschließenden Kadenz (der harmonischen Schlußfloskel) dieser Phrase wird uns eine gliedernde Zäsur und damit ein zeitlicher Aspekt: »Aha! Das war's also!« bewußt. Die Dauer einer solchen Erlebniseinheit läßt sich zeitlich, in Sekunden, durchaus angeben. Wird die »Jupitersinfonie« mit Tempo ♩ = 100 Metronomschläge pro Minute gespielt, so dauert eine Viertelnote 0,6 Sekunden, die gesamte achttaktige Periode 19,2 Sekunden.

Nicht nur musikhistorisch, sondern bewußtseinsgeschichtlich interessant ist das Faktum, daß (etwa mit der Linie Mozart–Beethoven–Wagner–Mahler) im Laufe des 19. Jahrhunderts die Komponisten die Dauer solcher musikalischen Gegenwart zunehmend dehnen... Nehmen wir zunächst den Fall Beethoven: Er verwendet in den langsamen Sätzen weit langsamere Tempi als Mozart und hängt an seine traumhaft zeitlos hingleitenden »Cantabiles« noch harmonische Erweiterungen, so daß eine Phrase statt acht Takten oftmals zehn oder zwölf Takte umfaßt: In der »Szene am Bach« seiner Sinfonie Nr. 6 *»Pastorale«* benutzt Beethoven zum Beispiel einen komplexen 12/8-Takt (ein Achtel wird etwa mit Tempo ♪ = 88 gespielt). Das mit einem harmonischen Trugschluß auf eine Zwölftaktigkeit geweitete Thema dauert hier realzeitlich 98 Sekunden: Beethoven schafft es also, den Zuhörer über anderthalb Minuten in »Zeitlosigkeit« zu versetzen und ihm erst danach wieder einen Zäsurpunkt (ein: »Aha! Das war's!«) zu geben.

Eine weitere Steigerung erreichte Richard Wagner in seiner Musik, mit der er sein Konzept einer »Unendlichen Melodie« tatsächlich realisierte. Mit stets langsameren Tempi (bis an die Auflösung des zeitlichen Kontinuums aufeinanderfolgender Pulsschläge) und mit raffinierten harmonisch ins unendliche »Vorwärts« weisenden Wendungen komponierte Wagner melodische Gebilde von ungeheuren Ausmaßen, in denen bisweilen fünfminütige Dauern von Zeitlosigkeit erreicht wurden. Eines der radikalsten Beispiele ist das Vorspiel zum *»Rheingold«*, das nur aus einem einzigen Es-Dur-Akkord besteht und mit seiner narkotisch sich steigernden Instrumentation bis hin zu wirbelnden Klangmassen den Zuhörer für viele Minuten in Atem – sprich in »Zeitlosigkeit« – hält. Daß bei den gewaltigen Zeitmaßen der einzelnen musikalischen Phrasen die Wagner-Opern als Ganze dann sich über vier oder fünf Stunden hin erstrecken, leuchtet ein. In neuester Zeit ist die »Minimal Music« oder »Periodische Musik« – die auf jede Zäsur und Abschnittbildung verzichtet – als eine Musikform bekannt geworden, die klangliches Abbild eines »ewigen Jetzt« ist: Wiederholungsmuster reihen sich hier unendlich in immer neuen (aber eben minimalen) Variationen aneinander und haben etwas von der Ästhetik des Wellenschlages oder Flußgemurmels. Der Hörer von »Minimal Music« erhält von der musikalischen Struktur keine Gliederung oder erkennbare Periodik mehr: Er ist auf die Periodik seines eigenen Ichs geworfen und bleibt so lange in einem zeitlosen Klangraum, wie er sich zu konzentrieren oder sich der Musik hinzugeben vermag.

Zu den Menschen, die bewußt (und mit der Stoppuhr in der Hand) das Zeitgefühl mit musikalischen Wirkungen manipulieren, gehört der Filmkomponist. Filmmusik dehnt oder beschleunigt das Zeiterleben in dem Maße, wie es von der Dramaturgie eines Filmes her gefordert wird. Durch lange musikalische Phrasen können zum Beispiel Schnitte im Bild übertüncht und lange Erlebniseinheiten geschaffen werden: Die gesamte Filmdauer von etwa 100 Minuten geht auf diese Weise – auch bei einem von der »Story« her nur mittelmäßigem Film wie im Fluge und ohne »Langeweile« vorbei: Lange Strecken »zeitlosen Erlebens« machen den Film sympathisch. Der Kinobesucher liebt dies weit mehr als die Abfolge kurzer Erlebniseinheiten, deren ständige Aneinanderreihung den Film subjektiv länger erscheinen läßt und die deshalb ermüdet.

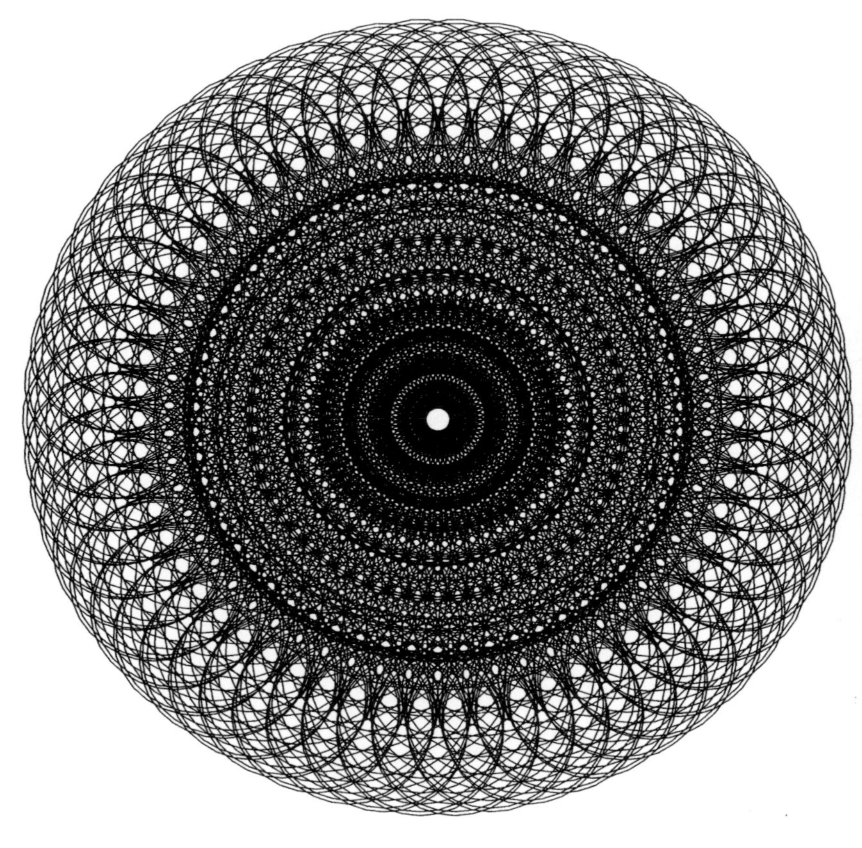

Zahlenbild 15: Zahlenbild der Neunundzwanzig (zweite Generation) (vgl. S. 279)

Nachwort: Abstraktion ist Kastration

In unserer Zivilisation sind »Zeit« und »Zahl« Größen, mit denen man mißt, rechnet, plant, organisiert und die man als quantitative Daten notiert. Als Gegenstück dazu ist auf den vorigen Seiten versucht worden, »Zeit« und »Zahl« als Größen des Erlebens und der persönlichen Erfahrung wieder attraktiv zu machen. Im »Erleben« stecken »Leben« und »Lebendigkeit«. Wo das »Erleben« als körperlicher Vorgang, an dem der Mensch mit seinem gesamten Vegetativum (medizinisch meßbar) beteiligt ist, auf ein bloß verstandesmäßiges Wissen reduziert wird, da ist »Lebendigkeit« als Defizit zu spüren. »Abstraktion ist Kastration« ist nicht nur ein Wortspiel: Wo Lebendiges auf einen »Begriff« oder auf eine abstrakt zu handhabende Idee reduziert wird, da wird das Lebendige zum einen auf ein Punktuell-Statisches reduziert (und damit in seinen weiteren Entfaltungsmöglichkeiten beschnitten), zum anderen seiner Konkretheit und Körperlichkeit enthoben. Schon im biblischen Schöpfungsbericht klingt das Defizitäre an, das dem »Baum der Erkenntnis« im Unterschied zum »Baum des Lebens« anhaftet. In der intellektuellen Erkenntnis oder Abstraktion ist notwendigerweise immer eine Reduktion auf wenige idealtypische Aspekte enthalten, weil im vergleichenden In-Beziehung-Setzen und Klassifizieren niemals alle Grundzüge von Wirklichkeit berücksichtigt werden können. Diese Reduktion wäre unproblematisch, wenn man sich ihrer permanent bewußt sein könnte. Nur: Mit der Zeit wurde zunehmend der »Begriff« mit der Sache selbst, die »Landkarte« mit den dargestellten Örtlichkeiten gleichgesetzt und verwechselt.

Die Abstraktion von »Zeit« und »Zahl« entspricht deren Reduktion auf das quantitative Moment – auf das bloß begriffliche (und von den Dingen wie von der menschlichen Erfahrung losgelöste) Umgehen mit den Ziffern für »Zeit« und »Zahl«. Das qualitative Moment enthält demgegenüber Lebendiges: Es ist das körperliche Erspüren der Inhalte von »Zeit« und »Zahl«, die persönliche Erfahrung, der damit verbundene emotionale Wert. Der »Rhythmus« war das erlebnishafte Verbindungsstück oder das persönliche Erfahrungsmuster des Menschen, um »Zeit« und »Zahl« erleben beziehungsweise erlebnismäßig erfassen zu können. Der »Rhythmus« war der Aspekt des Teilens – von Räumlichem (etwa der Unterteilung des Kreises in gleiche Flächen) oder von Zeitlichem (etwa der Unterteilung des Mondumlaufs in siebenmal vier Tage). Der »Rhythmus« bot die Möglichkeit, die Welt zu spüren: sinnlich, direkt, konkret und ohne den Umweg über das abstrakte intellektuelle Verstehen.

Die »Zahl« ist archetypisch erlebbar, wenn sie an Dinge gebunden bleibt. Drei Äpfel, die vor mir liegen, muß ich nicht »überdenken«, ich muß sie nur wahrnehmen und das konkrete Bild ihrer Zahlenhaftigkeit in mich aufnehmen. Jede Reduktion dieser drei Äpfel (die in einer konkreten Gegenwart – anzuschauen und zu riechen – vor mir liegen) auf einen überzeitlich gültigen Begriff wäre ein Verlust ihrer Körperlichkeit und meiner Lebendigkeit. Die Zahl »drei« wirkt hier nicht abstrakt, sondern als konkretes Teilungsmuster auf mich. Ich nehme nicht die Zahl »drei« wahr, sondern das sinnliche Teilungsmuster »drei« – so wie ein Schäfer seine Schafherde nicht zählend-quantitativ sich vergegenwärtigt, sondern als spezifische Teilung einer Ganzheit. Er braucht die numerische Gesamtzahl gar nicht zu kennen, um zu spüren, daß ein Schaf fehlt: Das sinnlich erfahrbare Teilungsmuster hat sich dann nämlich für ihn verändert.

Für die »Zeit« gilt Gleiches. Als gedankliche Dauer oder quantifizierter Wert (gemessene Uhrenzeit) ist sie nicht archetypisch erlebbar. Ich muß sie als Rhythmus spüren, ihre Teilungen wahrnehmen. Gehe ich zum Beispiel den Weg »von da nach dort«, so erlebe ich die benötigte Zeitdauer physisch-sinnlich am Zeitraster meines Pulses. Das Verspüren von »Zeit« gelingt nie, wenn ich – wie in Isaac Newtons Definition – von einer *absolu-*

ten, wahren und mathematischen Zeit ausgehe, die *vermöge ihrer Natur gleichförmig, und ohne Beziehung auf irgendeinen äußeren Gegenstand* verfließt. Das Verspüren von »Zeit« benötigt das Erfahren und Erleben konkreter Rhythmen (optischer, auditiver, sensualistischer oder biochemischer Art). Heute hat sich die Zeitwahrnehmung auf den Blick auf die Uhr (verbunden mit einem kurzen Registrierungsvorgang im Großhirn) reduziert. Vor Beginn der mitteleuropäischen Neuzeit war die Zeitwahrnehmung an natürliche Rhythmen (»hell – dunkel«, »heiß – kalt«) oder akustisch-emotionale Signale (Glockenschlag, Mittagsläuten, Nachtgesang des Türmers, Vogelzwitschern, Hahnenschrei) gebunden. Zeitwahrnehmung war nicht abstrakt.

Das Abstrakte ist – da nicht an Lebendiges gebunden – überzeitlich. Das Konkrete, Sinnliche und Körperhafte kann immer nur in der Gegenwart stattfinden. Vergangenes Sinnlich-Konkretes oder zukünftiges Sinnlich-Konkretes ist niemals real, sondern nur als Idee oder Begriff existierend – also wiederum abstrakt. Im westlichen Kulturkreis sind das Denken von Konkretem und das Konkrete selbst oft verwechselt worden. Man kann auch sagen: Das Potentielle und das Konkrete sind oft verwechselt worden. Dieses Charakteristikum unserer Zivilisation hängt mit ihrer patriarchalischen Grundausrichtung zusammen, denn gegenüber dem matriarchalischen Prinzip als dem Prinzip der Lebensbetonung, Körperlichkeit und direkten Sinnlichkeit stellt das patriarchalische Prinzip die Geistbetonung, das Denken und Planen dar. Es ist nützlich, sich in einer Gegenüberstellung diese Konnotationsfelder zu vergegenwärtigen:

Matriarchat	Patriarchat
Körper	Geist
Fühlen und Leben	Denken und Abstraktion
Sinnlicher Rhythmus	Normativer Takt
konkret	potentiell
Konkretion, Tun	Idee
Gegenwart	Zukunft und Vergangenheit

Das patriarchalische Prinzip tendiert mit seiner Abstrahierungs-Sucht zum Normativen, zum Erstellen von Ordnungen und Regelsystemen, zur begrifflichen Hinterfragung, zum Taktgefüge statt zum lebendigen Rhythmus, zum Planen und Organisieren statt zum gegenwartserfüllten Konkretisieren. Sehr deutlich kommt solch patriarchalisches Prinzip in einem bürgerlichen Erziehungsratgeber aus dem Jahr 1789 zum Ausdruck. Joachim Heinrich Campe schreibt nämlich in seinem *»Väterlicher Rath für meine Tochter. Der erwachsenen weiblichen Jugend gewidmet«: Die Mutter wird dir zeigen, wie die wirtschaftlichen und hausmütterlichen Geschäfte am besten, am ordentlichsten und am geschwindesten verrichtet werden können ... Sie wird die Zeit des Aufstehens und des Schlafengehens, die der Arbeit und der Erholung, die der Mittag- und Abendmahlzeit usw. genau mit dir verabreden, einen nach Stunden, nach halben und Viertelstunden bestimmten Lebens- und Geschäftsplan darüber aufsetzen, und mit liebevoller Strenge darüber wachen, daß an jedem Tage und in jeder Stunde gerade das von dir geschehe oder besorgt werde, was der Plan dafür angeben wird.*[99]

Gegenüber dem abstrakten Anordnen und äußerlichen Auf-den-Begriff-Bringen ist konkretes Erleben und persönliches Erfahren immer ein Vorgang, bei dem ein psychisches »Innen« von Bedeutung ist. Erleben und Erfahren heißt: das »Außen« mit dem »Innen« in Berührung bringen. Je intensiver und überwältigender ein Erleben oder Erfahren ist, um so tiefer und bewußtseinsferner sind die Schichten, die in dem »Innen« erreicht werden. Die tiefsten Schichten des »Innen« (oder – um einen weniger idealistischen Begriff zu gebrauchen – der psychischen Totalität) sind die Schichten der Archetypen, des kollektiven Unbewußten, des vorbewußten (und mit Tier, Pflanze und anorganischer Natur geteilten) Urwissens. Diese Schichten dürfen mit demselben Recht »reine Natur« genannt werden wie die üblicherweise mit »Natur« etikettierten Phänomene der biophysischen Welt. Ist Denken, Diskursivität, Begrifflichkeit und Abstraktion (als eher äußere oder oberflächliche Tätigkeit des geistig-psychischen Menschen) soviel wie »Naturferne«, so dürfen

Erleben und Erfahrung als »Naturnähe« apostrophiert werden. »Natur« ist nicht nur ein Ort, der vor den Stadtmauern oder in den österreichischen Alpen zu finden ist. »Natur« liegt im Menschen selbst – zum Beispiel in seiner Fähigkeit, die Archetypik von Zeit, Rhythmus und Zahl zu erspüren, zu erleben und persönlich zu erfahren. »Die eigene Natur entdecken« heißt in diesem Zusammenhang, das eigene Eingebunden-Sein in Zeit, Rhythmen und Zahlenwelt konkret wahrzunehmen, körperlich zu erspüren und als sinnliche Gegenwart (nicht als denkerisches Postulat) zu erleben. Dieses »Entdecken der eigenen Natur«, von dem schon im Vorwort als Ausgangspunkt die Rede war, kann sehr plötzlich mit einer heftigen Intuition ablaufen. »Erleuchtung« nennt man solches in mystischen Kreisen. Als überwältigendes »Aha!«, in dem man das Innen und Außen, das Ich und die Welt, den Geist und den Körper zusammenfallen zu verspüren meint, kommt es auch im alltäglichen Leben vor. Das Gewahrwerden von Realitäten und Qualitäten – also der tiefen Wesenheiten – ist letztlich ein nichtintellektueller Vorgang: Das »Ich« sieht sich in der Tiefe seines »Innen« mit der Welt (mit der Einheit aller Dinge) verbunden. Mit einem japanischen Zen-Buch formuliert: *Wenn du den Buddha willst, so solltest du in deine eigene Natur hineinblicken, denn diese Natur ist der Buddha selbst.*[100] Die »Erleuchtung« oder das große »Aha!« ist immer eine Antwort der Natur auf ein Suchen, denn in seinen tiefsten Schichten ist das Unbewußte autonom, nicht mehr von Willen und Verstand steuerbar. Das Erleben von Zeit, Rhythmus und Zahl gehört in seiner intensivsten Form diesen Schichten an. Als archetypisches Prinzip verbindet es den Menschen – weit mehr als andere mythologische Bilder und Symbole – mit Tier, Pflanze, Mikro- und Makrokosmos, ja mit dem gesamten Universum. Das Erleben der qualitativen Aspekte von Zeit, Rhythmus und Zahl ist ein »Weg« in die Natur, zurück zum Anfang, zum eigenen »Selbst«. Eine Zivilisation, die Zeit, Rhythmus und Zahl zu quantitativen Größen und bloß noch abstrakten Ziffern reduziert, »verbetoniert« sich nicht nur einen »Weg«, sondern raubt sich Lebendigkeit...

Peter Neubäcker: Erläuterungen zu den »Zahlenbildern«

Bild 1: Bahn der Venus in 115 Jahren (S. 14)

Die Bilder 1–3 stellen die Bahnen der Planeten geozentrisch dar, also so, wie sie von der Erde als Zentrum aus erscheinen. Man kann sich das durch die folgende Vorstellung verdeutlichen: Wenn man sich etwa eine Milliarde Kilometer in senkrechter Richtung von der Ebene des Sonnensystems entfernen und dort eine Kamera aufhängen würde, die die Bewegungen der Planeten über längere Zeit aufnähme, so erschienen die Planetenbahnen als konzentrische Kreise um die Sonne. (Genauer: als Ellipsen – deren Exzentrizität ist aber so gering, daß man sie kaum von Kreisen unterscheiden kann. Bei allen Bildern der Planetenbewegung ist hier zur Vereinfachung auch eine Kreisbewegung angenommen.) Das Bild sähe also etwa so aus:

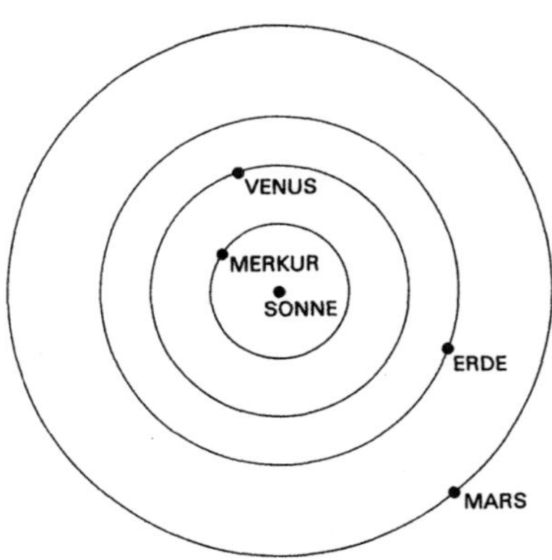

Führt man dagegen die Kamera so, daß die Erde ständig im Zentrum des Bildes bleibt, so ergeben sich durch die gleichzeitige Bewegung der Erde gegen die anderen Planeten die gezeigten Schleifenbilder. Für die Venus etwa läßt sich die resultierende Bewegung so verdeutlichen (der größere Kreis ist die Bahn der Sonne um die Erde, der kleinere die Bahn der Venus um die Sonne; die resultierende Bewegung der Venus in bezug auf die Erde ist die dickere unterbrochene Linie):

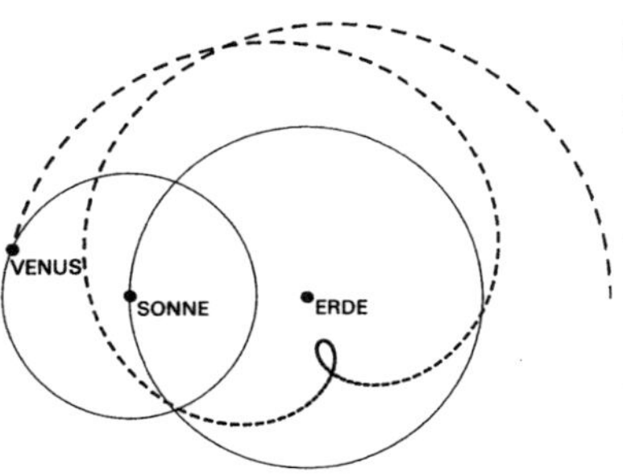

Die verschiedenen Planeten vollenden in verschiedenen Zeitläufen unterschiedliche, für sie jeweils typische Figuren. So ergibt sich für Merkur innerhalb etwa eines Erdjahres dieses Bild:

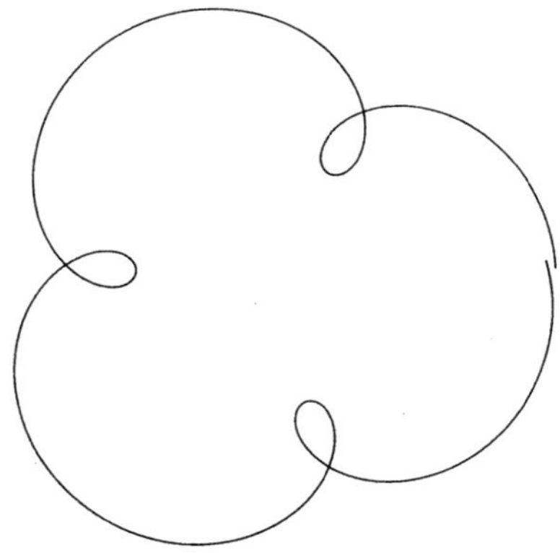

Venus beschreibt in acht Erdjahren eine sehr gleichmäßige Fünferstruktur, die durch fortschreitende Überlagerung in 115 Jahren die Figur von Bild 1 ergibt:

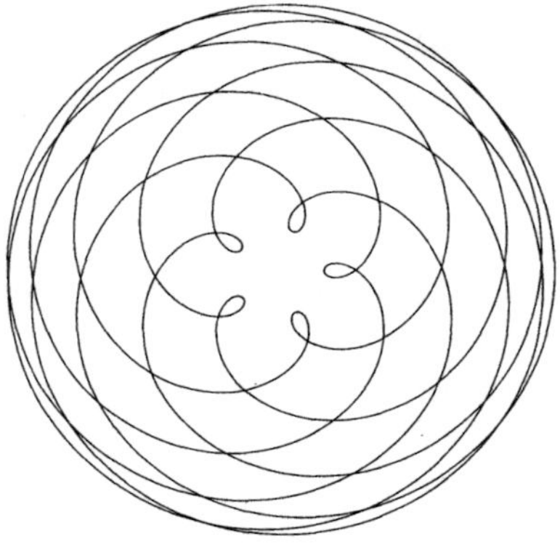

Bei Mars ergibt sich in etwa 15 Jahren eine Siebenerstruktur, die aber weniger gleichmäßig erscheint:

Bild 2: Die Bahnen von Merkur, Venus und Mars (S. 36)

Auf die bei Bild 1 beschriebene Weise ergibt sich nach etwa 30 Jahren die gezeigte Überlagerung der Bahnen von Merkur, Venus und Mars. Die Erde ist im Zentrum des Bildes zu denken; ihr am nächsten kommt die Venus, innen mit ihrer typischen Fünferstruktur zu erkennen, etwas weiter außen die inneren Schleifen des Mars, darauf folgend die dichte Struktur der Merkurbahn. Die Strukturen außen gehören zur Marsbahn. Mars umgreift also den weitesten Raum um die Erde; die Bahnen von Merkur und Venus liegen innerhalb dieses Raumes.

Bild 3: Die Bahnen von Mars, Jupiter, Saturn und Uranus (S. 54)

Ebenfalls auf die bei Bild 1 beschriebene Weise ergeben sich im Lauf von mehreren Jahrzehnten die hier gezeigten Schleifenbilder der äußeren Planeten. Hier ist der Lauf von Mars (ganz innen), Jupiter und Saturn in jeweils ca. 30 Jahren gezeigt, der von Uranus (ganz außen) in 84 Jahren.
Bild 2 ist als Vergrößerung des inneren Kreises, der Marsbahn, zu denken – das heißt, daß sich die Sonne, Merkur, Venus und Mars denselben Raum um die Erde teilen, während die weiter außen liegenden Planeten ab Jupiter deutlich davon abgetrennt sind. Diese Gegebenheit beschreibt die astrologische Tradition so, daß sie die inneren Planeten bis Mars zu den »persönlichen« Planeten zusammenfaßt.

Bild 4: Ideale Schwingungsform einer Saite (S. 70)

Jede Saite schwingt nicht nur in ihrer ganzen Länge, sondern auch in ihren ganzzahligen Teilen, das heißt, in der Hälfte, den Dritteln, Vierteln usw. Dadurch ist in jedem natürlichen Ton außer dem Grundton noch eine ganze Reihe weiterer Teiltöne zu hören, die in ihren Frequenzen ganzzahlige Vielfache der Grundschwingung sind. In dieser Oberton- oder Naturtonreihe finden sich die grundlegenden Intervalle unserer Musik, wie Oktave, Quinte, Quarte, Terzen usw.
Im allgemeinen sind die höheren Obertöne schwächer als die

tieferen – das heißt, daß die kleineren Zahlen sich deutlicher manifestieren. In der Zeichnung steht die Stärke jedes Obertons im umgekehrten Verhältnis zu seiner Ordnungszahl: Der zweite Teilton hat die halbe Schwingungsweite des Grundtons, der dritte ein Drittel usw.

Die kleinen rautenförmigen Lücken auf der Mittelachse der Darstellung sind die Überkreuzungen oder Schwingungsknoten der einzelnen Teilschwingungen – man sieht, daß diese um so ausgeprägter sind, je kleiner die Zahlen sind, die sie erzeugen: Legt man bei einer Saite den Finger leicht auf eine dieser Stellen und zupft die Saite dann an, so ertönt der jeweilige Teilton, und zwar um so stärker, je größer die Lücke auf der Zeichnung ist.

Diese Dominanz der kleinen Zahlen tritt auch deutlich hervor auf Bild 11 (S. 275 f.), das die Verteilung der rationalen Zahlen zeigt.

Das Phänomen, daß die Obertonreihe kein Kontinuum ist, sondern in diskreten Schritten von einem Ton zum anderen springt, findet seine Parallele auch in der Quantenphysik. Der Physiker Max Planck ist durch das Phänomen der Obertonreihe zur Entwicklung seiner Gedanken angeregt worden.

Bild 5: Regelmäßige Vielecke vom Dreieck bis zum Vierundzwanzigeck (S. 102)

In jedem Kreis liegen potentiell alle regelmäßigen Vielecke – je höher die Zahl der Ecken, desto mehr nähert sich das Vieleck dem Kreis an.

Jedes Vieleck hat einen Inkreis, d. h. einen Kreis, der alle Seiten von innen berührt, und einen Umkreis, d. h. einen Kreis, der alle Ecken von außen berührt. Auf Bild 5 sind alle Vielecke so angeordnet, daß der Umkreis des einen gleichzeitig der Inkreis des nächstfolgenden ist. Da Inkreis und Umkreis um so näher beieinanderliegen, je höher die Eckenzahl ist, liegen die Vielecke nach außen immer enger ineinander. Daraus ergibt sich auch die räumliche Wirkung der Darstellung.

Bild 6: Vielecksterne vom Dreieck bis zum Achtzehneck (S. 112/13)

Hier sind für die Vielecke bis zum 18-Eck alle möglichen Verbindungen zwischen zwei Eckpunkten eingezeichnet – jeder tritt mit jedem in Beziehung. Interessant ist es zu verfolgen, welche unterschiedlichen Strukturen sich bei den verschiedenen Zahlen ergeben: Bei den Primzahlen gelangt man, gleichgültig wieviele Ecken man bei einem Verbindungsschritt jeweils überspringt, immer zu allen Punkten – bei geraden oder teilbaren Zahlen dagegen ergeben sich bei einigen Schrittgrößen geschlossene Figuren, von denen aus man nicht zu den anderen Punkten gelangt, und zwar um so mehr unterschiedliche Figuren, je mehr Teiler die Zahl hat. Außerdem bleibt bei allen ungeraden Zahlen die Mitte frei, während sie bei den geraden durchkreuzt wird.

Bild 7: Vielecksterne bis zum Achtzehneck in Übereinanderlagerung (S. 136)

Hier sind die Vielecksterne aus Bild 6 einfach alle übereinandergelegt – mit dem erstaunlichen Ergebnis, daß sich dabei organisch anmutende Kurvenformen ergeben, wo vorher nur Geraden vorhanden waren. Dies ist ein Beispiel dafür, wie sich komplexe Formen aus der Kombination einfacher Grundelemente ergeben und sich so der qualitative Sprung von der Summe der Teile zur Ganzheit zeigt. Auch hier ist, ähnlich wie in Bild 4 und in Bild 11, die Dominanz der kleineren Zahlen erkennbar, die die Grundstruktur prägen, welche dann von den größeren Zahlen weiter ausgeformt wird.

Bild 8: Die Zahlen drei bis acht (in Zahlenbildern der vierten Generation) (S. 160)

Bekannt ist, daß sich mit regelmäßigen Dreiecken, Vierecken und Sechsecken Flächen parkettieren lassen. Das heißt, diese

Vielecke lassen sich so aneinanderlegen, daß eine Fläche von ihnen lückenlos ausgefüllt wird. Mit allen anderen Vielecken ist das nicht möglich – interessant im Sinne einer gestalthaften Betrachtung ist es jedoch zu sehen, was dabei herauskommt, »wenn man es trotzdem tut«.

Dazu kann man sich vorstellen, daß man durchsichtige Fünfecke, Siebenecke usw. hat und von einem zentralen Vieleck ausgeht, um das man weitere der gleichen Art herumlegt. Bei den parkettierbaren Formen kann man von jedem beliebigen Punkt des Parketts ausgehen und findet immer die gleiche Fortsetzung. Die Zahlenbilder dagegen, die sich aus nicht parkettierbaren Formen ergeben, beziehen sich immer auf ein zentrales Ausgangsvieleck, um das herum sich die folgenden in Generationen gruppieren.

Die erste Generation wäre, am Beispiel des Fünfecks gezeigt, ein zentrales Fünfeck, um das herum an jede seiner Seiten je ein weiteres Fünfeck angelegt wäre. Bei der zweiten Generation werden an jedes der fünf neu entstandenen Fünfecke je fünf weitere an ihre Seiten angefügt. Diese überschneiden sich natürlich, da wir sie uns aber durchsichtig vorstellen, ergibt sich daraus bei jeder Generation ein neues Bild: Dieses illustriert die Qualität der Zahl, die dem aufbauenden Vieleck zugrunde liegt.

Bei diesem Bild ist das Ausgangsfünfeck in der Mitte am dicksten gezeichnet, die fünf Fünfecke der ersten Generation etwas dünner, und alle Fünfecke mit den ganz dünnen Linien gehören zur zweiten Generation:

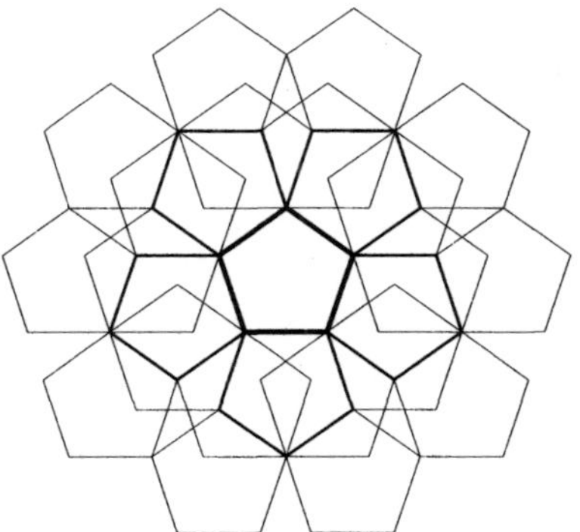

Die sechs Zahlenbilder in Bild 8 sind auf diese Weise entstanden – jedes bis zur vierten Generation –, bei den Drei-, Vier- und Sechsecken zeigt sich ihre Parkettierbarkeit; das Fünfeck führt schon zu einem recht komplexen Muster – bei der Sieben noch viel stärker ausgeprägt –, während das Achteck, obwohl auch nicht parkettierbar, aufgrund seiner höheren Symmetrie wieder ein viel regelmäßigeres Muster erzeugt.

Bild 9: Zahlenbilder zehn, elf, zwölf (dritte Generation) (S. 184)

Diese Bilder sind auf die gleiche Weise entstanden wie unter Bild 8 beschrieben – hier bis zur 3. Generation – und zeigen anschaulich die unterschiedlichen Qualitäten der Zahlen zehn, elf und zwölf:
Generell müßte es so sein, daß eine Zahl ein um so komplexeres Muster erzeugt, je höher sie ist – deutlicher treten jedoch die inneren Symmetrieeigenschaften der Zahlen zutage. So erzeugt die Zwölf ein einfacheres Bild als die Zehn, obwohl sie die höhere Zahl ist, da die Zwölf durch zwei, drei, vier und sechs teilbar ist und Drei-, Vier- und Sechsecke parkettierbar sind. Die Zehn dagegen ist nur durch zwei und fünf teilbar.
Die Elf als Primzahl erzeugt ein völlig neues Muster von undurchschaubar komplexer Schönheit.

Bild 10: Zahlenbilder vierundzwanzig und fünfundzwanzig (zweite Generation) (S. 198/99)

Ebenso entstanden die Bilder der Zahlen 24 und 25 – hier nur bis zur 2. Generation, weil die Anzahl der einzelnen Vielecke exponentiell mit den Zahlen wächst und bei den höheren Zahlen auf den Bildern der späteren Generationen wegen der zeichnerischen Dichte fast nichts mehr zu erkennen ist.
Die 24 enthält aufgrund ihrer Teiler wieder die höhere Symmetrie – es ist reizvoll, in diesem Bild die verborgenen Dreiecke,

Vierecke und Sechsecke aufzusuchen. Im Bild der 25 mit seiner größeren Komplexität finden sich nur unregelmäßige Fünfecke (. . . bitte suchen!)

Bild 11: Die Verteilung aller rationalen Zahlen oder musikalischen Intervalle in Kreisform (S. 212/13)

Jedes musikalische Intervall entspricht einem Zahlenverhältnis oder umgekehrt jedes Zahlenverhältnis (also jede rationale Zahl) einem musikalischen Intervall. In der musikalischen Praxis werden jedoch nur die Verhältnisse der kleineren Zahlen verwendet. Die Verteilung dieser Zahlen wurde in Bild 4 durch die Schwingungsform einer Saite dargestellt: Jetzt erscheinen sie in

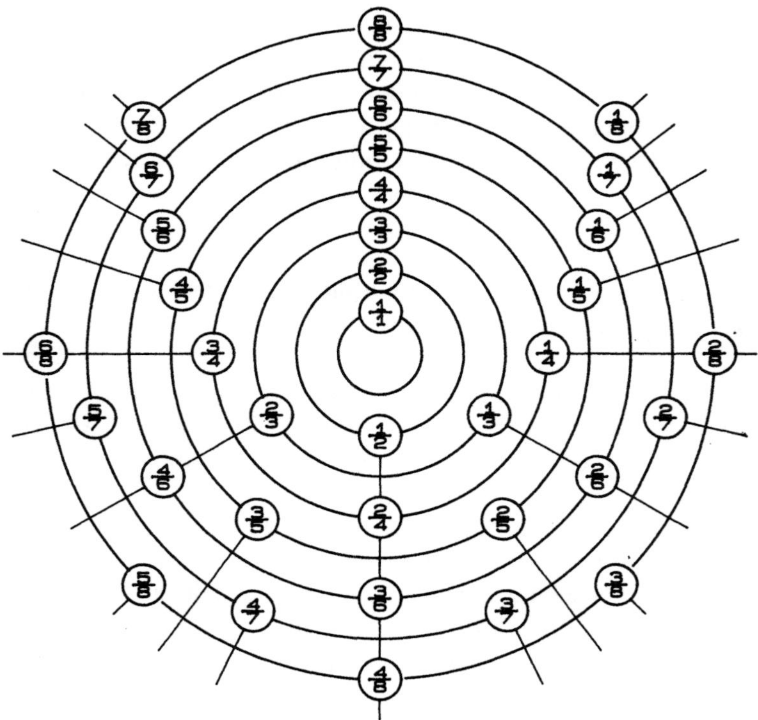

Kreisform. Dazu wird der ganze Kreis als Einheit definiert; die Brüche werden als Bruchteile des Vollkreises abgetragen. Brüche mit gleichem Nenner liegen jeweils auf dem gleichen Kreis. Bis zum Index 8 ergibt sich so die Anordnung der Abbildung auf Seite 275.

Töne mit gleichem Wert, also kürzbare Brüche, liegen immer auf einer Linie, die radial nach außen führt. Diese »Gleichtonlinien« sind auch hier eingetragen. Bild 11 enthält nur diese Gleichtonlinien, jeweils von ihrem Ursprung aus gezeichnet – hier für alle Brüche bis zum Index 150.
Während Werte mit gleichem Nenner – den Untertonreihen entsprechend – immer auf konzentrischen Kreisen liegen, bilden die Werte mit gleichem Zähler Spiralen – den Obertonreihen entsprechend, die letztlich alle parallel zur Grundtonlinie auslaufen. Hier ist das gleiche Phänomen zu beobachten, das auch bei dem Bild der schwingenden Saite (Bild 4) und bei der Überlagerung der Vielecksterne (Bild 7) zu sehen war: Die Brüche verteilen sich ungleichmäßig zugunsten der kleineren Zahlen oder konsonanteren Intervalle – man kann hier von einer Rangordnung in der Zahlenwelt sprechen oder von einer »Aristie der kleinen Zahlen«.

Bild 12: Die Verteilung der Primzahlen bis 30 000 aus der Sicht der Zahlen 210 und 211 (S. 224)

Für die Zahlenwelt sind die Primzahlen so etwas wie die Archetypen der Psychologie oder die Götter der Mythologie: Alle anderen Zahlen erscheinen aus diesen Grundgestalten zusammengesetzt.
Daher ist die Gestalt und Verteilung der Primzahlen von grundlegendem Interesse für die Betrachtung des Aufbaus der Zahlenwelt. Die Verteilung der Primzahlen ist ungleichmäßig: Es ist bisher kein mathematisches Gesetz entdeckt worden, mit dem sich Primzahlen eindeutig vorhersagen lassen – wahrscheinlich läßt sich auch kein solches Gesetz finden – gewisse Strukturen

ihrer Verteilung lassen sich aber trotzdem erkennen. Die Bilder 12 und 13 zeigen solche Strukturen: Sie zeigen die Verteilung der Primzahlen aus der »Sicht« einzelner Zahlen – übertragen gesprochen, die Art und Weise, wie bestimmte Zahlen die Ordnung der Archetypen aus ihrer Position erleben.

Wenn man alle natürlichen Zahlen so anordnet, daß sie auf konzentrischen Kreisen liegen und auf einem Kreis immer die gleiche Anzahl von Zahlen liegt, ergeben sich dabei so viele Strahlen, wie es der jeweils zugrunde gelegten Zahl entspricht. (Mathematisch gesprochen werden die Zahlen »modulo einer bestimmten Zahl« dargestellt.) Für die Zahlen 11 und 12 beispielsweise würden sich diese Bilder ergeben:

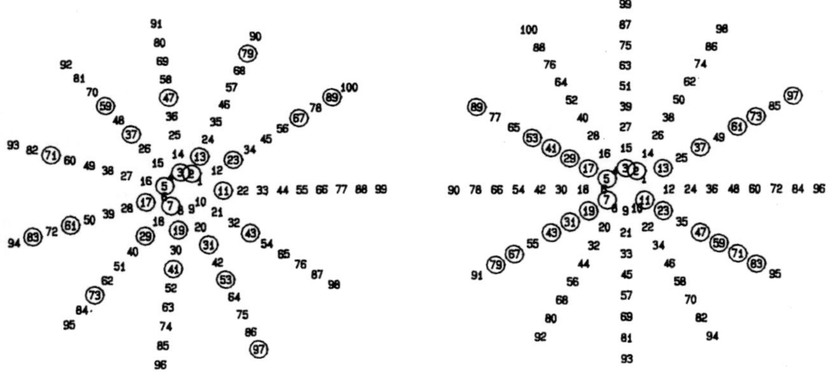

Die Primzahlen sind hier durch Kreise gekennzeichnet. Dabei zeigt es sich, daß bei der Zahl 12 nur auf vier von den 12 Strahlen Primzahlen liegen können, da auf dem zweiten Strahl alle durch zwei teilbar sind, auf dem dritten alle durch drei, auf dem vierten durch vier teilbar usw., weil diese Zahlen Teiler von 12 sind. Bei dem Bild der Zahl 11 dagegen können auf allen Strahlen Primzahlen liegen, da 11 selbst eine Primzahl ist (außer auf dem 11. Strahl, auf dem alle Zahlen Vielfache von 11 sind). Läßt man die zusammengesetzten Zahlen weg und trägt nur die Primzahlen ein, so ergeben sich für 11 und 12 diese Bilder:

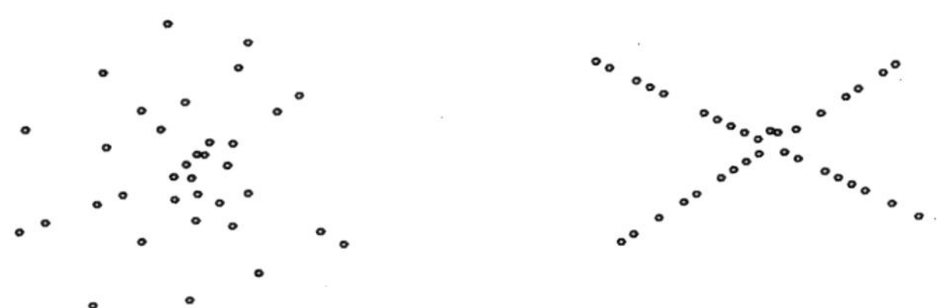

Aus der Sicht der Zahl 12 erscheinen die Primzahlen also sehr geordnet, aus der Sicht der Zahl 11 dagegen völlig ungeordnet. Auf diese Weise ist das Bild 12 für die Zahlen 210 und 211 entstanden: Obwohl diese Zahlen unmittelbar benachbart sind, sind sie völlig unterschiedliche Wesen – die Zahl 210 als Produkt von $2 \times 3 \times 5 \times 7$ ordnet die Zahlen in sehr hohem Maße; die Welt der Primzahlen erscheint aus dieser Sicht eher statisch. Die Zahl 211 dagegen ist eine Primzahl, die selbst keine unmittelbar erkennbare Ordnung erzeugt und die Primzahlen als dynamischen Wirbel sieht, in dem sich die Ordnung des Nachbarn 210 noch abbildet.

Bild 13: Die Verteilung der Primzahlen bis 10 000 aus der Sicht der Zahlen 200 bis 228 (S. 232/33)

Dieses Bild ist auf die gleiche Weise entstanden wie Bild 12, hier für die Zahlen 200 bis 228 in Zwischenschritten von 0.2. Es zeigt, daß jede Zahl ihr eigenes »Gesicht« hat – zum Teil aus sich selbst erzeugt, zum anderen Teil von ihren Nachbarn geprägt. Die Zwischenschritte machen deutlich, daß sich der Übergang allmählich vollzieht: Bei der Wanderung durch die Zahlenwelt taucht ein Ordnungsprinzip auf, vermischt sich mit einem benachbarten und verschwindet allmählich wieder, wobei die Ordnungen, die durch die kleineren Zahlen erzeugt werden, längere Zeit hindurch erkennbar bleiben.

Bild 14: Archimedische und logarithmische Spiralen (S. 248)

Dieses Bild zeigt die beiden Haupttypen von Spiralen: die archimedische und die logarithmische. Die archimedische Spirale ist die einfachste Spiralform: Sie zeichnet sich dadurch aus, daß die Abstände zwischen ihren Windungen immer gleich bleiben und daß sie im Mittelpunkt ihren Anfang hat. Es gibt eigentlich nur eine solche archimedische Spirale, die verschieden groß gezeichnet werden kann. In der Natur kommt sie praktisch nicht vor.
Die logarithmische Spirale wird auch als Wachstumsspirale bezeichnet – sie hat keinen Anfang wie die archimedische, sondern wird nach innen immer enger. Man könnte also theoretisch das Bild einer solchen Spirale unendlich vergrößern und würde immer die gleiche Form finden: Sie ist selbstähnlich.
Es gibt unendlich viele verschiedene Formen logarithmischer Spiralen – abhängig von dem Winkel, in dem sie sich aus der Mitte entfernt. Zwei mögliche Formen sind hier gezeigt – die eine davon erinnert an ein Schneckenhaus und verdeutlicht so, warum diese Spirale als Wachstumsspirale bezeichnet wird.

Bild 15: Zahlenbild der Neunundzwanzig (zweite Generation) (S. 260)

Das Zustandekommen des Bildes ist bei Bild 8 erläutert. Die 29 ist eine Primzahl. Deshalb läßt das Bild keine Unterstrukturen kleinerer Zahlen erkennen.

Anmerkungen

1 Marie-Louise von Franz, *Zahl und Zeit. Psychologische Überlegungen zu einer Annäherung von Tiefenpsychologie und Physik*, Stuttgart (Klett-Verlag) 1970.
2 Zitiert nach Fritjof Capra, *Das Tao der Physik. Die Konvergenz von westlicher Wissenschaft und östlicher Philosophie*, Bern–München–Wien (Scherz-Verlag) [10]1988 (»The Tao of Physics«, 1975, übersetzt v. F. Lahmann und E. Schuhmacher), S. 54.
3 Daten nach Wilhelm Hoerner, *Zeit und Rhythmus. Die Ordnungsgesetze der Erde und des Menschen*, Stuttgart (Urachhaus) 1978, S. 321.
4 Gerd Binnig, *Aus dem Nichts. Über die Kreativität von Natur und Mensch*, München–Zürich (Piper-Verlag) 1989, S. 75.
5 Eine aufschlußreiche Materialsammlung zur ursprünglichen Bedeutung des Ohres in der Menschheitsentwicklung ist vorgelegt bei: Joachim-Ernst Berendt, *Das Dritte Ohr. Vom Hören der Welt*, Reinbek bei Hamburg (Rowohlt-Verlag) 1985.
6 Jean Gebser, *Ursprung und Gegenwart*, 2 Bände, München (dtv-Taschenbuch) [2]1986 [[1]Stuttgart 1949].
7 Claus C. Schroeder, *Der Rest des Netzes. Meditationen über Chaos und Ordnung*, in: Fridhelm Klein, *Der Rest des Netzes*, München (Deutscher Kunstverlag) 1987, S. 56.
8 Jeremy Rifkin, *Uhrwerk Universum. Die Zeit als Grundkonflikt des Menschen*, München (Kindler-Verlag) 1988, nach *Time Wars* (1987, übersetzt v. M. Huber), S. 43.
Vergleiche auch bei Capra, *Das Tao der Physik*. a. a. O. hat hier in einer vorzüglichen Synopse gezeigt, wie in Buddhismus und Taoismus schon seit Jahrhunderten anschauliche Erklärungsmodelle für die moderne Atomphysik und das Einsteinsche Weltbild gegeben sind.
9 Stephen W. Hawking, *Eine kurze Geschichte der Zeit. Die Suche nach der Urkraft des Universums*, Reinbek (Rowohlt-Verlag) 1988, (*A Brief History of Time: From the Big Bang to Black Holes*, New York 1988, übersetzt von H. Kober).

10 Auf die Bewußtseinsstruktur des »Integralen«, die bei Jean Gebser die bedeutsame Zusammenfassung und Überwindung aller Bewußtseinsstrukturen darstellt, wird in unserem Zusammenhang nicht eingegangen.

11 Rifkin, *Uhrwerk Universum*, a. a. O., S. 77 und S. 73.

12 Hoerner, *Zeit und Rhythmus*, a. a. O., S. 40.

13 Arnold L. Lieber, *Der Mensch ist eine Sinfonie von Rhythmen und Zyklen*, in: *Musik und Medizin* Heft 4, 1981, S. 36.

14 Hoerner, *Zeit und Rhythmus*, a. a. O., S. 131.

15 Diesen Hinweis verdanke ich Peter Neubäcker, Leiter des *Arbeitskreises Harmonik* am Freien Musikzentrum München.

16 Vgl. hierzu Jan Assmann, *Das Doppelgesicht der Zeit im altägyptischen Denken*, S. 190, in: *Die Zeit. Dauer und Augenblick*, hg. v. H. Gumin und H. Meier, München (Piper-Verlag) 1989, S. 189–223.

17 Nach Ferdinand Seibt, *Die Zeit als Kategorie der Geschichte und als Kondition des historischen Sinns*, S. 145 ff. und S. 168, in: *Die Zeit. Dauer und Augenblick*, a. a. O., S. 145–188.

18 Paul Virilio, *Fahren, fahren, fahren . . .* (aus dem Französischen von Ulrich Raulf), Berlin (Merve-Verlag) 1978.

19 Heinrich Besseler, *Singstil und Instrumentalstil in der europäischen Musik*, in: Heinrich Besseler, *Grundfragen des musikalischen Hörens*, in: *Aufsätze zur Musikästhetik und Musikgeschichte Leipzig* (Reclam) 1978, S. 89 ff., erstmals in: Jahrbuch Peters 1925, XXXII.

20 Zum Beispiel bei Ernst Mach, *Untersuchung über den Zeitsinn des Ohres*. Sitzungsberichte der Wiener Akademie der Wissenschaften, Klasse 51, 1865.

21 Hierin befindet sich mein Ansatz in Übereinstimmung mit Paul Fraisse, *Psychologie der Zeit: Konditionierung, Wahrnehmung, Kontrolle, Zeitschätzung, Zeitbegriff*, aus dem Französischen v. Petra Hasenkamp, München–Basel (E. Reinhardt-Verlag) 1985.

22 Nach der Etymologie von »Zeit« bei Jean Gebser, *Ursprung und Gegenwart*, a. a. O., S. 251.

23 Hawking, *Eine kurze Geschichte der Zeit*, a. a. O., S. 139.

24 Capra, *Das Tao der Physik*, a. a. O., S. 240 ff.

25 Zitiert nach Capra, *Das Tao der Physik*, a. a. O., S. 242.

26 Vgl. hierzu Hans Cousto, *Die Oktave. Das Urgesetz der Harmonie*, Berlin (Verlag Simon & Leutner) 1987.

27 Näheres bei Hoerner, *Zeit und Rhythmus*, a. a. O., S. 25.

28 Ludwig Klages, *Vom Wesen des Rhythmus*, Zürich–Leipzig [2]1944 ([1]1933), S. 52 und S. 31.

29 Zitiert nach Manfred Frank, *Das Problem ›Zeit‹ in der deutschen Romantik. Zeitbewußtsein und Bewußtsein von Zeitlichkeit in der*

frühromantischen Philosophie und in Tiecks Dichtung, München (Winkler-Verlag) 1972, S. 79.

30 Hazrath Inayat Khan, *Musik und kosmische Harmonie aus mystischer Sicht*, Heilbronn ^{2}1987.

31 von Franz, *Zahl und Zeit*, a. a. O., S. 74f.

32 Ernst Bindel, *Die geistigen Grundlagen der Zahlen. Die Zahl im Spiegel der Kulturen. Elemente einer spirituellen Geometrie und Arithmetik*, Frankfurt am Main (Fischer) 1983, S. 27.

33 Daten nach Hoerner, *Zeit und Rhythmus*, a. a. O., S. 112.

34 Carl Gustav Jung, *Psychologie und Alchemie*, = Gesammelte Werke Band XII, Olten und Freiburg i. Br. (Walter-Verlag) ^{2}1972, S. 115.

35 Ernst Jünger, *Zahlen und Götter. Philemon und Baucis*. 2 Essays. Stuttgart (Klett-Verlag) 1974, S. 36.

36 Diesen Hinweis verdanke ich dem Diplompsychologen Wolfram Kölling (Moosburg bei München).

37 Meine Ausführungen nehmen Bezug auf die ausgezeichnete Diskussion des »Bewußtsein«-Begriffs bei Willy Obrist, *Archetypen. Natur- und Kulturwissenschaften bestätigen C. G. Jung*, Olten und Freiburg i. B. (Walter-Verlag) 1990, S. 199ff.

38 A. a. O., S. 157.

39 Heinrich E. Benedikt, *Die Kabbala als jüdisch-christlicher Einweihungsweg. Farbe, Zahl, Ton und Wort als Tore zu Seele und Geist*, Freiburg i. Br. (Bauer-Verlag) ^{2}1986, S. 163.

40 Obrist, *Archetypen*, a. a. O., S. 100f.

41 Vgl. hierzu: Agnes Fyfe, *Die Signatur des Mondes im Pflanzenreich*, Stuttgart 1967; Maria Thun, *Anbauversuche über Zusammenhänge zwischen Mondstellungen im Tierkreis und Kulturpflanzen* (Forschungsring für Biologisch-Dynamische Wirtschaftsweise) Band 1 und 2, Darmstadt 1973.

42 Eine faszinierende Einführung dazu ist: Ernst Michael Kranich, *Die Formensprache der Pflanze. Grundlinien einer kosmologischen Botanik*, Frankfurt am Main (Fischer) 1983.

43 A. a. O., S. 42.

44 A. a. O., S. 115.

45 Eine Zusammenfassung von circadianer, circalunarer, circatidaler und circaannualer Rhythmik ist dargestellt bei Jürgen Aschoff (Hg.), *Biological rhythms. Handbook of Behavorial Neurobiology* Vol. IV, New York (Plenum Press) 1981.

46 Vergleiche hierzu das Kapitel »Anpassungen an periodische Vorgänge« bei Fraisse, *Psychologie der Zeit*, a. a. O., S. 29ff.

47 Fraisse, *Psychologie der Zeit*, a. a. O., S. 60.

48 Zitiert nach: Werner Christian Simonis, *Die ersten sieben Jahre. Ein*

Ratgeber zum Verständnis des Kleinkindes (= Perspektiven der Anthroposophie), Frankfurt am Main (Fischer) 1986, S. 149.

49 Friedrich Husemann, *Vom Bild und Sinn des Todes. Geschichte, Physiologie und Psychologie des Todesproblems* (= Perspektiven der Anthroposophie) Frankfurt am Main (Fischer) 1982, Stuttgart 1954, S. 88.

50 Vergleiche hierzu die gute Zusammenfassung bei Barbara Leuner, *Psychoanalyse und Kunst. Die Instanzen des Inneren*, Köln (Du Mont-Verlag) 1976, S. 13 f., wo vor allem gezeigt wird, wie das »Es« als Funktion des Anorganischen und das »Über-Ich« als Funktion des Organischen im Kunstschaffen stilprägend wirken können.

51 Es darf vermutet werden, daß in den Meßergebnissen der Chronobiologen der Mondtag mit seinen 24,8 Stunden über Gebühr – also verzerrend – zum Tragen kommt, da in den experimentellen Isolierungssituationen mittels künstlicher Beleuchtung sich zwar der Einfluß der Sonne (des Hell–Dunkel-Rhythmus) negieren läßt, nicht aber der Mondeinfluß mit seiner Einwirkung auf das Gravitationsfeld auf der Erde.

52 Über die Mondeinflüsse auf den menschlichen Organismus gibt es inzwischen eine umfangreiche Literatur. Zur Einführung sei empfohlen: Hilmar Heckert, *Lunationsrhythmen des menschlichen Organismus*, Leipzig 1961; ferner: Arnold L. Lieber, *Der Mondeffekt. Einflüsse auf den Menschen*, Berlin (Ullstein-Verlag) 1981.

53 Vergleiche zum Beispiel bei Hoerner, *Zeit und Rhythmus*, a. a. O., S. 27 ff.

54 Paul Fraisse. *Psychologie der Zeit*, a. a. O., S. 36.

55 A. a. O., S. 50.

56 Vergleiche hierzu *Die Zeit. Dauer und Augenblick*, hg. v. H. Gumin und H. Meier, a. a. O., S. 372 und S. 123 f.

57 A. a. O., S. 99.

58 A. a. O., S. 135.

59 Bindel, *Die geistigen Grundlagen der Zahlen*, a. a. O., S. 148.

60 Hoerner, *Zeit und Rhythmus*, a. a. O., S. 211.

61 A. a. O., S. 216.

62 Bindel, *Die geistigen Grundlagen der Zahlen*, a. a. O., S. 249.

63 Erich Fromm, *Die Kunst des Liebens*, Frankfurt a. M.–Berlin–Wien (Ullstein-Verlag) 1956, S. 24.

64 Simonis, *Die ersten sieben Jahre*, a. a. O., S. 108.

65 Willy Obrist, a. a. O., S. 84 f.

66 Zitiert nach: George Leonard, *Der Rhythmus des Kosmos*, Reinbek (Rowohlt-Verlag) 1986 *(The Silent Pulse*, 1978, übersetzt von B. Stein), S. 27 ff.

67 Rifkin, *Uhrwerk Universum*, a. a. O., S. 263.

68 Peter Orban, *Astrologie als Therapie. Auf der Suche nach der Lüge*, München (Hugendubel-Verlag) 1986, S. 18.
69 Hermann Pfrogner, *Lebendige Tonwelt. Zum Phänomen Musik*, München–Wien (Langen-Müller-Verlag) 1976, S. 196.
70 Carl Gustav Jung, *Zur Psychologie westlicher und östlicher Religion*, = Gesammelte Werke Band XI, Olten und Freiburg (Walter-Verlag) ^{2}1973, S. 54.
71 Eine grundsätzliche Kritik an C. G. Jungs Erweiterung des »Archetypen«-Begriffs gibt Obrist, *Archetypen*, a. a. O., S. 99.
72 von Franz, *Zahl und Zeit*, a. a. O., S. 132.
73 Hermann Pfrogner, *Die Zwölfordnung der Töne*, Zürich–Wien–Leipzig (Amalthea-Verlag) 1953, S. 67.
74 Literatur zur Zahlensymbolik und Numerologie ist unter anderem: Erich Bischoff, *Die Mystik und Magie der Zahlen (Arithmetische Kabbala)*, Berlin (Schikowski-Verlag) 1982; Cheiro, *Das Buch der Zahlen*, Freiburg (Bauer-Verlag) ^{2}1982; Franz Carl Endres / Annemarie Schimmel, *Das Mysterium der Zahl. Zahlensymbolik im Kulturvergleich*, München (Diederichs-Verlag) ^{4}1988; Helyn Hitchcock, *Das Glück ihrer Zahlen. Selbsthilfe durch Numerologie*, München (Verlag Peter Erd) 1984; Hermann Kissener, *Lebenszahlen. Die Logik von Buchstabe, Zahl und Zeit*, München–Engelberg (Drei Eichen-Verlag) 1960.
75 Pfrogner, *Lebendige Tonwelt*, a. a. O., S. 243.
76 Benedikt, *Die Kabbala als jüdisch-christlicher Einweihungsweg*, a. a. O., S. 197.
77 Ebenda, S. 201
78 Hans-Günther Bigalke, *Heinrich Heesch. Kristallgeometrie, Parkettierungen, Vierfarbenforschung*, Basel–Boston–Berlin (Birkhäuser Verlag) 1988, S. 125.
79 Jung, *Psychologie und Alchemie*, a. a. O., S. 83.
80 Bindel, *Die geistigen Grundlagen der Zahlen*, a. a. O., S. 268.
81 Benedikt, *Die Kabbala als jüdisch-christlicher Einweihungsweg*, a. a. O., S. 249.
82 H. G. Bigalke, *Heinrich Heesch*, a. a. O., S. 87.
83 Franz Carl Endres / Annemarie Schimmel, *Das Mysterium der Zahl*, a. a. O., S. 26 f.
84 *Herbert Achternbusch. Seine Filme*, hg. v. Filmwelt-Verleih, München 1983, S. 4.
85 Christian Mikunda, *Kino spüren. Strategien der emotionalen Filmgestaltung*, München (Filmland Presse) 1986, S. 36.
86 Hugo Kükelhaus, *Urzahl und Gebärde. Grundzüge eines kommenden Maßbewußtseins*, Berlin (Metzner-Verlag) 1934, S. 55.
87 Jünger, *Götter und Zahlen*, a. a. O., S. 14 f.

88 C. G. Jung, *Psychologie und Alchemie*, = Gesammelte Werke Band XI, Olten und Freiburg i. Br. (Walter-Verlag), ^{3}1973, S. 79.

89 Erich Neumann, *Ursprungsgeschichte des Bewußtseins* (= Reihe: *Geist und Psyche*), München (Kindler-Verlag) ^{3}1968, S. 221.

90 Neil Postman, *Wir amüsieren uns zu Tode. Urteilsbildung im Zeitalter der Unterhaltungsindustrie* (übersetzt von R. Kaiser), Frankfurt am Main (S. Fischer-Verlag) 1985, S. 12.

91 Guido Aristarco, *Marx, das Kino und die Kritik des Films* (übersetzt von A. Spingler und M. Pflug), München–Wien (Hanser Verlag) 1981, S. 51 und 25 f.

92 Manfred Eigen, *Evolution und Zeitlichkeit*, in: *Die Zeit. Dauer und Augenblick*, a. a. O., S. 35–58, S. 42.

93 Norbert Elias, *Über die Zeit* (= Arbeiten zur Wissenssoziologie II, hg. v. Michael Schröter), Frankfurt am Main (Suhrkamp Verlag) ^{2}1989, S. 42.

94 Vergleiche u. a.: Jean Piaget. *Der Aufbau der Wirklichkeit beim Kinde*, Stuttgart (Klett-Verlag) 1974; ders., *Psychologie et épistémologie de la notion du temps* (= Verhandlungen der Schweizerischen Naturforschenden Gesellschaft) Genf 1965; ders. *La genèse du temps chez l'enfant* (1946), deutsch als: *Die Bildung des Zeitbegriffs beim Kinde*, Zürich (Rascher-Verlag) 1955.

95 Gebser, *Ursprung und Gegenwart*, a. a. O., S. 39.

96 Carl Gustav Jung, *Erinnerungen, Träume und Gedanken*, aufgezeichnet und hg. v. Aniela Jaffé, Olten und Freiburg (Walter-Verlag) 1971 (Sonderausgabe 1985), S. 299.

97 Carl Gustav Jung, *Zur Psychologie westlicher und östlicher Religion*, = Gesammelte Werke Band X, Olten und Freiburg i. Br. (Walter Verlag) ^{2}1973, S. 586 f.

98 Fraisse, *Psychologie der Zeit*, a. a. O., S. 292.

99 Zitiert nach: Grete Wehmeyer, *prestißißimo. Die Wiederentdekkung der Langsamkeit in der Musik*, Hamburg (Kellner-Verlag) 1989, S. 69.

100 Zitiert nach: Jung, *Zur Psychologie westlicher und östlicher Religion*, a. a. O., S. 594.

Register